市民が活きる裁判員制度に向けて
ニューヨーク州刑事裁判実務から学ぶ

日本弁護士連合会ニューヨーク州調査報告団 編

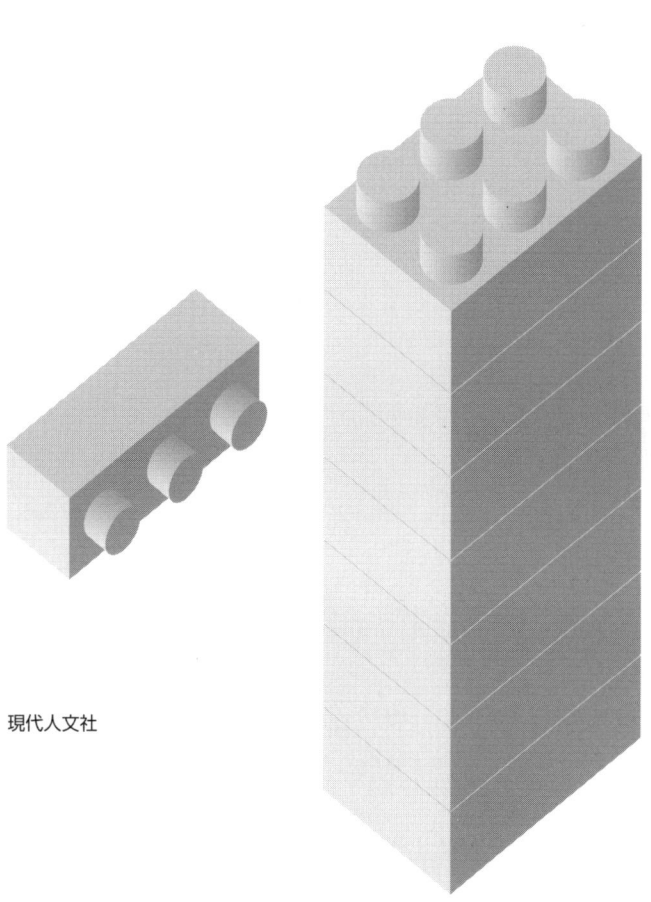

現代人文社

はじめに

　本書は、2005年9月3日から10日まで、日本弁護士連合会裁判員制度実施本部が企画したニューヨーク州陪審制度第2次調査として、同本部委員8名及び学者2名が参加し、ニューヨーク州の陪審制度の実情を調査した結果をまとめたものである。

　2009年には刑事裁判に市民が参加する裁判員裁判が導入されることになった。そしてそれに先立ち、2005年11月1日から改正刑事訴訟法が施行され、裁判員裁判の実施を念頭に入れた連日的開廷とその準備手続である公判前整理手続がスタートした。連日的に行われる公判では直接主義、口頭主義の徹底した審理が目指される。アメリカの陪審裁判においても、直接主義、口頭主義の徹底した審理が連日開廷され、そのための準備手続も実施されている。そこで、日本弁護士連合会としても、この新しい制度のスタートにあたり、司法の市民参加について長い歴史的経験を持つアメリカの陪審裁判におけるこれらの手続がどのようなものであり、どのような運営をされているのかなどについてその実情を調査することが日本の新しい制度運用を考えるうえで有用であるとして実情を調査することになった。

　主な調査項目は、公判前の準備手続として、争点及び証拠の整理を目的とした公判前整理手続のような制度があるか、公判前の準備手続はどのように運営されているか、証拠開示の方法はどうか、公判段階については、弁護士及び検察官の冒頭陳述、論告、弁論などの公判活動、供述調書、鑑定書などの書証の取扱い、また、陪審裁判の評議の方法、更には説示などである。

　本調査は、陪審オリエンテーション、刑事陪審裁判の傍聴はもとより、現職裁判官、検察官、刑事弁護士及びロースクール教授との質疑応答、意見交換をするなどして行われた。

　本書は、その調査結果をまとめたもので、第1部は調査の結果を調査参加者が項目毎にまとめたもの、調査参加者による座談会の内容を調査項目毎に編集し直したもの、第2部が各訪問先の調査協力者との質疑応答、意見交換などで構成されており、あわせて参考のために第3部にニューヨーク州刑事陪審模範説示集（抄訳）などを添付した。

　調査の結果は本書のとおりであるが、いくつかの項目について触れてみる。

公判前の手続として、日本の公判前整理手続にあるような争点整理のために検察官及び被告人側から証明予定事実を提出したり、厳格な意味での証拠整理の手続は行われていない。例外として被告人側にアリバイ、心神喪失事由、専門家による鑑定を要する事項については主張責任がある。争点は検察官の冒頭陳述により明らかになるものであり、その巧拙は検察官の立証責任の問題として処理されることになる。証拠開示については、検察官は弁護士の証拠開示請求に対し比較的緩やかな形で応じているようであるが、応じない場合は被告人側の申出により裁判所が判断することになる。ただし、検察官は、被告人の無罪につながる証拠は開示しなければならない。

　公判活動では、パワーポイントその他最新テクノロジーの利用についてはその有用性を認めつつも、その功罪があることから現実の使用については積極、消極両意見がある。また、通常供述調書が証拠として法廷に提出されることは少なく、鑑定も鑑定書そのものが証拠となるものではなく、鑑定した専門家の証言が証拠となるなど、直接主義、口頭主義が徹底されている。

　裁判官は公正な裁判を担保するために陪審員に対して刑事裁判の基本ルールの説明、評議の仕方、その他必要な説示を分かりやすく行う。陪審員は、立証責任が検察にあること、従って合理的な疑いを超えて立証したと認定できなければ無罪としなければならないことを折りに触れ説明される。もし無罪推定について裁判官が説示しなければ、それが上訴理由となる。また陪審員は、最終説示が終わって評議が開始されるまで事件に関してほかの誰とも話しをすることを禁じられる。

　調査でみてきたこれら公判準備の手続及び公判の審理手続は、いずれも刑事裁判における原則が尊重され、被告人の防御権に配慮し、事実問題の判断者は陪審員であることが常に意識して行われている。

　陪審と裁判員裁判とは制度を異にするが、市民が参加する裁判であることに変わりはない。アメリカの陪審裁判が持つ歴史的経験から学ぶべきことは多い。

　裁判員裁判の導入にあたり、裁判の迅速性を強調する余り、被疑者・被告人の権利が侵害されたり刑事裁判の原則が歪められたりすることがあってはならない。また裁判員裁判は、一般市民である裁判員が主体的・実質的に評議に参加することができる制度でなければならない。

　本書が、すでにスタートした公判前整理手続の運用や来るべき裁判員裁判の実施に伴う諸問題を検討するために、その一助となれば幸いである。

最後に、ご多忙のところ、快く調査にご協力いただいた各訪問先の関係者の皆様と、調査のコーディネートから通訳まで全面的にご協力いただいた関西学院大学法科大学院教授の丸田隆氏及び通訳の摂南大学法学部講師の家本真実氏に、心より感謝申し上げたい。また、本調査の実施とこの出版を支えてくれた日弁連法制部の下園剛由氏、及び本書の出版を引き受けて下さった現代人文社の成澤壽信氏にお礼を申し上げたい。

2006年5月

ニューヨーク州陪審制度第2次調査団

団長　　浅野　孝雄

【調査団】
松尾紀良（弁護士・第一東京弁護士会）
中山博之（弁護士・札幌弁護士会）
目片浩三（弁護士・広島弁護士会）
立岡　亘（弁護士・愛知県弁護士会）
溝内有香（弁護士・大阪弁護士会）
坂口唯彦（弁護士・札幌弁護士会）
浅野孝雄（弁護士・仙台弁護士会）
伊藤和子（弁護士・ニューヨーク市在住）
丸田　隆（関西学院大学法科大学院教授）
家本真実（摂南大学法学部講師）

【訪問先及び調査協力者】
別掲（謝辞）参照

左から4人目がアラン・ロススタイン・ニューヨーク市弁護士会会長

謝辞

　今回のニューヨーク刑事裁判手続の実務調査では、以下の個人および団体を訪問し、懇談に応じていただくことができた。これらの訪問は、関西学院大学法科大学院の丸田隆教授の友人や知人のかたがたからの紹介をいただいた。ここにその方々の名前をあらわし、厚くお礼を申し上げたい。

○訪問先（訪問順）

ヴィンセント・J・ホムニック氏（Mr. Vincent J. Homenick）
　ニューヨーク州ニューヨーク郡裁判所書記官陪審部主席担当官（Chief Clerk - Jury Division, County Clerk, New York County）

ミッキ・シェーラー州裁判官（Hon. Judge Micki Schere）
　ニューヨーク州ニューヨーク市刑事高位裁判所判事（Administrative Judge for the Criminal Supreme Court Division in New York City）

アラン・ロススタイン弁護士（Mr. Alan Rothstein, Esq.）
　ニューヨーク市弁護士会会長（Association of the Bar of the City of New York）

オースティン・カンプリエッロ弁護士（Mr. Austin Campriello, Esq.）、ジェームス・コール弁護士（Mr. James Cole, Esq.）、ジェームス・ディヴィータ弁護士（Mr. James DeVita, Esq.）およびエドワード・コッチ氏（Mr. Edward Cotch, ex-Mayor of New York City）
　ブライアン・ケイブ法律事務所（Bryan Cave LLP., New York City）

ウィリアム・ヘラースタイン教授（Professor William E. Hellerstein）、ジョアン・G・ウェクスラー学長（Joan G. Wexler）、マイケル・カヒル助教授（Michael Cahill）
　ブルックリン・ロースクール（Broklyn Law School）

マリア・T・ガレノ弁護士（Ms. Maria T. Galeno, Esq.）
　ピルズバリー・ウィンスロップ・ショウ・ピットマン法律事務所（Pillsbury Winthrop Shaw Pittman LLP., New York City）

フィリス・スクルート・バンバーガー元裁判官（Retired Judge Phylis Skloot Bamberger）
　ゾネンシャイン・ナス・ローゼンタル法律事務所（Sonnenchein, Nath & Rosenthal LLP, New York City）

フランク・アッパム教授（Professor Frank Upham）、アンソニー・トンプソン教授（Professor Anthony Thompson）、ブレント・ホワイト氏（Mr. Brent White）
　ニューヨーク大学ロースクール（New York University School of Law）

ハーベイ・フィッシュベイン弁護士（Mr. Harvey Fishbein, Esq.）
　ゴールド・フィシュベイン・リーマー弁護士事務所（Gould, Fishbein & Reimer LLP. in New York City）

ダスティン・チャオ連邦副検事（Mr. Dustin Chao, Esq.）
　連邦ニューヨーク郡地検副検事（ADA New York County District Attorney's Office）

ローランド・タウ弁護士（Mr. Roland Thau, Esq.）
　連邦公設弁護人事務所（Federal Defender Division）

ロバート・レイ弁護士（Mr. Robert Ray, Esq.）
　ピットニー・ハーディン弁護士事務所（Pitney Hardin LLP. in New York City）

○仲介の労をとってくださった方

トーマス・マンスターマン氏（Mr. Thomas Munsterman）
　全米州裁判所センター（National Center for State Courts）

ポール・チャーノフ裁判官（Hon. Judge Paul Chernoff）
　マサチューセッツ州上位裁判所裁判官（Massachusetts Superior Court Judge）

フサエ・ナラ弁護士（Ms. Fusae Nara, Esq.）
　ピルズバリー・ウィンスロップ・ショウ・ピットマン 法律事務所（Pillsbury Winthrop Shaw Pittman LLP., New York City）

ユキオ・カシバ弁護士（Mr. Yukio Kashiba, Esq.）
　ピットニー・ハーディン弁護士事務所（Pitney Hardin LLP. in New York City）

ロバート・プレヒト弁護士（Mr. Robert Precht, Esq.）
　フォーリー・スクエアー協会会長（President, Foley Square Associates）

　以上のかたがたに、重ねて今回の調査の協力に対してお礼を申し上げます。

目次

はじめに 1
謝辞 4

第1部
市民が活きる裁判員制度
構築への提言

第1章　市民が活きる裁判員制度に向けて ……………………… 14
ニューヨーク州の刑事裁判実務から学ぶ
丸田 隆（関西学院大学法科大学院教授）

はじめに 14
　(1) 戸惑い 14
　(2) 市民が活きる刑事裁判制度を学ぶ 15
1. 改正刑事訴訟法における「争点整理手続」の「争点」とは何か 16
2. 市民が活きる裁判員制度に向けて──ニューヨーク州の刑事裁判実務から学ぶ 18
　(1) 冒頭陳述の位置づけ 18
　(2) 中間評議について 19
　(3) 説示について 20
おわりに 21

COLUMN／シティズンズ・ジューリー・プロジェクト 23

第2章　ニューヨーク州の刑事裁判所システムについて ……………… 24
家本真実（摂南大学法学部講師）

はじめに 24
1. ニューヨーク州の裁判所組織 24
2. 第一審裁判所 26
3. 中間上訴裁判所 27
4. 最高裁判所 27
おわりに 28

COLUMN／裁判員になれない職業 29

第3章 公判前整理手続における証拠開示・主張整理 ………………… 30
目片浩三（弁護士）

1. ニューヨーク州刑事手続における「争点」と「証拠」の整理について　30
   (1) 日本型公判前整理手続は当然のものか　30
   (2) 弁護人の開示義務　30
   (3) 公判前手続（プリトライアル・モーション）　32
   (4) 公判前整理手続に関与する裁判官　33
2. ニューヨークの学者・実務家から見た日本の公判前整理手続の印象　33
   (1) 証拠開示手続について　33
   (2) 公判前整理手続について　34
3. 日本における公判前整理手続への提言　35

COLUMN／みんなが陪審員 36

第4章 公判手続における弁護人の実務と役割 ……………………… 37
溝内有香（弁護士）

1. 調査の目的　37
2. 冒頭陳述について　37
   (1) 調査事項　37
   (2) 調査結果　38
   (3) 検討（裁判員を意識した冒頭陳述のあり方について）　40
3. 証拠調べ　41
   (1) 調査事項　41
   (2) 調査結果　42
   (3) 検討と提言　45
4. 最終弁論　49
   (1) 調査事項　49
   (2) 調査結果　49
   (3) 検討と提言　49

COLUMN／思想信条による辞退 50

第5章 弁論及び尋問におけるビジュアル映像の使用について …… 51
松尾紀良（弁護士）

1. パワーポイントの使用の有無や効果的な利用方法について　51

⑴　冒頭陳述　51
　　⑵　証人尋問　52
　　⑶　論告または弁論　53
　2. パワーポイントで使用したものを印刷して配付するか　54
　3. パワーポイントを使用したときにその内容はどのように記録されるのか　54
　4. 裁判員裁判におけるパワーポイント使用に関する提言　55

第6章　中間評議は必要か……………………………………………… 56
立岡亘（弁護士）

1. 問題点の所在　56
2. 裁判員裁判において中間評議を肯定する立場　56
3. 今回のニューヨーク調査から学んだこと　57
4. 裁判員裁判において、中間評議についてはどう考えるべきか　58

COLUMN／陪審の日　60

第7章　ルール化すべきは裁判官の説示・説明 ……………………… 61
坂口唯彦（弁護士）

1. 調査の目的　61
2. 調査結果　61
3. 検討　63
　　⑴　無罪推定の原則に関する説明（説示）について　63
　　⑵　審理の進行や内容に関する説明（説示）　64
　　⑶　説示（説明）の時期、内容　65
　　⑷　提言　66

第8章　ニューヨーク州刑事裁判実務から学んだこと ……………… 68
　　　　刑事裁判の原則を念頭に置いた裁判員制度の実現へ
家本真実（摂南大学法学部講師）

はじめに　68
1. 原則の徹底　68
2. 裁判に加わる一般市民に対する裁判所の配慮　70
3. 裁判に加わる一般市民に対する検察官や弁護人の配慮　71
4. アメリカの経験からみる日本の裁判員制度　72
おわりに　73

第9章 裁判員制度の土台作りをいかにするか ……………………………… 76
中山博之（弁護士）

1. 陪審制度と裁判員制度　76
2. 憲法・刑事訴訟法の原理・原則　77
3. 公判前整理手続　78
4. 証拠開示手続　80
    (1) 検察官の証拠開示　80
    (2) 弁護人の証拠開示　81
5. 評議と説示　82
6. 中間評議　83
7. 冒頭陳述及び証拠調手続　84
8. まとめ　85

第10章 【座談会】ニューヨーク州の刑事裁判実務を裁判員制度にどう活かすか ……………………………… 87
第2次ニューヨーク調査の成果と今後の課題

1. 公判前の手続　88
    (1) 主張の整理について　88
    (2) 公判前に手続を行う意義　90
    (3) 証拠の整理と主張の整理　93
    (4) 「主張の整理」が重視される理由　94
    (5) 裁判員制度にとって陪審制度とは　96
2. 公判段階の手続　98
    (1) 中間評議は是か非か　98
    (2) 説示の必要性　103
    (3) パワーポイント　110
3. 予断や偏見を与えない法廷作り　116
    (1) 被告人の着席位置、手錠・腰縄　116
    (2) 被告人の服装　118
4. 最後に　119

第2部
ニューヨーク州刑事裁判実務家インタビューの記録

第1章　裁判官に聞くニューヨーク州の陪審制度 ……………………… 122
　1. プロフィール　122
　2. 陪審制度の説明　122
　3. 質疑応答　124

第2章　弁護士に聞くニューヨーク州の刑事手続 ……………………… 129
　1. 訪問先の概要　129
　2. ニューヨーク州刑事手続の概要　129
　　(1) 刑事手続の端緒　129
　　(2) ディスカバリー　130
　　(3) 公判　131
　　(4) 事前に送っていた質問状に対する回答　132
　3. 質疑応答　132

第3章　ロースクール教授に聞くニューヨーク州の刑事手続と公判前整理手続 ……………………… 136
　1. ブルックリン・ロースクール　136
　2. ニューヨーク州刑事手続の概要　136
　3. 質疑応答　138

第4章　元連邦検察官に聞く連邦の刑事手続 ……………………… 145
　1. プロフィール　145
　2. 連邦刑事システム　145
　　(1) 無罪の推定　145
　　(2) 手続の流れ（告訴状によるケース）　146
　　(3) 手続の流れ（起訴の段階からのケース）　147
　　(4) ディスカバリー　147
　　(5) 公判の手続　152

(6) 陪審の評議　154
　　(7) 法律家の役割　155
　3. 質疑応答　157

第5章　元裁判官に聞く陪審裁判の実際 ……………………167
　1. プロフィール　167
　2. ニューヨーク州刑事手続の概要　167
　　(1) 公判前の手続について　167
　　(2) 説示について　167
　3. 量刑についての説明　169
　4. 質疑応答　169

第6章　ニューヨーク大学ロースクール教授に聞く陪審裁判と公判前整理手続 ……………………174
　1. プロフィール　174
　2. 質疑応答　174

第7章　連邦公選弁護人に聞く証拠開示手続と弁論 ……………181
　1. プロフィール　181
　2. ニューヨーク州刑事手続の概要　181
　3. 質疑応答　182
　4. タウ弁護人の案内で連邦裁判所にて裁判官や検察官と面談　182

第8章　元検察官に聞く証拠開示手続と検察の立証責任 ……………184
　1. プロフィール　184
　2. 質疑応答　184

第9章　刑事弁護人に聞く証拠開示と弁護人の役割 ……………195
　1. プロフィール　195
　2. ニューヨーク州刑事手続の概要　195
　3. 質疑応答　196

第10章 連邦副検事に聞く証拠開示と検察側立証 ……………………… 199
  1. プロフィール　199
  2. 質疑応答　199

第11章 ニューヨーク郡裁判所書記官陪審部長に聞く陪審員選定手続　206
  1. プロフィール　206
  2. 陪審制度の説明　206
  3. 質疑応答　207
  4. 陪審員の選定手続（陪審候補者に対する裁判所の説明）　208
  5. 刑事裁判（法廷）見学　208

第3部
資料

資料1■ニューヨーク州刑事訴訟法§240.20　212
（N.Y. Crim. Pro. §240.20〔McKinney 2005〕）
　　訳：家本真実（摂南大学法学部講師）

資料2■ニューヨーク州刑事陪審模範説示集（抄訳）　216
　　訳：竹部晴美（関西学院大学大学院法学研究科博士課程前期課程）

第1部 市民が活きる裁判員制度構築への提言

第1章 市民が活きる裁判員制度に向けて
ニューヨーク州の刑事裁判実務から学ぶ

丸田 隆（関西学院大学法科大学院教授）

はじめに

(1) 戸惑い

　戦後初めての裁判への市民参加制度である「裁判員制度」は、多くの課題を抱える。それは市民と職業裁判官のそれぞれの役割分担を活かそうとする制度である陪審制度でもなければ、一定の団体などから推挙された数名の市民が職業裁判官に加えられる参審制度でもない新しい制度であることに起因する。

　陪審制度の導入であれば、英米の実情だけでなく戦前の日本（1928-43年）に存在した刑事陪審裁判の教訓や経験を活かすことができようし、参審制度であればフランスやドイツで得られたノウハウを活かすこともできたであろう。しかし、裁判員制度はそのいずれでもない。そのため日本の裁判員制度の運用に当っては、諸外国での経験や知恵は参考にすべきでないとする考えがある。しかしそれは適切な判断ではないであろう。

　というのも日本は、刑事陪審制度が停止してから60年余りにわたって職業裁判官だけによる刑事裁判を維持してきた。そのため、職業裁判官だけでなく、大学教員や法曹関係者の誰一人として市民参加による刑事裁判を経験した者はおらず、しかも日本の刑事裁判への市民参加が実現するなどということは彼らにとって夢想だにしなかったことだからである。市民参加の裁判について、誰も経験者がおらず、そのような意識もなかったとすれば、外国の体験から学ぶことは必要不可欠となるであろう。

　2005年秋のニューヨーク州の刑事手続実務調査において、私たちは日本にも新しい市民参加制度である刑事裁判員制度が導入されることを説明した。彼らはその制度については一様に興味を示したが、その運用のあり方については一定の疑念

を示した。それらは、公判前整理手続における弁護側情報の開示についての疑念であったり（刑事弁護士及び検察官）、中間説示のもつ問題点であり（ほとんどの刑事弁護士）、さらに公判前および評議の前の公開の「説示」のないことの問題であった（刑事裁判官）。彼らがそのような日本の裁判員制度への疑問を示すときの根拠として持ち出すのが、どの場合であっても、刑事裁判の大原則である「無罪推定」、「合理的な疑いを超えた立証責任」、被告人の「黙秘権」や「自己負罪拒否特権」であった。まさに、そういう意味で今回の調査は、市民参加を前提とした刑事裁判に欠かすことのできない原理・原則の再発見、再確認の旅となった。

⑵　市民が活きる刑事裁判制度を学ぶ

　問題は、裁判員制度をどのように市民が活きる制度とし、定着させるかである。これに関しては二つの大きく異なった方向性がある。

　市民が裁判官とともに刑事裁判を担う新しい制度ができたのであるから、それに合わせて現行の裁判を大きく変えるという選択がひとつ。他方は、新しい制度ではあるが、従来の職業裁判官による「裁判方式」を根本的に変えることなく（温存し）、その許容される範囲内で裁判員の参加を認めようとするものである。

　前者では、参加する市民の能力と経験をいかに裁判員裁判に活かすことができるかという点が課題となる。そのため、刑事裁判の原理や原則が今まで以上に意識され、強調されることと、市民がその任務を間違いなく遂行できる制度的保障が必要となる。徹底した直接主義・口頭主義の実施はその具体例のひとつとなる。そのため、共通する目的を持つ諸外国の経験に学ぶことは必要不可欠となる。

　他方、後者では、現行の職業裁判官による裁判の手法にいかに市民を馴染ませるかということが課題になる。そのため、法律用語をやさしくするとか、法廷で使う書面を質量ともに軽いものにするとか、あるいは時間節約のため争点を絞り込み、公判期日を効率よく運営することが意識される。日本の職業裁判官による伝統的裁判制度がその前提にあるので、諸外国の体験、とくに陪審制度の体験は、制度が異なる日本の裁判には参考にならないという議論（これを陪審制度異質論、と呼ぶ。）に根拠を与えることになる。

　ところが、ニューヨーク州の刑事裁判実務の取材は、まさにそのような「陪審制度異質論」を弾き飛ばすような、目の覚めるような教訓を私たちに与えるものとなった。訪問先では、市民参加制度において市民の能力や経験を活かす制度運用がどのよ

うに行われているかの説明とともに、市民参加があるがゆえに刑事裁判を貫徹する原理、原則の遵守がいかに大事であるかの説明が行われた（本書、第2部のニューヨーク州実務家インタビュー記録参照）。

　そこで、本稿では、以下第1部で論じられる論説の総論として、ニューヨーク州の刑事手続実務調査の意義、公判前整理手続の問題点および実務上導入が予定されている諸方策に対する問題を提起しておきたい。

1. 改正刑事訴訟法における「争点整理手続」の「争点」とは何か

　今回の改正刑訴法は、「争点整理手続」を設けることに主眼が置かれた。その目的は、裁判員制度導入に伴う「刑事裁判の充実・迅速化を図るための諸方策の導入」である[1]。

　アメリカにおける陪審裁判においても、「公判前打ち合わせ」（いわゆるpretrial conference）が、アレインメント（罪状認否手続類似の手続）に先立って数回行われる。その目的は、陪審員選任の際の重要な情報として「どれくらいの公判期日が見込まれるか」を裁判所と訴訟当事者が知ることにある。もちろん、「公判前打ち合わせ」の目的は、これに尽きるのではなく、公正な陪審員の選任のために事件に関する情報を陪審候補者に与え、彼らの偏見や先入観を排除するためである。ここで提出される情報は、検察と弁護人が予定している証人の名前と住所である。証人の人数が分かれば証言に要する時間を推測することができ、おおよその公判日程が予定できる。証人の名前と住所がわかれば、理由つき免除で公正さを欠く陪審員候補者を免除することが可能となる[2]。

　この「公判前打ち合わせ」では、提出された証人リストの人物が誰であるかや、事件との関係について質問することはできる。しかしこれに対しては、証言項目を述べる（目撃証人であるとか、被告人を逮捕した捜査官であるとかの）程度に留まり、何をどのように証言するかの具体的内容にわたってまでは説明する義務はない（その時点では、そのようなことはできないと言うべきであろう）。

　注意すべきは、「公判前打ち合わせ」で、弁護側が弁護方針やその弁護内容を検察側に告知したりしないことだ。弁護側は、アリバイ主張や心神喪失の抗弁等の積極的弁護（affirmative defense）[3]がある場合を除いては、検察からその弁護方針の開示を求められることはない。それは、冒頭陳述で明らかにされるものである

第1部　市民が活きる裁判員制度構築への提言

と検察と弁護双方とも理解している。その根拠は、刑事被告人の自己負罪拒否特権である。被告人は、公判中はもちろん、公判前においても黙秘権を持つ。それは自己に不利益な一切の情報を捜査当局に与えないということである。検察は被告人の無罪に関する、あるいは有利となる証拠については積極的に弁護側に開示する法的責任を負うが、被告人は自己を有罪とする証拠を検察に開示する義務はないのである。合理的な疑いを超えた有罪の立証責任はあくまでも、どのような場合でも、検察にあるという原則が前提にある。

その意味では、明らかにアメリカの「公判前打ち合わせ」は「争点整理」を目的としたものではない。証拠開示については、陪審員選任の前に、いわゆる「申立て」（motion matter）手続が行われ、ここで検察官手持ち証拠の開示や排除、証人の召喚の必要性や正当性が審理される[4]。

しかしながら、日本の改正刑訴法の証拠開示制度においては、まず検察官による証明予定事実の提示と検察官取調べ請求証拠の開示が義務づけられている（刑訴法316条の13第1項および316条の14）。検察官による取調べ請求証拠以外の「一定類型の証拠」開示については、一定の要件のもとで認められる（刑訴法316条の15）。一方、弁護側は、これら検察官の証拠開示に対応して、検察官から類型的証拠等の開示を受けたとき、公判期日において行うことを予定している事実上及び法律上の主張を明らかにしなければならないと、刑訴法316条の17は規定している。本条の規定によって、受訴裁判所は、検察官だけでなく、弁護側からも公判において主張予定の事実及び請求予定の証拠を事前に提示を受けることになる。それが、公判前整理手続での争点整理に役立ち、また公判の審理計画の定立を容易にするものと期待されている。

検察も証拠開示をするので、弁護側も同じように開示すること、また、それぞれの主張をあらかじめすり合わせて一定の合意的事実を形成しておくという発想は、当事者対等的な民事訴訟法上の争点整理との類似性を感じさせる。しかし民事訴訟で妥当することは刑事訴訟でも妥当するとは限らない。当事者対等主義は民事訴訟の原則であるが、刑事訴訟は訴訟構造上そのようになっていない。実際は、人的資源、財的資源に優れた検察は、被告人＝弁護人よりもはるかに強力である。つまり、（権力的に圧倒的に有利な調査能力・捜査能力を備えた）原告対（それらを欠いた）被告人の構造をとる。アメリカの刑事訴訟はこの点に配慮し、事前証拠開示においても検察により重い負担を課し、弁護側の情報開示は限定的にしているので

ある[5]。

　ところが、アメリカの手続と異なり、日本の刑訴法の規定では、公判前に被告人にその主張の明示及び証拠調べ請求を義務づけられることになる。これは、被告人の自己負罪拒否特権（憲法38条1項）や黙秘権（刑訴法311条1項）を侵害する問題が生じる可能性がある。この問題は重要であり、たんに訴訟の「迅速化」や「効率化」とは相殺できない問題であることを念頭におく必要がある。

　さらに、弁護側からの証拠調べ請求について、やむを得ない事由によって公判前整理手続において請求することができなかったものを除いて、新たな証拠調べ請求をすることができないとされている（刑訴法316条の32）ことから、この「やむを得ない事由」が厳格に判断されて、証拠請求に関して一種の「失権効」を認める規定となるおそれがある。この点、アメリカ法の手続では、affirmative defenseの場合であっても一定の事情の下に公判段階での主張立証を認めている[6]。

　日本のこの公判前整理手続の公正さが別な面で問題になるのは、手続の主宰者である受訴裁判所と公判を担当する裁判所が同一という点である。公判前整理手続に裁判員は参加しない。とすると、受訴裁判所を構成する職業裁判官と裁判員との間の情報格差が公判の心証形成や評議に影響を与えることが懸念される。もちろん、素人である市民とは異なり裁判官はプロであるからそのような懸念の心配はないという裁判官擁護論もありうる。しかし、基本的には、外観上（も実質的にも）、国民の目から見て裁判所が公平に見えることが必要である。公平な裁判所であるためには、一部の判断者が他の判断者より多くの情報に接していることは問題となる。そのことが明白な場合、裁判体の公平らしさは失われていると判断されてもしかたがない。裁判員裁判対象事件に限定しても、受訴裁判所以外の裁判所が公判前整理手続を主宰することが必要ではないだろうか。

2. 市民が活きる裁判員制度に向けて──ニューヨーク州の刑事裁判実務から学ぶ

(1) 冒頭陳述の位置づけ

　裁判員制度の導入によってわかりやすい裁判にすることが法曹三者で検討されている。しかし、冒頭陳述の位置づけは問題となる。改正刑訴法に明文の規定はないが、近時のコンピューター・テクノロジーの発展に伴って、パワーポイントを用いてスクリーンに文字や表や見取り図を示しながら冒頭陳述を行うことが推奨されて

いる。たしかに現状の早口言葉のような検察官の冒頭陳述の朗読よりも、裁判員にはわかりやすいものとなるであろう。しかし、ここにも重要な問題点がある。

　まず、冒頭陳述は、証拠ではないのである。アメリカの訴訟手続では、双方の陳述を始める前に、「弁論は、訴訟当事者の事件に対する意見であって、証拠ではない」と裁判官から陪審員に繰り返し説示される。そうであれば、公判の冒頭から、証拠でもないものをビジュアルなかたちで提示するのは、少なくとも検察側の「解釈」を何か既に「公式に」(official)に決まった事実であるかのように裁判員に刷り込むことになるのではないか。ましていわんや、検察、弁護双方の冒頭陳述を印刷した書面を事実認定や有罪・無罪の判断のための情報であるかのようにして配布するのは裁判員を誤導するだけでなく、旧態然とした書面裁判に裁判員を巻き込むことになるだろう。これは、証拠に従った事実認定に反した違法な手続になりかねないことに注意したい[7]。

(2) 中間評議について

　裁判員の理解を助けるため、裁判官と裁判員のコミュニケーションを図るため、あるいは現行の職業裁判官による裁判での慣わしになっているということで、裁判官と裁判員が証人尋問のたびに中間で評議することが考えられている。

　アメリカでは、陪審にこれを禁じている州が多い。例えば、ニューヨーク州は、その模範刑事陪審員説示集の冒頭（「最初の説示における陪審への忠告」）において、「私たちの法律は、裁判所が陪審員に評議を始めるように言うまで、その事件について陪審員の間でも話し合うことを許していません。と申しますのも、議論に熟さない段階で議論しますと未熟な最終判決へと誘導されるからです」と述べている[8]。その理由は、個別の証人の証言について、あらかじめ一定の評価をしてしまうと、それに引き続く証人の評価に一定の偏見や先入観を与えてしまうからである。中間評議で一定の判断を下してしまうと後の証人の証言を公平に聞けなくなってしまう。証人の証言は、検察の全体としての立証の中で評価されるべき性質のものであると考えられている。

　アメリカでも公判中に陪審員の中間評議を許したケースがあった。1995年にアリゾナ州の民事陪審で実験的に行われたものである。このアリゾナ州の中間評議では、「中間評議を行うことで最終的決定に正確さと質の高さをもたらした」と一定のメリットが認められた。しかしながら、①「陪審員は中間評決で容易に

偏見を共有してしまう」、②「中間評決は、事件の勝者が誰であるかということをあいまいな段階で決めてしまう」（Trial discussions will cause jurors to reach premature decisions about who should win the case）、③「中間評議を経ると最終評議では重要な争点の幅を狭めてしまう」（Trial discussions will narrow the final deliberations to key issues）、④「中間評議によって陪審員に誤解や混乱を生じさせるだけでなく、評議ごとの異なった意見にさらされることで、初期に自分の考えを形成しそれを維持してしまう」（Trial discussions may reveal areas of misunderstanding and confusion, and present jurors from forming and holding early opinions since they will be exposed to different perspectives during trial discussions）、⑤「中間評議では、一、二人の陪審員が議論を独占してしまう」（One or two jurors may come to dominate the jury early on）、⑥「中間評議では、議論を独占する一、二人の陪審員が他の陪審員の初期心証に影響力を与えてしまうため最終評決に影響力を持つことになる」（Because they are able to influence the other jurors' early thinking, they will have greater power in the eventual verdict）等の問題点が指摘されている[9]。

　しかも、これは、陪審員たちだけで行われる中間評議について述べられた問題点である。日本の裁判員制度では、そこに３人の職業裁判官が混じる。裁判官と裁判員が合同で中間評議することになると、裁判官による証人の評価が顕在化しない形で裁判員に影響を与えてしまう恐れもある。そうすると、アリゾナ州の中間評議で指摘された⑤や⑥の問題点は、日本の裁判員制度にとってはとくに大きな問題となるのではないか。

(3)　説示について

　日本では、改正刑訴法でも裁判員法でも、裁判官の裁判員に対する「説示」については、何ら規定をもたない。市民が一般的に陥りがちだと懸念されている「感情的」判断や「偏見や先入観に基づいた」判断があるとすれば、これを回避させるのに有効であるとされているのが裁判官の「説示」である。公判の冒頭と、最終弁論の後に行われる裁判所の「説示」は、裁判員として参加した市民に行うべき任務や指針を与える重要な意味を持つ。裁判員の役割は何か、それを果たす上で遵守すべき法的原則は何かについての職業裁判官からの説明は、それ自体、刑事被告人の権利義務に関わる事柄である。裁判官が、自分と同じ権限を持つ市民の事実認

定者に「合理的な疑いを超えた有罪立証」や「無罪推定」を述べるのは、自分自身に対しても刑事裁判上の原則を再確認させるという意味をもつ。そうであるが故に、アメリカの刑事陪審裁判では、公開法廷で被告人の面前で、「説示」が行われる。

日本の裁判員制度の実務では、裁判員は、その心構えや任務について、裁判員選任の際、あるいは開廷前の打合せ時に裁判官から説明を受けるかもしれない。しかし、そのような説示は、被告人の在廷する公開の法廷で行われることが必要である。というのも、裁判員の責務や任務、さらに事件に適用される法的ルールの説明、そして密室で行われる評議のルールの説明は、被告人の受ける裁判の一部であるからである[10]。

おわりに

私は、時々自分の不注意と問題の核心を見抜く力量がないことをつくづく残念に思うことがある。それは、2001年の司法制度改革審議会の「意見書」を受けて、日本の刑事裁判への市民参加制度の検討が「裁判員制度・刑事検討会」に委ねられたとき、刑事裁判への市民参加制度が「陪審制度」ではなかったという失望感と戸惑いの中で、どのように「裁判員制度」を理想的な市民参加制度にしうるかという制度設計の側面だけに自分の関心を集中させていたからである。私は、具体的には、裁判員の定員の問題、裁判員の権限の問題、さらに職業裁判官との評議の方法如何といった制度の具体的内容だけに関心をもち、その限りで検討会委員の発言や論点の取りまとめに注意を払っていた。しかし、私は迂闊にも同時に同じ検討会のメンバーで議論されていた刑事訴訟法の改正内容についてはほとんどフォローしていなかった。折角つくられたハードウェア（裁判員制度）を生かすも殺すも、それを運用するソフト（刑事訴訟法）次第であることを十分に解っていたはずなのにである。

そのため、まことに恥ずかしい限りであるが、刑訴法の改正、つまり新しい公判前整理手続の導入が国会で承認されるような段階になって初めてこの改正規定そのものや規定の解釈次第ではこの裁判員制度というハードウェアを活かしきれなくなってしまういくつかの問題点があるではないかと気になりだした。

今回のニューヨーク州刑事裁判の実務調査では、タイコー事件[11]など大企業のビジネス犯罪を扱う大手法律事務所の刑事弁護士や、訴訟扶助を受けて公益のため

に刑事弁護を行う公設事務所、中堅の事務所、さらに州地検、連邦地検、州裁判所、ロースクールの刑事訴訟法の教授、弁護士会、陪審委員会などを訪問した。それらの聞き取り調査は、市民のよさを活かした刑事裁判作りには刑事裁判の原理、原則が重要であるということを再確認させるものであった。争点整理手続をはじめ、裁判員制度を運用していく上で、アメリカの刑事裁判から学んだものを制度のソフト面にも反映させていくことが貴重な時間を割いて我々の調査に協力してくれた海の向こうの実務家に報いることになるであろう。

1 「裁判所は公判の審理を充実させるとともに、迅速かつ継続的に行うことができるよう、準備手続において、事件の争点及び証拠を整理する」裁判員制度・刑事検討会 第31回会合（平成16年1月29日）配布資料2「刑事裁判の充実・迅速化のための方策の概要について（骨格案）」より。

2 *See* Jenny Roberts, *Special Feature: A Conference on New York City's Criminal Courts: Too Little, Too Late: Ineffective Assistance of Counsel, The Duty to Investigate, and Pretrial Discovery in Criminal Case*, 31 FORDHAM URB. L. J. 1097 (2004).

3 Affirmative defenseとは、被告人の嫌疑にたいする抗弁として、正当防衛、心神喪失、緊急避難などを行う弁護のことを言う。これらは通常、準備手続において明らかにしておくことが義務付けられている。*See, e. g.* Beach v. Ocwen Fed. Bank, 523 U.S. 410 (1998). NY州刑事訴訟規則250条は、3つの告知を弁護側に義務付けている。①精神医学上の証拠、②アリバイ、③コンピューター犯罪の場合、である。*See* N. Y. CRIM. PROC. sec. 250.

4 丸田隆「刑事陪審裁判における不適切証拠の事前排除──Motions in Limine（不適切証拠排除申し立て）について」法と政治43巻4号（1992年）361頁以下参照。このmotions in limineとは、一定の証拠について公判手続で開示しないように事実審裁判所に公判前に申し出ておく手続である。自白がミランダ警告なしに行われた疑いのあるとき、あるいは証拠が陪審に著しい偏見を与える場合に申し立てる。もちろん、公判開始後でも証拠排除の申し立てができる。

5 この点につき、Bennett L. Gershman, *The Prosecutor's Duty To Truth*, 14 GEO. J. LEGAL ETHICS 309 (2001)参照。ニューヨーク州刑事訴訟規則としてNY CLS CPL sec. 190.25 (Grand jury; proceedings and operation in general) およびNY CLS CPL sec. 240.20 (Discovery; upon demand of defendant) 参照。なお、このような概念の歴史的発展につき、*see* David Olney, *Discovery Procedures under New York's New Criminal Procedure Law*, 38 BROOKLYN L. REV. 164 (1971), David Olney, *Expanding Defendant's Discovery: the Jencks Act at Pretrial Hearings*, 24 BUFF. L. REV. 419 (1974), Note, *Discovery by a Criminal Defendant of His Own Grand-jury Testimony*, 68 COLUM. L. REV. 311 (1968).

6 証拠を公判前整理手続において請求できなかったことに相当な理由が認められる場合には、なお公判における請求も広く認められるべきであろう。刑事訴訟法316条の32の反対解釈からも、公判前整理手続において被告人または弁護人が明示しなかった主張について、これを公判段階において主張することは、何ら制限されるべきではないであろう。

7 Laura Hess, *The Biggest Mistakes Made by Trial Lawyers (Are You Making them?)* 74 TEMP. L. REV. 1 (2001) および Anthony J. Bocchin, *Ten Touchstones for Trial Advocacy - 2000*, 45 ORANGE COUNTY LAWYER 23 (2003)参照。

8 参照、本書所収「ニューヨーク州刑事陪審模範説示集（抄訳）」竹部晴美訳（2005年）1頁。
9 See Paula L. Hannaford et al., *Permitting Jury Discussions During Trial: Impact of the Arizona Reform*, 24 LAW & HUM. BEHAV. 359 (2000).
10 New York州の公式陪審説示集（official jury instructions）は、模範民事陪審説示集（*New York Pattern Jury Instructions for Civil Matters*）と、模範刑事陪審説示集（*Criminal Jury Instructions: New York for Criminal*）とがある。いずれも、*New York Forms of Jury Instruction* (Matthew Bender)がそれら収集している。なお、本書所収のNY州模範刑事陪審説示集(抄)（竹部晴美訳）が参考になる。
11 タイコー（Tyco）事件については、Robert Barker, *Too Late to Jump Back Into Tyco*, BUSINESS WEEK, October 27, 2003, at 140および、Harry Maurer, *Fission at Tyco*, BUSINESS WEEK, January 23, 2006, at 37参照。陪審との関係につき、*see* Ross Sorkin & Jonathan D. Glater, *Criminal Intent Seems the Focus of Juror's Doubt*, N. Y. TIMES, Mar. 29, 2004 at C1, C6 (discussing the controversy surrounding the lone dissenting juror in the Tyco case).

（まるた・たかし）

COLUMN

シティズンズ・ジューリー・プロジェクト

裁判所の廊下でひときわ目立つポスターを見つけた。

シティズンズ・ジューリー・プロジェクト（Citizens Jury Project）は、裁判所内にブースを設けて、陪審員の声を裁判所に届ける活動をしている外部団体である。市民が陪審員として参加して感じたさまざまな意見を伝えることができる。シティズンズ・ジューリー・プロジェクトは、年に数回、市民からの意見を報告書にまとめ、裁判所にも提出している。市民の意見を陪審運営にフィードバックするひとつの大きな取り組みである。市民が参加しやすい制度とするためには、参加する市民の意見を取り上げる仕組みが必要である。裁判所内に、外部団体が陪審員の意見を聞くためのブースを設置することを認めるニューヨークの裁判所は、本当に「市民に開かれた裁判所」といえる。

さて、日本では、どんな仕組みで裁判員の声をフィードバックしようか。

第2章 ニューヨーク州の刑事裁判所システムについて

家本真実（摂南大学法学部講師）

はじめに

　アメリカの裁判所の基本的な構造は、最高裁判所を頂点にして下級裁判所が存在するという意味では連邦、州ともほぼ同じであるが、その詳細については、組織も名称も統一されているわけではない[1]。とくにニューヨーク州の裁判所の名称は他の州と違っており、アメリカの法曹でも混乱することがあるという。ここでは、ニューヨーク州の刑事裁判所のシステムについて簡潔に説明しておきたい。

1. ニューヨーク州の裁判所組織

　ニューヨーク州で刑事裁判管轄権を有する裁判所の構造は、図のとおりである。

図■ニューヨーク州の刑事裁判所システム[2]

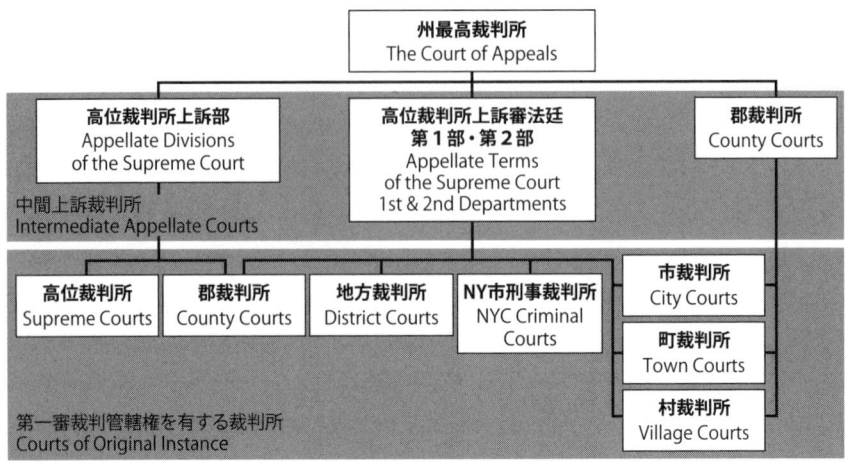

第一審、つまり事実審理を行う裁判所として、高位裁判所（Supreme Courts）、郡裁判所（County Courts）、地方裁判所（District Courts）、ニューヨーク市刑事裁判所（New York City Criminal Courts）、市裁判所（City Courts）、町裁判所（Town Courts）、村裁判所（Village Courts）の7種類がある。その上位に、3種類の中間上訴裁判所（Intermediate Appellate Courts）が、そしてこれらの裁判所の頂点に最高裁判所（The Court of Appeals）が位置している。

　第一審および中間上訴裁判所については、それぞれ、表1のように、管轄する地域が定められている。

表1■ニューヨーク州の裁判管轄区

ニューヨーク市周辺（NYC Area）		ニューヨーク州上部地域（Upstate NY）		
第1部	第2部	第3部		第4部	
1st JD NY County 12th JD Bronx	2nd JD Kings (Brooklyn) & Richmond (Staten Island) 9th JD Dutchess Orange Putnam Rockland Westchester 10th JD Nassau & Suffolk 11th JD Queens	3rd JD Albany Columbia Green Rensselaer Schoharie Sullivan Ulster 4th JD Clinton Essex Franklin Fulton Hamilton Montgomery St. Lawrence Saratoga Schenectady Warren Washington	6th JD Broome Chemung Chenango Cortland Delaware Madison Otsego Schuyler Tioga Tompkins	5th JD Herkimer Jefferson Lewis Oneida Onondaga Oswego 7th JD Cayuga Livingston Monroe Ontario Seneca Steuben Wayne Yates	8th JD Allegany Cattaraugus Chautauqua Erie Genesee Niagara Orleans Wyoming

　ニューヨーク州にある62の郡（county）は12の裁判管轄区（Judicial District）に分けられている。それぞれの裁判管轄区に高位裁判所や郡裁判所、市裁判所などが設けられており、基本的にはどのような事件であっても、その管轄区にある第一審裁判所から刑事裁判が始まることになる。ただし、第1、2、11、12管轄区については、軽罪事件の場合にはニューヨーク市刑事裁判所が第一審管轄権を有することになるため、重罪事件の場合にのみ各裁判管轄区の第一審裁判所において公判が始まることになる[3]。

この12の裁判管轄区は、表1に示したように4つの部（Department）に分けられているが、中間上訴裁判所でどの裁判所が上訴を受けるかは、後述するように、裁判管轄区がどの部に属しているかによって変わってくることになる。

2. 第一審裁判所

　第一審裁判所は管轄する事件の性質という側面から、表2のように、大きく上位裁判所（Superior Courts）と地域刑事裁判所（Local Criminal Courts）の2種類に分類することができる[4]。

表2■ニューヨーク州第一審刑事裁判所の構造

分類	上位裁判所（上級審裁判所） Superior Courts (the higher courts)	地域刑事裁判所（下級審裁判所） Local Criminal Courts (the lower courts)
裁判所	高位裁判所　Supreme Courts 郡裁判所　County Courts	地方裁判所　District Courts 郡裁判所　County Courts ニューヨーク市刑事裁判所 　New York City Criminal Courts 市裁判所　City Courts 町裁判所　Town Courts 村裁判所　Village Courts
管轄	すべての犯罪　All offenses 重罪に関する事実審裁判管轄権 　Exclusive trial jurisdiction of felonies 地方刑事裁判所で同時に裁判の行われている軽罪 　Misdemeanor concurrent with local criminal court など	重罪以外のすべての犯罪 　All offenses other than felonies 軽犯罪（違反および交通違反）に関する事実審裁判管轄権（ただし例外あり） 　Exclusive trial jurisdiction of petty offenses 重罪事件の予備審問管轄権 　Preliminary Jurisdiction for Felony Offenses など

　上位裁判所に分類されるものとしては、高位裁判所と郡裁判所があり、原則としてすべての刑事事件を審理することができるが、実際には、1年以上の懲役を刑とする重罪（felony）事件の審理をおもに行っている[5]。ただし、重罪事件以外の審理を行うこともあり[6]、例えば軽罪（misdemeanorおよびpetit offense）で同一の事件につき地域刑事裁判所で平行して裁判の行われているケースでは、その審理を行うことがある[7]。

　地域刑事裁判所に分類される郡裁判所、地方裁判所、ニューヨーク市裁判所、市裁判所、町裁判所、村裁判所においては、重罪事件以外のすべての事件の審理

を行っているため、おもに軽罪を扱うことが多い[8]。また、重罪事件の予備審問管轄権（Preliminary Jurisdiction）を有しているため、起訴前の重罪事件についてさらに手続を進めるべきかどうかの判断を行う、といった任務を負っている[9]。

　アメリカで陪審裁判が行われるのは第一審裁判所であり、今回のニューヨーク実務調査で私たちが訪れたのもマンハッタンにあるニューヨーク郡裁判所の陪審局や、ニューヨーク市裁判所およびニューヨーク郡高位裁判所刑事部所属のシェーラー裁判官であった。

3. 中間上訴裁判所

　中間上訴裁判所では、第一審裁判所からの上訴を取り扱う。高位裁判所や郡裁判所で審理されたケース（おもに重罪事件）の上訴については、高位裁判所上訴部の第1部から第4部が、それぞれの部から上訴されてきた事件を受け持つことになる[10]。

　また、ニューヨーク市刑事裁判所、地方裁判所や市裁判所、町裁判所、村裁判所で審理されたケース（おもに軽罪事件）については、高位裁判所上訴審法廷第1部・第2部[11]がニューヨーク市とその周辺の郡の属する第1部および第2部からの上訴を受け持つ[12]。ただし第2部については、地方裁判所、市裁判所、町裁判所、村裁判所からの上訴も受ける。ニューヨーク上部地域である第3部および第4部からの上訴については郡裁判所が受け持つことになる[13]。この郡裁判所は、第一審裁判所にある郡裁判所と同じ裁判所で、とくに上訴裁判所として別個の施設が設けられているわけではない。

4. 最高裁判所

　ニューヨーク州最高裁判所では、7名の最高裁判所判事が3つの中間上訴裁判所からの上訴を扱い、ニューヨーク州の裁判所の頂点に位置している[14]。この州最高裁判所の名称が「Court of Appeals」であることが、ニューヨーク州の裁判所に関して混乱を招く根源となっている。通常、連邦や他の州において「Court of Appeals」といえば「控訴裁判所」、つまり中間上訴裁判所の1つに付けられている名称であるが、ニューヨーク州とメリーランド州においてのみ、州最高裁判所の名

称として使われている。

おわりに

　ごく簡単にではあるが、ニューヨーク州の刑事裁判所の組織について述べてきた。さらに詳しく調査をされたい方のために、簡単にアクセスできる資料として、ニューヨーク州統一裁判所システムのホームページにてダウンロードすることのできる「ニューヨーク州の裁判所：入門ガイド」（The New York State Courts: An Introductory Guide）[15]を挙げておきたい。

1　田中和夫著『英米法概説』（有斐閣、再訂版、2003年）143～147頁参照。
2　*See* New York State Unified Court System "Criminal Court Structure" *available at* http://www.courts.state.ny.us/courts/structure.shtml, 28 NEW YORK JURISPRUDENCE 2D. *Courts and Judges* § 1-2 (2005).
3　ニューヨーク市（New York City）はニューヨーク州の5つの郡、ニューヨーク郡（New York）、キングス郡（Kings）、リッチモンド郡（Richmond）、ブロンクス郡（Bronx）、およびクイーンズ郡（Queens）によって成り立っている行政区である。
4　*See* N.Y. CRIM. PROC. LAW §10.20-10.30 (McKinney 2005), 31 N.Y. JUR. 2D., *supra* note 2, *Criminal Law* §40, 43.
5　*See* N.Y. CRIM. PROC. LAW §10.20 (McKinney 2005).
6　*See* N.Y. CRIM. PROC. LAW §10.20(1) (McKinney 2005).
7　*See* N.Y. CRIM. PROC. LAW §10.20(1)(b) (McKinney 2005). ニューヨーク州の各裁判所の管轄については、see 31 N.Y. JUR. 2D., *supra* note 2, *Criminal Law* §40, 43-52.
8　*See* N.Y. CRIM. PROC. LAW §10.30 (McKinney 2005).
9　*Id*.
10　*See* 28 N.Y. JUR. 2D., *supra* note 2, *Courts and Judges* §12.
11　高位裁判所上訴審法廷部には第3部、第4部は存在しない。*See* 28 N.Y. JUR. 2D., *supra* note 2, *Courts and Judges* §15.
12　*Id*.
13　*See* N.Y. CRIM. PROC. LAW §450.60(3)-(4) (McKinney 2005), 34 N.Y. JUR. 2D., *supra* note 2, *Criminal Law* §3196.
14　*See* N.Y. CONST art. IV §22(a) (McKinney 2005), N.Y. JUD. LAW §44 (McKinney 2005), 28 N.Y. JUR. 2D., *supra* note 2, *Courts and Judges* §11.
15　*Available at* http://www.courts.state.ny.us/reports/ctstrct99.pdf.

（いえもと・まみ）

COLUMN

裁判員になれない職業

　裁判員法は、国会議員、国務大臣、行政機関の幹部職員、法律家、裁判所、検察庁、警察関係者、都道府県知事、市町村長、自衛官など一定の職業にあるものを就職禁止事由と定めて裁判員になることを禁じている。

　その理由は、三権分立の観点から立法権、行政権の行使に直接かかわる職業に就く者が司法権の行使にかかわることは望ましくない、裁判員制度の趣旨は一般国民の社会常識を刑事裁判に反映させることにあるから法律の専門家が裁判員となることは望ましくないなどである。

　他方、裁判員法の挙げる就職禁止事由は広過ぎると考える立場から、裁判員制度は司法の国民的基盤を確立するための制度であるから、就職禁止事由の範囲は極力狭くすべきだという批判がある。この立場に立てば、立法機関・行政機関関係者はもとより、司法関係者も外す必要はない。できるだけ広く国民に参加してもらうのが良い。職務遂行に支障があれば具体的事件ごとに職務遂行の可否を判断し、支障があれば辞退してもらえば良いということになる。

　ニューヨークではどうであったか。以前は、弁護士、裁判官は陪審員になれなかったようであるが、現在は、これらの職業は陪審任務の職業的免除事由にあたらず、弁護士も、裁判官も、検察官も陪審員候補者に選任されるという。州陪審局長に「裁判官、検察官が陪審員となることで不公平となることがないか」と質問したところ、「刑事と民事、それぞれ自分の専門分野でない方にまわす。陪審席に座ると裁判過程を反対側から見ることができるので、やるとすごくよかったということである。陪審席からみると、同僚の弁護士がいかに『ばかな』弁護をしているのか良く分かるという」という答えが返ってきた。他の現職裁判官からも同じような話を聞いた。また、ジュリアーニ前市長が現職の時に陪審候補者に選任されたことがあったが、本人は固辞したけれども選ばれてしまい、そのまま陪審の職務をつくしたという。

　ニューヨーク市は、アメリカで最も忙しい陪審の手続を行っているところであって、59の刑事部門、50の民事部門を担うため、同市の陪審局には毎日1500人の陪審候補者がやってくるという。これだけ多数の陪審候補者を確保するために職業的免除事由をなくす方向にむいたのかもしれないが、日本の裁判員制度においても、裁判員を誰もが公平に分担し、できるだけ多くの国民に参加してもらうためには、将来的には就職を禁止する職業の範囲をできるだけ狭くし、具体的な事件ごとに職務遂行に困難または支障がある場合は辞退するという方向にすすむべきであろう。　　（浅野孝雄）

第3章 公判前整理手続における証拠開示・主張整理

目片浩三(弁護士)

1. ニューヨーク州刑事手続における「争点」と「証拠」の整理について

(1) 日本型公判前整理手続は当然のものか

　日本では、裁判員制度の導入に伴い、2005(平成16)年に刑事訴訟法が改正されて公判前整理手続が創設された。ところで、陪審制度の下においても、当然に日本のような公判前整理手続によって、「争点」と「証拠」が整理されているという受けとめ方があるかもしれない。

　しかし、ニューヨーク州の刑事手続実務を調査した結果、公判前に厳密な「争点」の整理が行われているという事実はなく、弁護人は原則として「争点開示」の義務を負わないことが明らかになった。

　すなわち、いわゆる「公判前整理手続」のような争点整理を目的とした公判前手続は存在しないのである。

　陪審員は通常、争点を検察官の冒頭陳述によって把握する。検察官の冒頭陳述後弁護人の冒頭陳述が行われるのが普通であるが、多くの場合、弁護人は争点を明示することなく、「疑わしきは被告人の利益に」の原則に基づき、検察官の立証が十分でなければ無罪にしなければならない旨陪審員に述べるにとどまっている。また、争点に関する裁判官による事前の説示も行われない。つまり、弁護人が冒頭陳述において争点明示を行わなくとも、陪審員は検察官の冒頭陳述に基づき争点を把握できるということである。

(2) 弁護人の開示義務

　弁護人は、原則として、事前に立証予定を明らかにする必要はなく、検察側立証後に立証予定を変更することも可能である。まして、証人の尋問時間、尋問事項な

どについて事前に確定させるという実務は行われていない。

　弁護人が例外的に、事前の争点開示を義務づけられているのは、以下の事項である。

(i) 積極反証（アファーマティブ・ディフェンス）の告知

　弁護人が不意打ち防止のために検察官に事前に争点明示しなければならない事項は、以下の積極反証の場合に限られている。

(a) アリバイに関する反証予定

　弁護側が積極反証としてアリバイ証人を申請したい場合、証言予定日の8日前までに証人の住所氏名および職場住所、犯行当時に被告人が存在した場所を明示した申請をすべきである。相当な理由があれば、裁判所はこの期限を延長できる（ニューヨーク州刑事訴訟法250条20）。

(b) 責任能力に関する証拠

　弁護側が責任能力を争う場合、公判前、無罪答弁後30日以内に、責任能力を争う証拠を提出する意向がある旨告知する義務を負う。司法上の利益が認められ、相当な理由がある場合、裁判所は期限経過後も責任能力に関する証拠の提出を認めることができる（ニューヨーク州刑事訴訟法250条10）。

(c) コンピューター犯罪

　コンピューター不正使用犯罪で、正当使用を主張する場合、無罪答弁の45日以内、公判開始の20日以前にその意向を告知する義務を負う。相当な理由があれば、裁判所はこの期限を延長できる（ニューヨーク州刑事訴訟法250条30）。

　アリバイに関しては、具体的な主張が求められているが、それ以外に関しては、積極反証を行う意向がある、との告知で足り、期限経過後も緩やかに主張提出が認められている。そして、その余の主張明示は要求されていない。

(ii) 弁護側の証拠開示義務

　弁護側は、公判に提出予定の科学証拠・鑑定・実験結果、及び上記(b)の告知に基づき公判に提出予定の責任能力に関する証拠および証人について開示義務を負う（ニューヨーク州刑事訴訟法240条30(a)）。

　これ以外に弁護側が証拠開示義務を負うのは、写真やビデオ・録音テープを証拠提出する場合（ニューヨーク州刑事訴訟法240条30(b)）および、裁判所命令により被告人自らが指紋採取などの協力義務を負う場合（ニューヨーク州刑事訴訟法240条40-2)に限られている。

(iii) 弁護人に上記の立証予定告知・証拠開示義務しか認めていないのは、検察官にすべての立証責任があることから帰結されることである。

(3) 公判前手続（プリトライアル・モーション）

公判前には争点整理を目的とした手続ないし期日は存在しない。

弁護側が起訴の却下申し立て、証拠開示申し立て、証拠排除などの申し立てを行い、それをめぐる攻防・裁判所の判断が繰り返される（ニューヨーク州刑事訴訟法255条20）。また、前述のとおり、限定的であるが、弁護側の告知・開示も行われる。

弁護人はまず、検察官に証拠開示を求める。

連邦最高裁ブレイディ判決（Brady v. Maryland, 83 s. Ct. 1194 [1963]）により、検察側は、被疑者に有利な証拠を公判前に全面開示しなければならないとされており、これに違反したケースは、手続違反により棄却される。また、検察側立証が終わった段階で検察官は事件に関連するすべての供述調書の開示を義務づけられているが（Jencks Act, 18 U.S.C. Sec. 3500）、実務上は検察立証終了により早期に開示されるが、検察官が開示に応じないとき弁護人は裁判所に申し立て証拠開示を要求する。ニューヨーク州では、客観証拠を中心とする検察官の開示義務について詳細な事前開示規定が定められている。それらについて検察官は当然に開示義務を負うのであり、弁護側が理由を述べる必要はない。

弁護側は刑事訴訟法の規定に存在しない証拠についても、事項を特定して証拠開示を申請することができ、裁判所は、弁護活動の準備にとって必要性があり相当と認める場合、証拠開示を命令する（ニューヨーク州刑事訴訟法240条40-1）。裁判所は、証拠開示の必要性を判断するにあたり、争点との関連を考慮に入れる場合が多い。そこで、証拠開示申請にあたり、弁護人は争点を明らかにし、争点と開示請求証拠の関連性を主張する場合が多い。証拠開示の申立などの手続を経て、裁判官や検察官は、弁護人が何を争点とするかを認識できる。

次に、弁護側は、裁判所に検察官提出予定証拠の排除申し立てを求める。その際に、証拠収集過程の違法を主張して違法蒐集証拠や自白の証拠排除を申し立てる。

こうしたプリトライアル・モーションを経て検察・弁護双方の争点は自然と明らかになるのが通常である。ただし、弁護側は公判前段階のモーションを通じて設定し

た争点に固執しなければならない義務はなく、公判後に変更することは可能である。裁判官が弁護側立証を制限することはごくまれであり、弁護側に争点を開示させた上で予定証人を制限するようなことは実務上ほとんど存在しない。裁判官が争点を弁護側に聞くのは、たいてい審理日数の見込みをたてるためである。

(4) 公判前整理手続に関与する裁判官

　アメリカの陪審裁判では、裁判官は事実認定に関与せず、陪審員の審理が正義に基づき公平に行われるように証拠を整理し、訴訟進行を管理する。裁判官が事実認定手続に関与できない重要な理由として、裁判官が公判前の段階で証拠開示や証拠使用禁止手続に関与し、審判者が見てはならない証拠にも触れざるを得ないことが挙げられている。陪審裁判において陪審員に不正・不当な情報を入れないように努力しているのが裁判官であり、そのために裁判官が判断者になれないのである。

2. ニューヨークの学者・実務家から見た日本の公判前整理手続の印象

(1) 証拠開示手続について

　ニューヨーク州刑事手続において、いかにして証拠が開示され、いかにして争点・証拠が整理されていくか、具体的には学者・実務家のインタビューを御覧いただきたい。質問のしかたとの関係もあり、各学者・実務家の発言にややニュアンスが異なる部分があるが、調査団が帰国後確認したところによれば、下記のとおり要約ができる。

　ところで、ニューヨーク州の証拠開示手続の運用については、「検察側は、弁護人側に証拠を開示することに協力的である」（シェーラ〔Scherer〕裁判官）、「NY州のディスカバリー手続は、被告人にとって有用なものになっている」（フィッシュベイン〔Fishbein〕弁護士）という見方がある一方で、「NYのディスカバリーが非常にうまくいっているとは言い切れないが、ルールの要求するところに従って、かなり行われている。問題は、ディスカバリーの範囲ということになる。検察による証拠開示がなければ、問題が起きるか。もちろん起きることになろう」（ヘラースタイン〔Hellerstein〕教授）。「検察は、なかなか情報を開示しようとはしない」（ヘラースタイン教授）「（証拠開示の弊害は）弁護側にとって、強い防御となるような弁

方針を考える機会となってしまうということです。証人に連絡を取ったりできますし、おそらく、うその証言をするように言ったりすることが可能になるでしょう。もちろん、めったに起こりませんが、逆に、こちらの持っている証拠で、被告人が不意打ちをくらうこともあります」（チャオ〔Chao〕連邦副検事）。といった意見もあり、立場によって評価は一定しないようである。

(2) 公判前整理手続について

　一方、日本の公判前整理手続について意見を求めると、問題点を指摘する声が多く聞かれた。
　第1に、弁護側が予定主張明示を義務づけられることは、無罪推定の原則に馴染みにくいのではないかとの指摘である。
　例えば、「アメリカの手続では公判になるまで主張する責任は全くない。3つのこと（心神喪失事由・専門家による鑑定・アリバイの主張）以外は主張しなくてよい。……もちろんその結果、それぞれの専門家がまったく反対の結論を導き出すことも少なくない。これ以外については、弁護側に証明する責任はないので、被告人自身がほとんど証言しないということも多い」（ヘラースタイン教授）、「起訴するのに相当な理由を検察は主張しなければならない。……ただ被告人は、無罪の主張をすればよい。陪審が選ばれて公判が始まったときに、（検察側は）事件のアウトラインについて説明する必要がある。弁護側はこのアウトラインを説明する必要がない。だからたいていの弁護人は、冒頭陳述において被告人の無罪を主張し、合理的な疑いを超えて立証する責任は検察にあるので、よく検察の立証を聞いて欲しいなどと述べるに止まる。検察のように事実の概要を述べるようなことは、弁護人はしない。そうしないと弁護側が立証責任を負うことになる。自分は弁護人で、弁護人はどういう役割で裁判所にいるのかを述べておくようにするということだ。」（ヘラースタイン教授）、「弁護側が立証責任を負うことになってしまう可能性はあるだろう。本来は、あくまでも検察が立証責任を負っているのであって、弁護側は席に着いて立証責任については何も考える必要もないし、何も言わなくても構わないはずだ。ただ、それが黙秘権の侵害につながるかどうかというと、すこし問題が違うような印象もある。この問題は、どういう制度を創りたいかということに大きく左右される。争点整理によって、裁判にかかる時間をできるだけ短くしたいというような効率性を第一に考えるのであれば、立証責任について妥協しなくてはならないところが出てきてしま

う」（トンプソン〔Thompson〕教授）など。

　第2に、公判前整理手続によらなくても、ある程度争点を明らかにすることができるとの指摘もあった。

　例えば、「検察側の冒頭陳述で事件のアウトラインは示される。弁護側の冒頭陳述も示される。それらが陪審員に争点は何かを理解させるという役割を果たす」（カンプリエッロ〔Campriello〕弁護士）。

　第3に、裁判官と裁判員の間に情報格差が生ずる危険があるとの指摘もあった。

　例えば、「まず、裁判員がそういった手続を見ないのであれば非常に問題が多い。……裁判員が何を見ることが許されるのか、裁判官が何を見ることが許されるのか、といった仕組みを作ることが必要だと思われる。というのも、裁判官は、証拠の信用性について判断したり、証拠を評価するということができ、裁判員にはそれができないということがあると思われるからだ。公判前整理手続に関与した裁判官が、公判手続にも関わることは、陪審員との間で当初から情報の格差が生じていることになり、非常に問題があるのではないか。」「だからこそ、アメリカのシステムにおいては、証拠に関する手続の部分は裁判官が行い、事実の判断は陪審が行うというふうに分けている。事実の判断に裁判官を入れるということは、非常に複雑な問題を起こすことになる」（トンプソン教授）。

3. 日本における公判前整理手続への提言

　以上のニューヨークの学者・実務家のインタビュー結果を踏まえたうえで、次のような提言をしてみたい。

　調査団がニューヨークで強く感銘を受けたのは、無罪推定原則等の刑事訴訟の原則が、とても大事なものとして扱われていることであった。弁護士はもちろん、検察官も同様であった。これは、ある意味で当然であるが、日本の実務において果たして当然のことになっているだろうか。

　こうした反省に立つとき、日本の公判前整理手続の運用にあたっても、無罪推定原則等の刑事訴訟の原則との関係が強く意識されるべきである。

　具体的には、ニューヨークの学者・実務家の指摘を参考に、以下のような運用がなされるべきである。

　①無罪推定原則との関係から、弁護側予定主張については、強度の義務を課す

べきではない。具体的には、

ⓐ審理予定を明らかにする程度の概括的事実を示すことを求めるにとどめ、個々の事実に対する認否を求めるものであってはならない。

ⓑ弾劾事実については、主張を求めるべきではない。

ⓒ証人に対する主尋問や反対尋問の時間は、あくまで予定時間として捉え、厳密に考えるべきではない。

裁判員制度のもとでは、直接主義・口頭主義の実質化が要請される。そして、詳細な調書も作成されなくなるだろうから、予想を超えた証言が出てくる可能性も高い。そもそも、我が国の刑事訴訟法が当事者主義を採用している以上、訴訟の進行は原則的に当事者に任せるのが妥当であり、裁判官は相当性を超えたときに訴訟指揮権を発動すべきである。

②公平な審理との関係から、裁判官と裁判員の情報格差を可能な限りなくすため、公判前整理手続は3名の裁判官が行うのではなく、そのうちの1名（受命裁判官）が担当すべきである。

（めかた・こうぞう）

COLUMN

みんなが陪審員

　ニューヨーク郡裁判所書記官陪審部長の部屋には、有名人たちの写真がところ狭しと飾られていた。映画でしか見たことのない超有名スターやテレビで活躍する人達、スポーツ選手などなど。みんな陪審候補者として裁判所を訪れた人達である。にこやかに有名人と握手する陪審部長は、うらやましいかぎり。いやいやそういうことではなく、有名人もちゃんと裁判所にやってくる。選ばれれば、陪審員にもなる。

　ジュリアーニ前ニューヨーク市長も現職時代に陪審員に選ばれてしまった。裁判官・検察官・弁護士も除外されない（民事も陪審制度があるので、専門とはちがう分野にまわるそう）。みんなが陪審員を務めている。

第4章 公判手続における弁護人の実務と役割

溝内有香(弁護士)

1. 調査の目的

　陪審制度では、裁判官と陪審員の役割を峻別し、事実認定は陪審員のみが行い、裁判官は事実を扱わない。
　一方、裁判員制度においては、裁判官と法律家でない市民の裁判員がともに、事実認定を行う。裁判官が事実認定に関与するなかで市民の感覚を反映させるためには、より一層、裁判員が裁判官と対等の立場で関与することが重要となる。裁判員法8条も、「裁判員は、独立してその職権を行う」と規定するところである。
　したがって、公判手続も、裁判員が自分だけで十分に判断できるよう、裁判員を意識した制度設計および公判活動を行う必要がある。
　また、裁判員法51条は、「裁判員がその職責を十分に果たすことができるよう、審理を迅速で分かりやすいものとすることに努めなければならない」としているところ、陪審制度での公判手続は、法律家でない陪審員を常に意識して行われていることから、裁判員制度においても学ぶべき点が多々ある。
　そこで今回の調査においては、陪審制度における冒頭陳述・最終弁論といった弁護人の弁論活動、証拠の取扱い、証人尋問や被告人質問のあり方といった事項について、制度・運用や弁護人の戦略といった観点から調査することを目的とした。

2. 冒頭陳述について

(1) 調査事項
(i) 冒頭陳述の方法・内容について
　冒頭陳述においては、証拠と証明すべき事実の関係を重視するのか、それともス

トーリーを語ることを重視するのか、冒頭陳述の方法について。
(ⅱ) 効果的な冒頭陳述について
　効果的な冒頭陳述についてはどのようなものを考えるか。
　刑事裁判の原則に触れるのか、無罪推定の原則を最初に訴えることは、陪審員にどのような印象を与えるのか。
(ⅲ) 検察官・弁護人が作成した冒頭陳述書等の文書は陪審員に配られるのか。

(2) 調査結果
(ⅰ) 検察官の冒頭陳述について
　ニューヨーク州においても、立証責任は検察官にある。
　そこで、検察官の冒頭陳述で、陪審員に事件のアウトラインを説明し、証拠について述べ、それが起訴されている罪を立証するための要素となっていることを説明し、また、召喚予定の証人についても説明する。
　検察官の冒頭陳述に対して、弁護人が異議を述べた場合に、裁判所がその異議を認める場合がある。それは、冒頭陳述が議論にわたる場合である。
　つまり、冒頭陳述では、検察官は、どうして陪審員が検察官の冒頭陳述を信じるべきなのかを主張してはならず、どのような証拠が示されるかということを、議論をはさまずに述べなくてはならないのである（ダスティン・チャオ〔Dustin Chao〕連邦ニューヨーク郡地検副検事）。
(ⅱ) 弁護人の冒頭陳述について
(a) 冒頭陳述の重要性について
　ロバート・レイ弁護士（Robert Ray）は、弁護人の冒頭陳述はきわめて重要であると説明した。
　陪審に対する調査によれば、最初に陪審員が受けた冒頭陳述の印象が、最終的な結論に大きく影響しているという調査結果が出ているという。
　陪審制度では、裁判官による説示が行われており、裁判官は説示の中で、冒頭陳述は意見に過ぎないことや、法廷に提出された物証や証言だけを考慮するようにと陪審員に注意を促す。にもかかわらず、実際には、最初に受けた冒頭陳述の印象が結論に大きく影響を与えるという調査結果が出ているのである。
　ロバート・レイ弁護士は弁護人の冒頭陳述の重要性をわかりやすく説明する。
　検察官が陪審員に向かって、どんな事件であるか、これからどういうことを立証し

ていくかを述べた後、弁護人が何も言わずに検察官の立証が始まり、3ヵ月後にはじめて弁護人が立ち上がり「弁護人として今からこういう主張を行う」といっても、ときすでに遅し、ということになるのである、と。

　ニューヨーク州では、弁護人が冒頭陳述をしないでおくことも可能であるが、弁護人が冒頭陳述をしないことは非常にまれであるという。

　陪審制度において、陪審員が裁判手続の早い段階で受ける印象があとあとまで影響することから、弁護人の冒頭陳述がきわめて重要であると認識されているのである。

(b)　冒頭陳述の内容について

　では、どのようなことを弁護人は冒頭陳述で述べるのであろうか。

　ハーベイ・フィッシュベイン弁護士（Harvey Fishbein）は、弁護人の冒頭陳述では、陪審員に対して、検察官の言うことが何でも正しいとは限らない、何か違う側面がある、違う考え方があるという疑いを持たせなければならないという。

　また、ウィリアム・ヘラースタイン教授（William Hellerstein）も、弁護人は、冒頭陳述で被告人の無罪を主張し、合理的な疑いを超えて立証する責任は検察官にあるので、よく検察官の立証を聞いていて欲しいと述べるという。また、自分は弁護人であり、弁護人とはどういう役割で法廷にいるのかを述べておくようにするという。

　さらに、ロバート・レイ弁護士も、多くの場合、弁護人は冒頭陳述で、依頼人は無罪と訴え、依頼人は無罪の推定を受けていると主張するという。

　つまり、冒頭陳述では、検察官に立証責任があることや無罪推定の原則といった刑事裁判の原則を述べ、また、陪審員に検察官のいうことがすべて正しいとは限らないと注意を喚起することに重点がおかれるのである。さらに、弁護人の立場についても理解を求めて陪審員の弁護人に対する信頼を求めるということが行われているのである。

　弁護人が、冒頭陳述で、無罪推定の原則を述べたり、検察官に立証責任があることを述べることが、陪審員に対して、決して被告人に不利な印象を与えるものではないようである。

　一方、弁護人が冒頭陳述で事実関係を主張することには、慎重である。

　ウィリアム・ヘラースタイン教授によれば、弁護人の冒頭陳述では、検察官のように事実の概略を述べることはしないという。そうしないと、弁護人がみずから述べた事実についての立証責任を負ってしまうからである。そして、弁護人が立証でき

なければ、陪審員は弁護人のいうことを信用しないだろうし、そのようなことは避けるべきであるということである。

(ⅲ) 陪審員に対する冒頭陳述書等の配布について
　検察官や弁護人が作成した冒頭陳述書が陪審員に配布されることはない。
　また、陪審員はメモをとることも禁止されている。
　陪審員の手元には、検察官・弁護人の冒頭陳述の内容は残されず、ただ聞いたことや見たものを記憶にとどめるのみである。

(3) 検討（裁判員を意識した冒頭陳述のあり方について）
(ⅰ) 裁判員に信頼される冒頭陳述
　裁判員制度においても、法律家でない裁判員が、当初の冒頭陳述の影響を受けることは十分予測され、弁護人の冒頭陳述は非常に重要となる。
　陪審裁判での弁護人の冒頭陳述では陪審員から信頼されることがひとつの重要なポイントとなっているが、裁判員制度にあっても裁判員の信頼を得ることがポイントとなることは間違いないであろう。

(ⅱ) 冒頭陳述の内容
　では、弁護人はどのような冒頭陳述を心がけるべきか。
　冒頭陳述をどう組み立てるかは、当然、個々の事件によってさまざまであって、弁護人の戦略にもよるものであるから、一概に述べることはできないであろう。しかし、今回の調査から以下の点が指摘できよう。

(a) 刑事裁判の原則について
　ひとつは、刑事裁判と無縁で過ごしてきたであろう裁判員に、冒頭陳述の段階で、刑事裁判の原則を十分に理解してもらうよう訴えることが必要だということである。
　被告人は無罪推定を受けること、立証責任は検察官にあること、したがって被告人が無罪を立証する必要はないこと、合理的な疑いを超えて検察官が立証した場合だけ被告人を有罪とすることができるといった刑事裁判の原則を、裁判員にわかりやすく丁寧に述べることである。
　ところで、弁護人が「被告人は無罪である」といった場合、裁判員は、何故、被告人は無罪なのか、事実はどうであったのかといった弁解を求めたくなるのが心情である。
　しかし、いや、だからこそ、弁護人としては、被告人はなにも（無罪を基礎付ける

事実を）立証する必要がないといった刑事裁判の原則を注意深く裁判員に説明する必要があるのである。

　裁判員はそれでも納得しないかもしれない。無罪推定の原則など、裁判所に来るまで耳にしたこともないとすれば、また、検察官が間違うことなどないのではないかと内心思っているとすれば、弁護人に自信がないからそのようなことをいうのではないかと感じるかもしれない。

　そうすると、弁護人は、何故そのような刑事裁判の原則があるのかといったことから、裁判員にわかりやすく、しかも、信頼を得るような表現で、自信をもって説明することが必要となる。

(b)　事実関係について述べる場合の注意点

　これに対して、弁護人が、被告人の無罪を積極的な事実関係を述べることで裁判員に印象づけようとした場合、つまり、「事実はこうである」といえば、裁判員はその事実を証明して欲しいと思うであろうということに十分に気をつける必要がある。弁護人が証明に失敗すれば、裁判員は、弁護人のいうことを信用しなくなるという危険についても十分に配慮すべきであろう。弁護人はみずから、裁判員を、検察官の立証と弁護人の立証とどちらが成功しているかということに注目させることになりかねないのである。

(c)　弁護人の役割について

　冒頭陳述で、弁護人の役割に触れるということも、裁判員の信頼を得るためには必要となろう。刑事裁判に無縁であった裁判員は、何故、弁護人は、被告人という「悪い人」の「味方」をするのかという不合理な疑問を持つかもしれない。このような疑問を最初に解消しなければ、弁護人の活動のひとつひとつに裁判員が疑問を持ち続けかねない。だからこそ、弁護人の役割についても説明し、理解を得ておく必要がある。

3. 証拠調べ

(1)　調査事項
　①証拠として示すことが合意された書類の取調べ方法
　②鑑定書の取り扱い
　③被告人の供述調書を公判で使用する場合の取調べ方法

④事実に争いがないことを検察官・弁護人が合意する場合について
⑤証人尋問について
⑥被告人質問について
⑦陪審員・裁判官からの質問

(2) 調査結果
(i) 証拠として示すことが合意された書類の取調べ方法
　オースティン・カンプリエッロ弁護士（Austin Campriello）によれば、おおよそ、以下のとおりである。
　書類全体が証拠として採用されることになれば、全体が証拠となる。
　検察官と弁護人との間で、一部のみを証拠とするか全体を証拠とするかを争う場合もあるが、結局、同意した部分だけが証拠となる。その場合、それぞれが、その証拠について、どういう書類のどういう部分なのかコメントすることができる。
　提出について合意された書面があれば、通常、「以下の書類は当事者の間で公判廷において示すことが合意されたものである」と告げて、陪審員に向かって読み上げられる。たいていの場合、重要な部分のみが読み上げられることが多い。なぜなら、裁判官は、そうした書類を読み上げることで訴訟の流れが止まることを嫌うからである。
　証拠として採用された10頁の書類のうち、段落3つ分ほどのみを読み上げるだけということも多いという。
　あらかじめ陪審員1人1人のために書類のコピーを用意して、検察官や弁護人が読み上げる際にそれらを配り、手元で見てもらいながら書類を読み上げることもある。また、プロジェクターに映し出す場合には、重要部分に蛍光ペンなどで線を引いて、それを見てもらったりするので、印象としてはより強く陪審員の頭に残すことができるという。
　また、書類の場合は、書類の作成者や保管者を証人として召喚し、「この書類を見たことがありますか」、「はい。私が書いたものです」、「ここにあるのはあなたのサインですか」、「そうです」などとやり取りをしたあと、「裁判長、この書類を証拠として採用してください」という。採用されれば、証拠として読み上げることができるのである。
　また、ウィリアム・ヘラースタイン教授によれば、当事者が合意しているのであれ

ば、証人を呼んできて質問する必要はないという。合意していれば、争点がないからである。しかし、通常は、書面だけが法廷に出てきて、それが証拠とされることはない。それは、憲法の規定により、被告人に対質権があるからだ。人は書面に反対尋問できないので、被告人に不利だとして合意できないのであれば、その書類を作成した人を呼んできて反対尋問を行わなければならないことになる。

(ⅱ) 鑑定書の取り扱い

　ウィリアム・ヘラースタイン教授によれば、検察官が鑑定結果を示す場合、まず鑑定の専門家を召喚して主尋問を行う。証人はその鑑定書をみながら証言する。つまり、検察官はその鑑定書について確認するという形で尋問することになる。

　それに対して弁護人が反対尋問を行い、検察官の鑑定結果を崩そうとする。それがうまくいかない場合もある。弁護人も専門家を雇っているので、ここに検察官の証拠とは矛盾する証拠があるといって、その専門家を召喚する。陪審員は、どちらが信頼できるかを判断することになる。

　なお、鑑定書自体が証拠とされることはないようである。

(ⅲ) 被告人の供述調書の取り扱い

　トニー・トンプソン教授（Tony Thompson）によれば、被告人の供述調書が法的に問題ないと判断された場合、検察官が立証する段階で証拠として提出される。その場合、被告人本人ではなく、自白を行った相手方、つまり警察官などを証人として召喚して、自白の内容について証言させる。自白調書を出してしまうと、伝聞証拠になってしまうためである。そのように証人に自白について証言させたあとで、自白を記録した書面やビデオが出てきて確認する。

(ⅳ) 事実の合意について

(a)　まず、事実の一部について公判前に当事者間で合意することはあるかについて、ロバート・レイ弁護士は、つぎのように述べた。

　事実に関しては、ある点について合意されることがある。しかし、犯罪の構成要件に当たるかどうかについては、陪審員が決定することを憲法が要請しているので、そこで合意されることはない。それ以外のことについて合意されることがあるということである。そうした事実は、合意事項として書面に残される。

　また、ミッキ・シェーラー州裁判官（Micki Scherer）は、裁判で非常に重要な争点について合意しないが、関係のなさそうなことについては事実についての合意があるという。例えば、ドラッグのケースでは、ドラッグは私のものではないと主張す

るが、それがドラッグであるということについては認めるということは、ある。部分的になにかを認めるというのではなく、最低限、自分の不利益にならないことは認めるということである。裁判所は、それを当事者に強制するようなことは全くなく、当事者同士で話し合って決めていくという。

マリア・T・ガレノ弁護士（Maria T. Galeno）は別の例を示し、つぎのとおり説明した。

犯人に撃たれた被害者は重傷を負っていた。私たち（当時検察官）は、被害者が負った重傷に関する証拠として、被害者自ら証言してほしいと思った。弁護人は、この証人の姿を陪審員に見せたくないので、証人は生きているが、非常に重い傷を負ったことについて合意した。この証人はひどく震えていて、証言台でなにをするか分からないという状態であった。

だから、事実の合意については、双方がそれぞれ戦略を持っているので、合意するかそれとも生身の証人に証言させるか、決めなくてはならない。証言させるというのは、常に、何らかの危険を負っているからである、という。

もっとも、マリア・T・ガレノ弁護士は、犯罪が行われた過程について一部でも合意することはおかしいという。それは、検察官が立証すべきことだと断言する。

(b) 合意された事項の取り調べ方法

マリア・T・ガレノ弁護士によれば、ある事実について双方が合意している場合、訴訟上の合意を行い、双方がそれを回覧し、その後、陪審員の前で読み上げられる。これは、実際には書面という形態をとらないので、評議室に持ち込まれることはない。ただ読み上げるだけである。

(v) 証人尋問について

マリア・T・ガレノ弁護士は、公判に望む法律家として重要なことは、陪審員に信頼されることであるという。そのひとつの例として、証人尋問の方法についてつぎのとおり述べた。

検察官が、非常に重要な証人について、その証人が、印象の悪くなるおそれのある要素を持っていて、それが法廷に出てきそうだという場合には、自分たちがその良くないことを先に暴露しておく方がよいという場合がある。良くないことについては自ら暴露し、相手方に暴露させないということである。

そうすれば、陪審員は、この法律家は、そういう良くないことがあるにもかかわらず、この証人に証言させている。それはこの証人が自分達の知るべき重要な情報を

持っているからだと考えてくれるからである。

(vi) 被告人質問について

　ロバート・レイ弁護士は、弁護側も積極的に立証をしなければならないのではないかという質問に対する回答の中で、つぎのとおり述べる。

　陪審員は、被告人側に何か弁明してほしいと思うこともある。しかし、陪審員は説示を受けると、ほとんどの場合、被告人の証言しないという選択を被告人に不利に解釈しない。陪審員は、被告人が証言しないことを被告人の不利にしてはならないと、ちゃんと理解している。私の見てきた限りでは、陪審員は、被告人が証言しないことを選択すると、それは憲法上の被告人の権利だとして、早い段階でそのことを被告人に有利に解釈してやろうと考える。つまり、検察官の立証が不十分であれば、有罪にするには不十分だと考えるということである。

　この戦略は成功することがかなり多い。被告人が証言しなければ、検察官が被告人に反対尋問することができなくなるため、反対尋問を受けることによって受ける可能性のある大きな危険を減らすことになる。

(vii) 陪審員・裁判官の質問

　ローランド・タウ弁護士（Roland Thau）の案内で訪れた連邦裁判所の裁判官の話では、裁判官が証人に直接質問する場合、陪審員がいる場合といない場合で異なり、陪審員がいない場合には、証言が確かなのか、分からないかについて聞いたりするが、陪審員がいる場合には、できるだけ我慢して質問をしないようにするという。しかし陪審員が分かっていないだろうと思われるときに、裁判官の方から補充の質問をする場合がある。

　また、検察官、弁護人が聞かない、けれど真実を明らかにするためには、これを聞きたいという質問があった場合に聞くことがあるかについて、陪審員がいるときには、刑事事件では基本的には「合理的な疑いがない」ほどに有罪かどうかを証明する責任は検察官にあるから、そういったときにも質問はしないという。

　陪審員から直接証人に対して質問することは、ニューヨーク州では認められていない。

(3) 検討と提言

(i) 書類の取調べ方法について

(a) 陪審裁判において、書類が伝聞証拠であるという原則が普通に用いられてお

り、書類のみが証拠として提出されることは、ほとんどない。

これには、被告人の対質権の保障といった側面も見逃せない。

日本において、書類が安易に伝聞法則の例外として採用されることが一般的であることと極めて対照的である。

そして、陪審裁判では、仮に提出を合意した書類であっても、多くの場合には、作成者等を呼んで証人尋問を行う中で証拠として示すという方法で、書面が提出され、その証人を反対尋問で弾劾することが行われることなどは、対質権の保障が徹底している、すなわち、書証とはそういうものだという感覚がどの立場の法律家にも垣間見られた。

この点、多数の書類が作成され、証拠意見で弁護人にできるかぎり同意を求める、場合によっては何故同意できないのかとまで尋ねられかねないといった日本の運用は、ニューヨーク州の手続では考えられないだろう。

日本においても被告人の対質権は憲法上の権利であり、書類が伝聞証拠であることに変わりはない。にもかかわらず、日本における書証の取調べ方法の運用を考えるとき、いかに被告人の権利や証拠法則からかけ離れた運用を実務家が行ってきたかということを改めて感じるものであり、裁判員制度導入を契機として、もう一度、原点に立ち返る必要性を強く感じる。

(b) 訴訟戦術的な観点から見た場合、直接陪審員の前で作成者等を尋問することにより、より陪審員に書類に記載された事実の内容を強く印象づけるといったことも考えられる反面、あまり強い印象を与えたくない場合には対質権を放棄して書類のみを提出することに同意するということも考えられよう。

もっとも、そもそもそのような証拠の必要性については別途吟味する必要は別論である。

(c) 裁判員に対するわかりやすい裁判という観点からすれば、書類のみの取調べを行うのではなく、作成者等を尋問するといった直接的な証拠調べが不可欠となろう。

しかし、わかりやすい裁判のために、被告人に不利益を与えるようなことはあってはならないのであり、弁護人は、取調べ方法についての慎重な判断を求められよう。

(d) 要旨の告知について

陪審裁判においても、書類全部の証拠採用がされた場合に、重要な一部について読み上げるという、いわゆる日本における要旨の告知と同様の取調べ方法もあ

る。

　しかし、先に述べたとおり、書類のみが証拠として採用されるということはほとんどないということからすれば、証人尋問の際に全体が証拠として採用された書類の一部を読み上げるということではないかと考えられ、単に書類の一部のみが読み上げられて終わりということはほとんどないのではないかと思われる。

　裁判員制度では、書証の取調べについて、全文朗読を行う方向で検討されているが、さらにすすんで作成者等の証人尋問が原則となることが必要ではないかと考える。

(ii)　鑑定書の取り扱い

　裁判員制度において、鑑定書をどのように取り扱うかについては、さまざまな検討がされているところである。

　問題点はいくつかある。ひとつには、難解な鑑定書が提出されるだけでは、裁判員には理解できないこと。また、書証として提出された場合には、全文朗読するのかということ。さらに、全文朗読が可能であったとしても、朗読したところで専門用語が並んでいる鑑定書の記載内容についてはまず理解できないだろうということ等である。

　陪審裁判では、鑑定書のみが書類として証拠提出されるということはほとんどないようであり、鑑定証人に質問するなかで、鑑定結果を確認する方法がとられている。

　また、鑑定結果に争いがない場合で被告人に不利益でない事項であれば、事実の合意によることもありえる。

　裁判員制度においても、基本的には、鑑定人に対して証人尋問を行い、専門家が鑑定経過、結果についてわかりやすく述べることが必要であり、可能なのではないだろうか。

(iii)　被告人の供述調書の取調べ

(a)　先に述べたとおり、陪審裁判では、被告人の自白調書が問題ないものとして法廷に提出される場合でも、自白調書を出してしまうと伝聞証拠になってしまうため、まず、自白した相手（捜査官）を証人として召喚し、自白の内容を証言させ、その後に、自白調書や自白したときの様子が録画されたビデオが証拠として提出される。

　トンプソン教授は、法廷における被告人の証言より自白調書やビデオは大きな説得力をもっているとしつつ、被告人の自白は証拠の一部でしかないこと、単に警察

官の前で被告人が述べたにすぎないことを強調する。

　被告人の供述調書が証拠として採用される場合でも、証拠の一部であることは、裁判員に対して十分にアピールしておく必要がある。

(b)　なお、裁判員制度では、被告人の供述調書の任意性の調べや判断に裁判員の立会いが可能とされているが、任意性が問題となる証拠に裁判員を近づけないという観点からは、慎重に検討されるべきである。

　すなわち、自白に任意性があったかなかったかという争いのなかで裁判員が受ける印象が、事実認定に大きく影響することが考えられるからである。そして、仮に任意性が否定され証拠として不採用となった場合であっても、裁判員に職業裁判官のように、見ても見ていない取り扱いを求めることはきわめて困難だからである。

　もっとも、裁判員の方が素直に任意性の有無を感じるのではないかという期待のもとに別の見方もありえよう。ここでは、違法収集証拠の判断に事実認定権者がかかわることの危険性を指摘するに留める。

(iv)　事実の合意について

　日本でいう、いわゆる「合意書面」についてである。

　まず、どのような事実について合意するのかということであるが、陪審裁判でも、戦略的に被告人に不利益でない事実について合意すること、これは問題がないであろう。また、犯罪の構成要件にあたるかどうかは陪審員のみが決定できることが憲法で保障されているため、これについて合意することはないという点については、日本では当てはまらない。

　今回の調査で特に印象深かったのは、犯罪が行われた過程について一部でも合意することはおかしいと一蹴されたことである。そして、その理由は、検察官が立証すべきことだからというのである。

　今、裁判員制度においてどのような事態に危惧を感じるかといえば、裁判員の負担を軽くするためという観点から、争点を明らかにする必要性が述べられ、そこでは事実について、どこに争いがあってどこに争いがないのかを、公判前整理手続の段階で明確にすることが求められていることである。

　事実の合意にもとづく合意書面の作成については、調書裁判の打破という観点から述べられることが多く、調査前にはそのような意識も強く、安易に事実の合意について質問を試みたのであるが、それ以前の問題として、何故、検察官が立証責任を負っていることについて弁護人が一部でも同意するのかと突き返されたとき、日

本における公判前整理手続の制度が、運用次第で、検察官に立証責任があるという刑事裁判の大原則に反しかねない非常に重大な危険性を持つことを、あらためて思い知らされた。

このような危険性に十分に配慮したうえで、事実について合意するかどうかを検討する必要がある。

結論的には、前述したとおり、被告人に不利益とならない事実についてのみの合意ということに尽きるのではないかと考える。

なお、合意された事実についての公判廷での顕出方法は、公判前整理手続の段階で合意された事実として、公判前整理手続の結果の報告の中で裁判官が合意された事実を読み上げる方法、証拠調手続のなかで、合意した事実を書面化したものを書証として調べる方法が考えられる。

4. 最終弁論

(1) 調査事項

効果的な最終弁論とはどういうものか。

(2) 調査結果

ブライアン・ケイブ法律事務所（Bryan Cave, LLP）訪問時に述べられたのは、最終弁論においては、法について説明を行い、陪審員がそれまでの証言と法とを結びつけることができるようにするという一般的なことである。

また、マリア・T・ガレノ弁護士は、陪審員は本当に重要な心に残った証拠だけを心にとどめておくことができると考えているので、陪審員に重要な証拠を覚えておいてもらうのが大切になるので、何度も何度も強調する、最終弁論でも触れるという。

もっとも、最終弁論も、当然、証拠に基づいた議論でなければならず、証拠の合理性や、証拠がその事件にどのような影響を持っているかについて議論するのである。

(3) 検討と提言

裁判員制度において、弁論要旨が裁判員らの手元に配られるか否かは別として、裁判員らが弁論要旨に目を通して理解している時間的余裕はないものと考えられ

る。

　そして、最終弁論において、弁護人が直接語りかけた言葉の中で、特に記憶に残り印象に残った事柄だけが、評議に臨む裁判員らのよりどころとなっていくことは間違いないであろう。

　これまでのように、弁護人の主張、証拠評価すべてを弁論要旨に書き込んで読み上げていた最終弁論とは、その内容も技術も全く異なるものが、求められている。

　ここでは、具体的な内容にまで踏み込むことはできないが、裁判員制度が実施されるまでに十分な研究と実践的技術の習得が必要である。

（みぞうち・ゆか）

COLUMN

思想信条による辞退

　裁判員に、思想信条を理由とした辞退を認めるかどうかが問題となる。これを広く認めると裁判員裁判に広く国民が参加するという趣旨が制約されることになるし、反対に強制することになれば、公平な裁判が期待できない。

　州陪審局長の説明によれば、「信教を理由とする免除事由はない。宗教上の理由で辞退の申出があれば、その理由で刑事事件を担当させることが不適切な場合には民事事件にまわす。それで大抵の問題は解決する」という。しかし日本では民事事件に陪審は採られていない。裁判員法が実施されるまでの間に政令の定めにより解決を図ろうという意見がある。難しい問題である。

　思想信条による辞退を認めないときは、裁判員法に定める裁判所が不公平な裁判をするおそれがあると認めた者を除外することができるとした規定や検察官、被告人及び弁護人は、裁判員候補者が不適当であると判断したときは理由付または理由を示さずに不選任決定の請求をすることができるとした規定などにより解決を図ることになろう。

（浅野孝雄）

50　第1部　市民が活きる裁判員制度構築への提言

第5章 弁論及び尋問におけるビジュアル映像の使用について

松尾紀良（弁護士）

　コンピューターの先進国であるアメリカでは、陪審裁判において陪審員にわかりやすく充実した審理を行うため、パワーポイント等によるビジュアル映像を効果的に利用しているのではないかと考えられた。そこで、パワーポイントが裁判のなかでどのように使用されているか、どのような使用方法が効果的かなど次のような事項について調査をした。
　①パワーポイントの使用の有無や効果的な利用方法について
　②パワーポイントを印刷したものを配布するか
　③パワーポイントを使用したときにその内容はどのように記録に残されるのか
　その結果、陪審裁判においてパワーポイントを使用することは原則として効果的であるが、陪審員に予断と偏見をあたえるため使用できない場合があったり、陪審員から反感を持たれるなどのため使用しない場合があることが判った。

1. パワーポイントの使用の有無や効果的な利用方法について

(1)　冒頭陳述

　多くのケースでは、例えば発砲事件で撃たれたとか、性的な犯罪の被害者がいるとかいう場合では、冒頭陳述においてパワーポイントを使って映像に訴える必要はない。また、冒頭陳述においては陪審員に予断や偏見を与えるおそれがあることから、パワーポイントを使うことができないことがある。弁護人から異議が出ることがあるし、裁判官も視覚的なものを使用する許可を与えることに消極的である（ダスティン・チャオ連邦副検事203頁、ニューヨーク大学フランク・アッパム教授178頁）。
　但し、ホワイトカラー犯罪のような複雑で争点が多岐にわたる経済事件ではパワーポイントを使用することがあり効果的である（チャオ連邦副検事203頁、オース

ティン・カンプリエッロ弁護士132頁、ロバート・レイ弁護士189頁）。

　なお、陪審員は、最新技術について非常に興味を持っている。検察官がスクリーンを使って、冒頭陳述で警察官の作った書類、写真、科学的な証拠を映し出すことがある。それは、効果的である（フィリス・スクルート・バンバーガー弁護士・元裁判官173頁）との報告もある。予断と偏見を与える冒頭陳述として制限されることもあるのではないかとの疑問がある。

(2)　証人尋問

　証人尋問においては、積極的にパワーポイントを使用し、非常に効果的な場合がある。

　①視覚的なものが非常に効果的な場合がある。例えば、証人が犯行現場について話をしているときに、パワーポイントを使って写真を見せることで証人が話していることを陪審員に理解してもらうことができる。そういった最新技術というのは、陪審にとって魅惑的となることがある。テレビ世代の陪審は、スクリーンに映し出されてそれを見ることは好きである（チャオ連邦検察官204頁）。

　②以前は視覚的なものとしては、図表や絵を使ったりしていたが、現在、原則として法廷にはコンピューターが設置されており、複雑な事件においては、陪審員がそれぞれ各自のコンピューター画面を見ることができるようになっているし、より大きな画面も用意されているので、陪審員は、証人が証言してる間に証言に関する書類を画面で見ることもできるし、簡単に読むことができる。また、証言が何種類かあるときは、証人や検察官が話した言葉をスクリーンに映し出すということが行われることものあるので、コンピューターの技術は裁判のやり方を劇的に変えたということができる（マリア・T・ガレノ弁護士・元検察官156頁）。

　③陪審員は、最新技術に非常に興味を持っている。陪審員は科学的証拠に非常に興味を示す傾向がある（バンバーガー弁護士173頁）。

　しかし、証人尋問においても、パワーポイントを使用することが陪審員に反感を持たれたり、壁を作られたりして効果的でない場合ある。検察官も弁護士も戦略的にパワーポイントの使用を考えている。

　④経済的な犯罪では視覚的な技術が効果的であるが、麻薬や暴力が絡むような犯罪では効果的でない。このような犯罪の被告人（弁護人）がお金を使ってパワーポイントなどを利用しているのを見たら、（陪審員の）同情心をかうことは難しい

（チャオ連邦副検事205頁）。

　⑤コンピューターが使用されている裁判を見たところでは、陪審員は、ときどきコンピューターのせいで混乱しているように見えた。コンピューターを使うのは裁判のたった僅かな間だが、それが裁判を面白くないものにしてしまう可能性があるのです。速いペースで裁判を進め興味を持たせ続けることは非常に重要である。そうしなければ、陪審員はこちらの言うことを聞いてくれなくなってしまう。こうした技術的な補助を公判の過程で使うことは可能ですが、主要な目的、陪審を説得するということを忘れてはならない（ガレノ弁護士156頁）。

　⑥パワーポイントなどの視覚的な技術を用いることは基本的には有用である。弁護人と陪審員との間の垣根を取り払うのに使えるものは何でも使うようにすればよいが、ただ問題は陪審員同士の間で垣根ができてしまうおそれがある。あまりコンピューターになれていない人々もいるので、そのような人々が陪審員に含まれている場合は、陪審員と被告人（弁護人）との間に垣根を作ってしまうことになることもある。陪審員は社会的な地位や経済的な問題などで、コンピューターになじみのない人たちが選任されることもある。そういう人々にとっては、コンピューターを使われると不快感を持ったり、敵対的な気持ちになる場合もあるからだ（アッパム教授178頁）。

　⑦パワーポイントを使わない場合にも意味のある場合がある。戦略的に使い分ける。例えば、検察官がパワーポイントを多用する場合には、逆にパワーポイントを使わないことで、被告人は裕福でないし立場は弱いという印象を与えることができる。（勿論検察と対等にやりあうために、こちらもパワーポイントを多用することがよい場合もある。）証拠物が多くない場合には、パワーポイントを使って陪審員に見せられるようなものがなくて、惨めになるだけなので使わない。要するにそれぞれのケースによる（ハーベイ・フィッシュベイン弁護士198頁）。

　⑧検察官と弁護人であれば、検察の方がお金を持っている。検察側のお金を使ったプレゼンテーションを見た後、その後、弁護側で「紙切れ」を使った古典的なプレゼンテーションの方法が有効な場合がある（「リンカーンのアプローチあるいは田舎者のアプローチ」という）が、やはり古い。但し、成功している弁護士もいる（レイ弁護士189頁）。

(3)　論告または弁論

　証拠調べにパワーポイントを使用するときは、論告または弁論においても陪審員

を説得するためにパワーポイントが効果的に使用されているものと思われるが、証拠調べと同じくパワーポイントを使用するかどうかは戦略的に考えられている。

　①電子機器（パワーポイントを使用すること）が一般市民と弁護人との間に壁を作ることになる場合がある。だだ、現在では、陪審員となる一般市民が、DVDプレーヤーなどを持っていて、テレビで見るのと同じように、電子機器を使った様々なプレゼンテーションを行うことを期待している。だから、田舎者のアプローチ（リンカーン・アプローチ）というものは、もちろんある面では役立つと思うが、そうした電子機器による主張を期待されている場合は、そうした主張をするほうが、陪審員に受け入れやすいということもある。最近は、教養のある陪審員も多く、パワーポイント等の機器を使用して主張することを期待している場合もあって、それに答える方が説得しやすいということもある（レイ弁護士190頁）。

　②時代の変化は著しいが、法廷で、簡素に数枚の紙とペンで持って主張をするというのもかえって効果的なこともあると思う。単に、裁判にお金を費やすという時代は終わったのではないか。実際、そうしたリンカーン・アプローチの手法で成功している弁護士もいる（レイ弁護士190頁）。

2. パワーポイントで使用したものを印刷して配付するか

　冒頭陳述や論告弁論においてパワーポイントを使用した場合にその内容を陪審員に配布することはできない（トンプソン教授179頁、バンバーガー弁護士173頁）。
　法廷でパワーポイントを使って視覚的に訴えることと、それらを印刷して陪審員に渡すこととでは異なる問題が生じてくる。検察が示すパワーポイントは、（裁判所サイドの）オフィシャルなものととらえられる可能性がある（トンプソン教授179頁）。
　ニューヨークでは、資料を渡していいとされているのは、証拠として採用されるときだけで、弁論や論告を渡すことは想定されていない（バンバーガー弁護士173頁）。

3. パワーポイントを使用したときにその内容はどのように記録されるのか

　特にこの点について調査がないが、その内容を証拠として提出したときには記録に残されるのではないかと考えられる。

4. 裁判員裁判におけるパワーポイント使用に関する提言

　現在、2009年5月からの裁判員裁判の実施に向けて準備が進められ、全国各地で法曹三者による裁判員裁判の模擬裁判が行われている。その模擬裁判においては、実験的な意味もあって、検察官・弁護人側とも、裁判員にわかりやすい裁判を目指して、積極的にパワーポイントを使用した冒頭陳述、証拠調べ、最終弁論を行っている。これまでの我が国の裁判においてパワーポイントなどの映像を利用した裁判が行われてこなかったことから、裁判員裁判を契機として、裁判員にわかりやすく充実した裁判を目指してパワーポイント等を導入し、裁判手続の変革を目指すのは多いに意味のあることである。

　しかし、今回のニューヨーク調査で判ったことは、一つは、冒頭陳述にパワーポイントを使用することは、陪審員に予断と偏見をあたえるおそれがあり、陪審員に予断と偏見をあたえるおそれのあるときは使用を許されない場合があることであり、もう一つは、コンピューターの取り扱いになれていない市民が陪審員となったときは、パワーポイントを使用することにより反感や壁を作られかえって効果的でない場合があることがあり、パワーポイントを使用することが戦略的に考えられていることである。

　今後我が国の裁判員裁判においてパワーポイントをどのように使用していくか検討すべきときに、この調査結果は、多いに参考としなければならないことである。弁護人として、パワーポイントなどによる映像を戦略的にどのように使用していくか検討しなければならないが、冒頭陳述においてパワーポイントなどの映像を使用することが裁判員に予断や偏見を与えるときは、弁護人は積極的に異議を述べていく必要があると思われる。

（まつお・きよし）

第6章 中間評議は必要か

立岡 亘（弁護士）

1. 問題点の所在

　裁判員裁判における「評議」に関し、いわゆる中間評議を認めるか否かについて議論がある。
　これまでの職業裁判官裁判においても中間評議は行われていたが、特に問題視されたことはなかった、個々の裁判官が心証を形成していくのは良く、途中で裁判官相互で話し合うことはいけないのか、という過去の経験から、裁判員裁判の評議においても中間評議は認められ、かえって裁判員裁判においてはよりその重要性が高まったという（池田修著『解説裁判員法』〔弘文堂、2005年〕41頁に中間評議の重要性が指摘されている）。
　一方、弁護士を中心に、裁判員裁判は職業裁判官のみでなく市民裁判員も加わった裁判であり、この中間評議を認めると、共通認識の確認や形成という名目で事実上、事実認定のプロを自負する、あるいは市民からはそうみられている職業裁判官による素人裁判員への心証形成に関わる影響が無視できない、この影響を可能な限り排除する制度的保障が必要だとする否定的な意見もある。

2. 裁判員裁判において中間評議を肯定する立場

　中間評議を肯定する論者の理由の概要は、以下のとおりである。例えば、今崎幸彦「『裁判員制度導入と刑事裁判』の概要」（判例タイムズ1188〔2005年〕号6頁参照）などで紹介されている。
　①証拠調べが終了した後に裁判員と裁判官が初めて評議に入っていては、とても限られた時間内で評議を円滑に進めることは困難である。

②いきなり最終評議に入ったら、きちんとした証拠に基づく議論は期し難い。

③要所要所で争点あるいは証拠について、裁判員に疑問が残っていないかどうか確認し、逐次、その疑問を解消しながら、次の証拠調べに臨み、最終評議を迎えれば、裁判員と裁判官との間に共通認識ができ、最終評議が円滑に進められる。

④中間評議はあくまで暫定的なものであり、後の証拠調べの結果から従前の意見を変更することは自由で、何ら拘束されるものではないから、裁判員の心証形成における障害事由とはならない。

⑤個々が心証を形成していくのは良いが、それを相互で話し合ってはいけないという理由にはならない、これまでも（裁判官裁判の場合）、いわゆる中間評議を行ってきた。

3. 今回のニューヨーク調査から学んだこと

中間評議について、ニューヨークの法律家に質問したところ、つぎのような回答が返ってきた。

①２つの基本的問題がある。そんなことをしていたら時間がかかる。もう一つは裁判員が、裁判官が対等でない（『位』の高い専門家）と考える、裁判官の思う方向に評議が進むのではないか（フランク・アッパム教授ら）。

②専門家（裁判官）と一般市民（裁判員）が審理する評議の進め方については非常に深い問題があるだろう。裁判官が入っていない陪審においても裁判官が陪審に与える影響が懸念されている。まして、裁判官が審理に加わるのであればなお問題点がある（アッパム教授ら）。

③中間評議については禁止されている。説示においてそれをしないように述べる。公判中は証人の評価を誰にも言うなとも述べます。審理の途中でも述べる。審理の休廷中にも述べないで欲しいと伝える（バンバーガー元裁判官）。

④日本では証人調べの度にその証言の信用性について審議しようという考え方があるがどう思うか、との質問に答えて、それは良い考えとはとても思えない。それ以降の証拠評価にも影響を与えるから（バンバーガー元裁判官）との意見であった。

今回の調査において何よりも印象深かったのは、裁判官や弁護士その他の法律家が共通して指摘する、刑事訴訟手続の原理原則の重要性であった。

裁判員裁判の評議も非公開である。いかなる争点がいかように取り上げられ、い

かなる問題意識でいかように議論が集約されていったのか、他から何も知る術がない。

そのような制度における「中間評議」の是非については、慎重な検討が必要であるというのが、今回の調査から学んだことである。

4. 裁判員裁判において、中間評議についてはどう考えるべきか

アメリカの陪審裁判における中間評議禁止の考え方は、心証形成は総合的な証拠判断であるという本質を経験的に制度化したものと推測される。確かに中間評議の肯定論者が指摘する利点もあるが（アメリカにおいても、近時中間評議を肯定してもよいのではないかとの議論の展開があると聞く）、従来とは異なる制度設計がされた裁判員裁判において、その意図するところの市民の判断が真に裁判結果に反映されるよう、制度的な仕組みは考えられるべきであろう。つまり、市民裁判員の心証形成に悪影響を与えない制度的な仕組みが必要である。

刑事訴訟において予断排除の考え方は決して起訴段階のみの問題ではない。刑事裁判の審理の全過程における基本理念である。かかる予断偏見を排除しようとする法の精神は、評議においても無視されるべきではない。

裁判員裁判は、刑事裁判の専門家（職業裁判官）とは別に一般市民が無作為抽出で選出されて市民裁判員として関わるのである。この非専門家の一市民の心証形成の過程に、裁判員法8条が定める「裁判員は、独立してその職権を行う。」に支障となるおそれのあることは制度的に避けるべきである。

暫定的なものといくら説明しても、中間的意見の交換を求められた場合、裁判員にとって一旦述べた意見をその後に変更できるものであったとしても、他の裁判員や裁判官との関係でどのように思われるか等、あるいは孤立した意見として自己の意見を素直に受け入れられなくなり（自己の良心に反する結果となっても）他への迎合その他の行動をとる可能性は否定できない。

そのような事態は制度的に起こさせるべきではない。一般市民に専門家裁判官とやりあう強さを求めることは相当な困難を伴うものと考えるべきであろう。

今回学んだ陪審裁判における中間評議の禁止は、国内外で議論はあるが、社会心理学あるいは裁判制度の長年の経験に基づく人間の智恵とも言うべきものである。我が国で始まる裁判員裁判は全く経験しない裁判制度であり、その制度趣旨を

真に実現させるためには、可能な限り、一般市民が自由な判断で心証形成できる工夫が必要である。市民裁判員の判断について、職業裁判官が専門的見地からはこう考えるといった説得はしてはならないと考える。最終意見の形成を図ることは必要であるが、各自の考えを尊重する姿勢が評議（最終評議）においても求められている。

　確かに一面では、円滑な評議とならない場合もあるかもしれない（逆に、各自が最終的な心証形成する過程で種々検討していることから、かえって議論が円滑にいくことも予想される）。また時間がかかるかもしれない。しかし、審理の効率、迅速という面の強調よりも、市民代表の裁判員による心証形成の真摯さが何より重視されていると考えるべきである。

　肯定論者は、きちんとした証拠に基づく議論は期し難いと言うが、何が検討対象の証拠か、裁判員も裁判官も明確に認識し、それらを含めた総合考慮の結果（もちろん、個々の証拠評価に相違が生じることは当然あり得る）が示されることに意義があり、市民裁判員の最も大切な役割は、刑事裁判の判断権者としての心証形成である。それは良心の自由に基づく判断で、その外部表示は評議（最終評議）のときに求められるが、それ以外の場面では法も想定していない。

　運用の問題かもしれないが、裁判員裁判における評議の公正確保を図るには、市民裁判員が何よりも自由な心証形成を図ることが大切である（職権の独立行使）。各自の自由意思で形成した心証を最終評議の場で互いに意見として述べ、その後に協議を行い、最終的に構成体としての意思形成を図る、それが制度の予定するところである。迅速あるいは円滑な審理ということも考慮する必要はあるが、それはこの評議の公正確保を図る利益と比較した場合、それ以上に考慮すべき要素とは考えられない。

　もし、中間評議が行われるとなれば、良心的な裁判員は「まだ分からない」ということも予想される。裁判官は、なぜ分からないのだと、それ以上に裁判員に突っ込まない姿勢が保てるのか、その程度のことで済むなら、わざわざ中間評議を設ける必要はないであろう。つまり、それ以上に意見形成を図ることも想定される。とりわけ、非専門家の市民裁判員がそれまでの証拠調べの結果から、心証形成として何かおかしい、何か腑に落ちないと考えたとき、それはそれまでの証拠を総合評価した結果としての本来の心証形成である。その場合、例えば、裁判官から、その裁判員に対し、なぜ腑に落ちないのか、なぜおかしいのか、と問われたとき（合理的な

第6章　中間評議は必要か　　59

理由の説明が求められたとき）、市民裁判員が合理的説明ができないとき（例えば、経験的判断からとか、主観的判断が強いと思われるような場合）、そのおかしいとか、腑に落ちないといった判断は否定されるものであろうか。全ての物事が合理的に判断されるというのは逆の意味で偏見である。明らかな経験則違反でない限り、証拠の総合評価（自由心証）はそのようなことも想定されている。

　中間評議はかかる弊害が生じるおそれがある。多くの場合、職業裁判官が抑制的に行動すると思われるが、市民に語らせるだけ語らせて、然し、こう考えるべきではないかと裁判官が発言したときの影響を想定されたい。

　制度的にそれを回避する措置を講じておかないと、自主的な評議であったと事実上運用されることになろう。専門家の職業裁判官に対し、かかる中間評議の疑問を指摘し、それを拒む市民裁判員はほとんどいないであろう。その意味では、制度として拒絶しない限り、実効性の確保は困難となろう。

　今回のニューヨークの法律家が指摘する懸念は無視してはならない。裁判員裁判を導入した制度趣旨、一般市民の社会常識、社会感覚を刑事裁判に反映させるという制度目的に背く事態も想定される。中間評議は制度的に認めるべきではない。

（たておか・わたる）

COLUMN

陪審の日

　ニューヨーク州では、毎年１回、陪審の日として、市民に向けての大イベントが行われている。そこでは、過去に陪審員に選ばれた映画スター、タレント、スポーツ選手等有名人が、陪審員としての経験を直接市民に語りかける。市民に陪審制度を理解してもらう、とてもいい機会になっているそうである。

　市民へのアピール度満点のこの企画。日本でも実現したいものだ。

第7章　ルール化すべきは裁判官の説示・説明

坂口唯彦（弁護士）

1. 調査の目的

　法律家でない裁判員にとって、公判手続の際や評議に当たり、裁判官からどのような説明を受けるかについては、裁判員が刑事裁判の手続や原則を正確に理解するという側面からも、また、評議において主体的・実質的に関わるという側面からも、非常に重要なことである。

　これまで、我が国の裁判では、アメリカの陪審手続で行われているような、陪審員に対する説示・説明（Jury Instructions）を行う制度は、当然のことながら存在しなかったものであるが、裁判員制度の導入に当たり、上記のような観点から、説示・説明の仕組みや現実の運用について調査をすることが大いに必要と思われたことから、今回の調査の主要な目的の一つに設定された。

　なお、調査事項は、以下のとおりとされた。
　①公判のどの段階で、どのような内容の説示・説明を行っているか。
　②説示・説明で述べるべき内容については、ルールがあるか。
　③説示・説明の内容について、弁護人・検察官が関与することはできるか。

2. 調査結果

　ニューヨーク州における説示の概要について、フィリス・バンバーガー元裁判官（現弁護士）は、以下のとおり説明した。

　「説示は、少なくとも3回行われることとなっている。

　1回目の説示は、陪審選定において行う。その場面で刑事裁判に関する基本的な原則を説明する。2回目の説示は、審理の段階である。無罪推定の原則に関す

る説明を、基本的には公判の場（検察官・弁護人立会いの下）ですることとしている。検察官が証拠を示す義務があることや刑事裁判に関する基本的な原則を再度説明する。陪審員の職分というのは証拠を検討することであり、陪審員達が証拠の評価を決めることになるのだと説明する。3回目の説示は、最終弁論の後の最終説示である。しかし私は、3回といわずにできるだけ陪審に説明していた。そこでは、その行為の中で犯罪の要素となるものを説明する。例えば、殺人事件では、検察が立証すべき2つのこととして、死をもたらした行為があったかどうか、その犯意があったかどうかを説明する。証拠については、それが違法に入手されたのであるかどうかを説明する。

陪審が実際に説示に従って評議しているかどうかは、裁判官は評議室に入ることができないので、分からない。しかし、私は、陪審が説示に沿って評議をしていると思っている」。

また、オースティン・カンプリエッロ弁護士（元ニューヨーク州検察官）は、説示の重要性について、以下のように説明した。

「裁判官は必ず無罪推定の原則を説明しなければならない。有罪と決まる瞬間までは、公判の間中、被告人は無罪だと推定されると告げる。実際に、陪審が被告人を無罪と推定していると私は思わない。きっと陪審は被告人は何かをしたと考えている。では、なぜ陪審が必要かということになるが、無罪推定については繰り返し陪審に説明される。そうした説明の繰り返しによって、無罪推定の原則が頭の中に残ることになる。無罪推定の原則は、最後の説示においてのみ述べられるのではなく、まず公判開始時の一般的な説示の中でも述べられる。公判開始の際の説示において裁判官が通常述べることは、まず無罪推定の原則、それから公判の進行について被告人が証拠を示すことは要求されていないことなどが説明される。無罪推定の原則については、そこで併せて、検察に合理的な疑いを超えて有罪を立証する責任があることも説明される。説示の回数については、法律上、1回は必ず行わなくてはならないこととなっているが、実務上は数回行われている。もし、無罪推定について裁判官が説示しなければ上訴理由となるが、そのようなことはまず起こらない」。

なお、説示については、事前に検察官及び弁護人双方がその内容について申入れ（多くの場合は書面で行う）を行う機会が与えられている。

訪問先である裁判所の各裁判官からは、説示に関し、裁判官向けに、事件類型ご

との説示の内容を記載した『説示集』の紹介を受けた。本書では、ニューヨーク州刑事陪審模範例示集のうち、「第2級謀殺」に関する説示例の翻訳版を掲載した(本書216頁)。

3. 検討

(1) 無罪推定の原則に関する説明(説示)について

　裁判員として選任された者の中には、無罪推定の原則といった刑事訴訟の基本原則について、理解していない、あるいは誤解している者が存在することが予想される。無罪推定の原則については、弁護人が冒頭陳述や最終弁論において強調することも必要であるが[1]、そもそも、無罪推定の原則は、刑事裁判の基本原則であって、弁護人が証明・主張すべき事柄ではなく、一般的な法理となるものであるから、裁判官から説明されることが必要である[2]。

　例えば、前記「説示集」においては、以下のように無罪推定について説明すべきとされている。

> 　さて、私たちは、全ての刑事裁判において適用される私たちの法律の基本的な原則をみておきましょう。それは、無罪の推定、立証責任、そして合理的な疑いを超えた立証の要件についてです。
> 　訴訟手続を通して、被告人は無罪であることを推定されます。その結果皆さんが裁判で示された証拠に基づいて、検察が合理的な疑いを超えて被告人が有罪であると立証できたと結論付けるのでなければ、皆さんは被告人を無罪としなければなりません。
>
> 　　　　　　　　　　(中略)
>
> 　被告人は、自分が無罪であることを証明することを求められていません。事実上、被告人は何も証明することを求められていませんし、あるいは証明しないことを求められていないのです。それに反して、検察には被告人が合理的な疑いを超えて有罪だと立証する責務があります。これはどういう意味かと申しますと、皆さんが被告人が犯罪について有罪だと認定する前に、検察は被告人が当該犯罪を犯した人物であるということを含めて、犯罪を構成する全ての要素について合理的な疑いを超えて証明しなければならないのです。つまり、立

> 証責任は一度も検察官から被告人に移ることはありません。もし検察が立証責任を果たすことに失敗したならば、皆さんは被告人を無罪としなければなりません。もし検察が立証責任を果たしたならば、皆さんは被告人を有罪としなければなりません（以下略）。

　こういった説明を弁護人のみが行った場合、裁判員は、無罪推定の原則も一種の「主張」に過ぎないとか、弁護人自ら審理の当初より被告人が犯罪を犯したことについて疑わしい者であることを自認したと誤解する可能性がある。
　無罪推定の原則について、裁判員が適確に理解するためにも、審理の冒頭で、裁判官から無罪推定の原則について適切な説明がなされることが必要である。そして、ニューヨーク州での説示集のように、これらの文言は、できるだけ定型化し、裁判官が常に裁判員が適確に同原則を理解できるよう努める必要があるであろう。
　また、説示（説明）の中で、「無罪推定の原則」や「合理的な疑いを超えた有罪立証」の内容については、詳しくかつ正確に触れる必要があることも当然のことであろう。「無罪推定の原則」といった言葉に形式的に触れただけで、中身に詳しく触れないのであれば、説示（説明）を行う実質的な意味はない[3]。

(2)　審理の進行や内容に関する説明（説示）
　また、刑事裁判の審理の進行や内容について、裁判員が十分に理解していない場合も多い。
　例えば、冒頭陳述については、検察官、弁護人が証明を予定する事実を述べることになるのであるが、冒頭陳述で述べられる内容は、あくまで「証明を予定する事実」であって、確定した事実ではなく、これらの事実の存否については、今後の審理によって判断されるべきものである。
　ところが、裁判官からそれ程説明もなく冒頭陳述が始まると、裁判員は、冒頭陳述を真実であるかのように誤解するおそれがある[4]。
　そこで、裁判官が適切に冒頭陳述の手続について説明する必要がある。特に、今後、冒頭陳述の場面においては、「パワーポイント」等プレゼンテーションに関するコンピューターソフトが多用される可能性が高く、その一見分かりやすい内容に裁判員が真実と誤解する危険性が高まっているといえ、「主張」と「真実」が混同しないよう、的確な説明が必要である。

また、証拠調べの際や論告求刑、弁論といった手続の際にも、その進行に応じ、裁判官が裁判員に適宜正確な説明を行う必要がある。

⑶　説示（説明）の時期、内容
　前記に述べた、フィリス・バンバーガー元裁判官の説明に基づき整理すると、ニューヨーク州の手続において説示が行われる場面は、大きく分けて３つあり、
　①陪審選定の段階
　②審理の冒頭
　③論告・弁論の後
ということになる。
　これを我が国の裁判員制度でも同様に考え、
　①裁判員選定の段階
　②審理の冒頭
　③論告・弁論の後
に説示（説明）を行うことが考えられる。
　①②については、事件の種類、内容によって大きく変わるものでなく、説示事項・内容についてルール化することは可能である。⑵で述べたように、無罪推定の原則や、審理の進行や内容については、選定段階だけではなく、審理の冒頭（や各手続の前）に詳しく行う必要がある。
　③については、事件の種類、内容によって、その説示の方法や内容が異なる。その具体的内容に関しては、前記「説示集」等米国における多数の文献や、説示に関する判例等が参考になると思われる。ニューヨーク州の「説示集」において記載されている説示も、主に③の説示についてであって、最も重要な説示と位置づけられている。
　ニューヨーク州の場合、事件により異なるものの、一般的に③の説示に30分から40分をかけているとのことである。我が国における裁判員裁判においても、こういった説示を論告・弁論の後、公開の法廷の場で行うことで、検察官は、自らの主張・立証がどのような過程で審理されるのか確認をすることができ、また、弁護人・被告人にとっても、検察側の主張・立証がどのように審理されるのか、また自らの積極的主張・立証がどのように審理されるのかを確認することができる。
　さらに、裁判官が事前に説示（説明）の内容を検察官・弁護人に開示し、説示の

内容について検察官・弁護人が事前に意見を述べるという方法を取ることも考えられる。実際にニューヨーク州の手続ではそのような方法を取っていた。これにより、検察官・弁護人は、説示（説明）に関し、更に主体的に関与することができる上、事前に説示の内容を理解し、そのことを前提に論告・弁論を述べることができる。

　また、説示については、公開の法廷において行うことが必要である。評議の場面や事前説明の段階で行うという考え方も有り得ようが、そうすると、検察官や被告人・弁護人にとって、どのような説示（説明）がなされているのかが分からず、適正手続を確保するという点から相当でない。裁判員の理解に資するという点からも、公判廷において説示（説明）を行うことが重要である。

(4) 提言

　司法制度改革審議会の最終意見書の中では、裁判員制度導入の理由として、国民の持つ感性・感覚を裁判に反映させることで、国民の裁判への信頼を得るといった内容のことが述べられている。

　しかしながら、長年、職業裁判官のみによる刑事裁判が行われてきた我が国においては、評議において、裁判員が裁判官と同様の思考過程を取ることを事実上強いられる結果となるのではないかと懸念される。

　裁判員裁判の趣旨が、国民の視点・感覚・言葉を重視することにあるのであれば[5]、評議においても裁判員自らの視点・感覚・言葉をできるだけ活かす仕組み・運用を作る必要がある。

　他方で、法律家でない裁判員が、刑事裁判の基本的原則や手続について知らないまま、あるいは誤解をしたまま、結論を下すことがあってはならず、裁判員が正確な理解をした上で、適切な判断を行う制度とする必要がある。

　こういった観点から、裁判官の裁判員に対する説示（説明）は、極めて重要な意味を有するものである。そして、説示が適正手続確保の意味を有し、評議が公開されたり、事後的に評議内容をチェックすることが不可能である以上、説示（説明）は、公開の審理において行う必要がある。

　2.(3)で述べた①ないし③の各段階で、裁判官が説示（説明）を適切・的確に行い、各当事者がその内容をチェックするようにすることが、裁判員裁判における説示（説明）のあるべき姿であるといえよう。

　今後、説示（説明）については、裁判員法39条1項で定める最高裁判所規則の

中に具体的に明記し[6]、また、その内容についても、今後何らかの形でルール化する必要があると思われる。

このように、裁判官の裁判員に対する説示（説明）は、具体化する裁判員裁判の制度設計において、必ず検討しなければならない極めて重要な課題である。

1 例えば、河津博史（裁判員制度における）「弁護人の冒頭陳述・最終弁論のあり方」（季刊刑事弁護43号〔2005年〕30頁等）が参考になる。
2 法律時報77巻（2005年）11号36頁で原田國男裁判官は以下のように述べている。「裁判官はともかく、裁判員の場合には、いろいろな人がいるから、刑事訴訟法の基本原則を理解していない人もいるように思われる。こういう人が有罪か無罪か微妙な判断を求められるときに、疑わしきは罰すべきだとはなんとしても避けなければならない。弁護人による冒頭陳述や最終弁論における利益原則や無罪推定の法理の強調も必要であるが、合議においても、米国の陪審制度でみられる合理的疑いを超える立証についての裁判官の説示のようなものが必要ではないかと思われる。これだけでは、前記のような偏見を是正することはできないが、姿勢としては、合議にあたり、裁判長が懇切丁寧に合理的疑いを超える立証とは何かを説明すべきであろう。その内容としては、米国における多数の判例やこれを分析した我が国文献が極めて有益であると思われる」。
3 ニューヨーク州の説示集においても、「無罪推定の原則」「合理的疑いを超える立証」の内容について詳しく触れられており、以下のような説示が例示されている。「法が『合理的な疑いを超えて』有罪の立証が必要というとき、私たちの法律は何を意味しているのでしょう？私たちの法が『合理的な疑いを超えて立証する』という用語を用いるのは、それによって有罪の評決を出すことが出来るほどに皆さんが有罪とする証拠に確信を持ったかどうかを示すためです。法は、人間の出来事を扱う場合に、この世の中には絶対的な確からしさをもって知ることのできるものはほとんどないことを認識しています。だからこそ、法は可能な全ての疑いを超えて被告人が有罪であると検察が証明することまでを求めてはいません。他方で、被告人はおそらく有罪であろうと証明するだけでは十分ではありません。刑事事件において、有罪の証明はそれらより強力なものでなければなりません。それは合理的な疑いを超えていなくてはならないのです。（中略）合理的な疑いを超えた有罪の立証というのは被告人の有罪について皆さんがしっかりと確信した立証です。そして皆さんは犯罪の要素の存在について及び被告人が罪を犯した人物と一致することに合理的な疑いを持たないとき、そのことを『合理的な疑いを超えた立証』と呼びます」。
4 現在、国民の多くが、冒頭陳述について、検察官側が捜査上明らかとなった「真実」を明らかにする場面と捉えているのではないかと感じられる。その原因として、裁判が報道される際「冒頭陳述により……といった事実が明らかとなった」といった内容の表現がなされることが一因と考えられる。
5 最高裁判所が新聞広告等で行っている裁判員制度PRのキャッチフレーズの一つに「私の視点、私の感覚、私の言葉」というものがある。
6 裁判員の参加する刑事裁判に関する法律第39条１項「裁判長は、裁判員及び補充裁判員に対し、最高裁判所規則で定めるところにより、裁判員及び補充裁判員の権限、義務その他必要な事項を説明するものとする」。

（さかぐち・ただひこ）

第8章 ニューヨーク州刑事裁判実務から学んだこと
刑事裁判の原則を念頭に置いた裁判員制度の実現へ

家本真実（摂南大学法学部）

はじめに

　2005年9月3日から10日にかけて、日本弁護士連合会裁判員制度実施本部の第2次ニューヨーク調査団に同行し、陪審制度をはじめとするアメリカの刑事訴訟手続、とくにニューヨーク州の手続について、裁判官、検察官、弁護士、学者といった様々な立場の人々から意見を聞く機会を得た。1日に2つ、多い日は3つ、訪問先を設定するという忙しい日々ではあったが、訪問する先々で、日本が2009年に裁判員制度を導入するにあたって取り入れるべきではないかと思わせられるような手続や貴重な意見を数多く拝聴することができた。そうした調査結果の詳細については、この第1部の前章まで、および第2部所収のインタビューをご参照いただくこととし、ここでは、日本で裁判員制度を導入するにあたって参考にできるような、強く印象に残った事柄について、いくつか述べていきたい。

1. 原則の徹底

　全体的な印象から言えば、どの訪問先のどの話し手も、陪審裁判を含む刑事裁判に適用される先例や法律、規則は、刑事裁判で守られるべき大原則を徹底させるためのものであることを、必ずと言っていいほど強調していた。大原則とはつまり、被告人は有罪との判決や評決を得るまでは無罪と推定されていること、そして、検察官は合理的な疑いを超えて被告人が有罪であると立証する責任を負っていることである。この2つの重要な原則は必ず守られるべきだという強い意思や一種の信念のようなものを、各人が抱いているようにさえ感じられた。

　これらの原則は、公判が開始する前からすでに意識され、守られている。まず、

被告人の無罪推定については、公判開始前の情報開示手続であるディスカバリーの時点で、すでに明確に保障されている。そのきっかけとなったのが、ブレイディ判決[1]である。同判決により、被告人の無罪につながるような証拠であれば、検察は必ず開示しなければならないことになっている。また、精神鑑定テストの結果など、一定の証拠に関する情報についても、被告人から開示請求があれば、検察の裁量が多少影響するものの、ニューヨーク州では、刑事訴訟法§240-20[2]によって開示を要求される。

　次に、検察の立証責任という側面では、他の誰よりも検察官自身が、この原則を強く意識していることを感じた。彼らは自分の担当事件を「私のケース（my case）」と呼び、いったん1つのケースを任されると、自分がそのケースの被告人が有罪であると立証する全責任を負っていると考えている。検察官が陪審員を説得できれば有罪の評決を得ることができる、言い換えれば、検察官が確固たる証拠を提出すれば被告人を有罪とすることができるため、被告人や弁護人がどのような主張をしようと関係ないという認識すら持っている。

　さらに公判が開始すると、この2つの原則は、裁判官の説示によっても強調される。裁判官は審理中、幾度となく説示を行うが、その中で、被告人は無罪の推定を受けていること、合理的な疑いを超えて被告人は有罪であると立証する責任を負っているのは検察官であり、被告人や弁護人が無罪を勝ち取るために何らかの立証をする責任は一切ないということ、さらに、被告人が何も述べないことや立証しないことを被告人の不利益としてはならないことを、繰り返し説明する[3]。もちろん、弁護人も最終弁論などでこれらの原則に触れるし、検察官も、自分たちの示した証拠を見てもらいさえすれば、それだけで被告人が有罪であるとの結論が導かれるだろうと、自信を持って陪審員に語りかける。

　実は、この説示は、陪審員だけに向けたメッセージではない。裁判官も検察官も弁護人もやはり人間であるがゆえに、こうしたもっとも基本的な原則であっても忘れてしまいそうになることがある。そのために裁判官は説示をして陪審員に言い聞かせることで、そして検察官や弁護人は最終弁論などで陪審員に語りかけることで、自分自身への戒めとすることができるのだという話を何人かの異なる話し手から幾度となく聞いたことは、非常に印象深いことだった。

2. 裁判に加わる一般市民に対する裁判所の配慮

　アメリカでは、被告人が陪審裁判を受けることを選択すれば、裁判に陪審員として一般市民が参加することになる。こうした一般市民は、裁判のなかで事実認定という重要な役割を担う人々となるわけであるから、陪審裁判に参加してもらうにあたって、様々な面で彼らに対して配慮をしていることがうかがえたのは印象的であった。

　裁判所は、市民が陪審員候補者として裁判所にやってくる段階から、陪審員としての任務を果たすことができる環境を整えることを心がけている。例えば、裁判所は、陪審員候補者として特定の日時に裁判所に来るよう、召喚状を郵送して通知するが、裁判所の指定した日時にどうしても都合が付けられない場合には、ニューヨーク州においては電話1本で簡単に日時の変更が可能である[4]。

　また、審理が開始すれば、裁判官も陪審員がその任務に集中できるように気を遣う。例えば、陪審員候補者に対して陪審任務についての詳細なオリエンテーションを行ったうえで、選任の手続を開始するようにしている。裁判官ができる限り平易な言葉を使って説示を行うのはもちろん、短期間で審理を終えることができるよう訴訟を指揮する。そのため、検察官や弁護人が意図の不明な主張や異議申立てを行おうとすれば、それを制止することもある。

　また裁判に直接的にかかわること以外においても、裁判所が陪審員に対して気配りをしている姿勢がうかがえる。例えば、陪審員候補者が陪審員として選任されずに裁判所をあとにする場合などに役立つよう、裁判所周辺のレストランやカフェのマップ、周辺の観光案内の冊子を用意している。他にも、企業向けに、従業員の陪審任務を妨げることのないように呼びかける冊子を作っている。また、陪審員や陪審員候補者が陪審裁判を経験して感じたことや、裁判所やスタッフに対して抱いた意見やコメントを、電話やインターネット上で受け付けている。

　さらに、裁判所は、市民が陪審員としての任務を果たすことを敬遠しがちであることへの対策として、陪審の広報活動を活発に行っている。マンハッタンで年に1度、陪審任務をよりよく市民に知ってもらうためのイベントを行っていて、そこでは実際に陪審員としてニューヨーク州の裁判に参加した有名人に、その経験を語ってもらうということも行っている[5]。また有名人が陪審員候補者として裁判所にやって来ると、陪審局長は彼らにお願いして一緒に写真を撮ってもらい、これほど有名な人で

あっても、陪審任務を果たすために裁判所に来ているのだと、市民にアピールするのに利用させてもらうこともあるという。今回の訪問でも実際にそうした写真を見せていただいたが、日本でも認識されているような名だたる俳優やスポーツ選手、著名人が何人も写真に納まっていた[6]。

3. 裁判に加わる一般市民に対する検察官や弁護人の配慮

　一方、検察官や弁護人は、陪審員の選定手続が始まったそのときから、それぞれの主張や考え方を陪審員にどれだけ上手く説明し、説得して、味方につけることができるかに神経を使う。選定手続においては、検察官も弁護人も、陪審員候補者それぞれに対して質問し、その回答によって陪審員になってもらいたい人物であるか否かを判断するが、そこでは事件の内容を暗にほのめかすような質問も行うようにしている。これには、陪審員として選ばれた際に何の情報もなくいきなり法廷に放り込まれて戸惑うことのないようにとの配慮も含まれており、どのような事件であるか、また検察官や弁護人が事件に対してどのような見解を持っているのかを、陪審員候補者がある程度把握できるようにしている。

　さらに、検察官は自身に対して、弁護人は自身と被告人に対して、陪審員にどれだけ親近感を抱いてもらうことができるかどうかが、自分の主張に賛同してくれるよう陪審員を説得できるかどうかに大きく影響することを、強く意識している。口頭主義を採用し、法廷で述べられた証言と物的証拠がその裁判のすべてであるアメリカでは、こと陪審裁判においては、検察官と弁護人の仕事は、「説得」の一言に尽きる。そのために、検察官は有罪の評決を得るために証拠を積み重ねて公判に臨むし、弁護人は必要だと考える場合には証人や物的証拠を用意して、検察官の有罪の主張を崩す。しかしそれだけには止まらない。彼らは、自身の容姿や外見が、他人にどのような印象を与えるかということまで分析しており、公判中の戦術をたてるうえでもそうした要因を考慮している。陪審との間に垣根があると感じられる場合はそれをどうやって取り除くか、最初から自分に好感を抱いているようであれば、どうやってそれをより強くすることができるかも、自身の主張を簡潔かつ論理的に説明することと同じくらい、重要なことだという。

　そのような観点からいえば、パソコンなどの電子機器を公判のなかで使うことは、効果的な場合とそうでない場合とがあるという。普段から仕事や趣味でそうしたハ

イテクノロジーに精通している人に対しては親しみやすさを、あまり金銭的に余裕がなくそうしたものに縁がない人に対しては、被告人は自分とは違ってお金を持っているのだという嫌悪感を持たせることにつながってしまうことがあるからだ[7]。だから、陪審がどのような人々で構成されているかを観察し、公判でどのような証拠や設備を使って主張を行うのかを的確に判断することが求められる。

このようにアメリカの法曹は、裁判に参加しているのが市民であることを強く意識して、裁判に臨んでいる様子がうかがえた。

4. アメリカの経験からみる日本の裁判員制度

日本で裁判員制度が導入されることについて、とくに私が懸念しているのは、法律の専門家である裁判官が、裁判員を誘導、誤導してしまう可能性である。今回の調査でも、裁判員制度においては裁判官と一般市民が一緒になって事実認定を行い、有罪か無罪かを判断して量刑まで行うのだと説明すると、陪審は裁判官から独立して評議することで事実認定のみを担い、法律問題や訴訟指揮は裁判官が担うというだけでも、公判中に専門家である裁判官の影響が陪審に不当に及ぶことがないよう注意を払わなければならないのに、日本の制度ではさらに相当の注意を払わなければ、裁判官が市民を誘導するという事態がおこるのではないかとの懸念を示す方も多かった。

裁判官と裁判員が一緒になって議論しなければならない状況では、法律については素人だと感じている市民は、自由に発言しようとする積極性をそもそも抑えられたり、裁判官の言うことのほうが正しいだろうと考えてしまう可能性が非常に大きい[8]。また、公判前の手続において裁判官が事前に参照した捜査資料や証拠などで、裁判員は一切見ないというものもあるため、目の前で行われている審理について、裁判官と裁判員の得る知識の量には、初めから差がある。つまり、審理に関する知識をより多く持つ裁判官の意見に、裁判員が左右される可能性が容易につくりあげられてしまうことになる[9]。裁判官と陪審員を務める市民が一緒に議論をすることのない陪審制度でさえも、裁判官が陪審員に不当な影響を与えることのないよう配慮する必要があるのだから、裁判員制度において、裁判官の及ぼす影響にどれほど配慮しなくてはならないか、想像に難くない。

こうした懸念は、結局のところ、市民が司法に参加するという制度が、何のために

存在するのかという大前提に立ち戻って、その意義を考えさせられることとなる。アメリカの陪審裁判は、被告人の権利として、アメリカ合衆国憲法修正第6条[10]により保障されている。まだアメリカがイギリスの植民地であった頃、統治者による独裁的な裁判に対する反発が生じ、被告人と同じ立場にある市民による判断を活かすことのできる裁判制度を目指して、陪審裁判が導入されたためである。日本の裁判員制度も、司法の場に市民の感覚を反映させる必要があるとの要請のもとに導入が決定されたのではなかったか[11]。

そうであれば、日本の裁判員制度が目指す方向性と、陪審制度のそれとは、ほぼ同じであるのだから、アメリカの手続は、日本にとっても大いに参考にすべきものであるといえる。ここで、陪審制度を採用しているアメリカの手続を、そのまま裁判員制度において手本とするのはおかしいという意見を唱えられる方もいるかもしれない。しかし、注意してもらいたいのは、アメリカの手続は「陪審制度」のために作られてきたのではないということである。まず前提として当然、刑事裁判の原理や原則があり、それらを実現するために様々な先例、法や制度、手続が存在している。陪審制度はそれらのうちの1つであり、言い換えれば原理や原則を貫徹するための1つの手段である。陪審制度と同じように、市民に参加してもらうことで裁判を分かりやすいものとし、裁判制度に対する信頼を高めようとする日本の裁判員制度が、その構築や運営にあたって、陪審制度を参考にできないはずはない。むしろ、使えそうな手続やルールがあればできる限り、裁判員制度に取り入れるという姿勢で、アメリカの陪審制度や手続を吟味すればよいのではないだろうか。

おわりに

今回のニューヨーク州での実務調査において強く感じたことは、一般市民が司法に参加する制度を有しているという意味では、制度の形態こそ違えど、陪審制度を擁するアメリカの経験から学ぶことはかなり多いということである。陪審裁判を導入して2世紀が経過した現在のアメリカの裁判の手続や規則は、様々な経験を経るたびに改良を重ねてきた。その際、常に意識されてきたのは、被告人にとっても、陪審員として参加する一般市民にとっても、よりよい陪審裁判とするための制度を設計することであった。そうやって2世紀分の重みを持った陪審裁判に関する規則を、アメリカの法曹は誇りに思っている。訪問先のいくつかにおいても、「私たちの

刑事訴訟法や規則をよく読んでみてほしい。裁判に市民が参加するということを前提に、より良いものをつくることを目指してきたのだから、これから市民が参加する裁判員制度を導入する日本にとっても、参考にできることはたくさんあると思う。」と、口を揃えて誇らしげに言う姿を目にした。

　日本に裁判員制度が導入されるということは、一般の市民が司法に参加する機会を、第２次世界大戦に伴って陪審制度が停止されて以来、ようやく取り戻せたということを意味する。しかし、とにかく市民が司法に参加できることになったのだからと手放しで喜んでいいものだろうかという疑問を、裁判員制度導入が決定されてから、私は常に抱いてきた。正直に言えば、今でも、陪審制度を復活させるべきだと個人的には考えている。設計された裁判員制度そのものが、市民が自由に意見を交わし、そのうえで達した結論を判決に反映させることのできる、まさに市民の感覚を取り入れる制度にはなっていないと思われるからだ。せっかく忙しい時間を割いて市民が裁判に参加してくれることになったのに、その参加の意義があまり見出せないのであれば、何のための市民の司法への参加なのだろうとの疑問や不満を生み出すことになってしまう。

　では、どうすればよりよい制度にしていくことができるのか。裁判員制度の設計や運営にあたって参考にできる有用な規定や手続が他の国の制度のなかにあるのなら、制度が違うからということで自動的に排除していくのではなく、その根底にある考え方や原理がどのようなものであるかを見極め、それが裁判員制度に通じるものであれば、積極的に取り入れていけば良い。アメリカの刑事裁判に関する手続を、「それは陪審制度のために作られた手続でしょう。日本では裁判員制度を取り入れることになったのだから、アメリカの手続なんて参照する必要もない。」などと決めつけて見向きもしないのは、単なる怠慢である。新しい制度がうまく運用されることを目指すのであれば、制度の導入前後を問わず、できる限りよい制度にするために、あらゆる努力や提言を継続して行うことが必要ではないだろうか。

　起訴されれば被告人が有罪となるのが日常的な風景となっている現在の日本の刑事裁判において、被告人の無罪推定などの刑事裁判の原則を感じられることはまずない。裁判員制度の導入は、そうした原則を徹底する絶好の機会である。忘れられていた刑事裁判の原則を復活させるための鍵が、アメリカの刑事訴訟手続のなかには、ある。

1　Brady v. Maryland, 373 U.S. 83 (1963). 本判決により確立されたルールは、ブレイディ・ルール（Brady Rule）と呼ばれ、アメリカの刑事裁判においては非常に重要なルールとなっている。
2　ニューヨーク州刑事訴訟法§240-20 (McKinney 2005)。本書第4部「資料」所収の拙訳参照。
3　例えば、バンバーガー元裁判官の発言（本書第2部第5章169頁）、ニューヨーク州刑事陪審模範説示集（本書第3部「資料」）参照。
4　この電話は24時間、自動音声により受け付けられていて、陪審任務召喚状などにもこの手続が掲載されている。1度目はとくに理由を示さなくても、この電話により陪審任務を2ヶ月から6ヵ月後に延期できる。ただし2度目の変更については、陪審局により個別に延期の可否が判断されることになる。
5　今回の調査において、2005年9月6日にニューヨーク州地方裁判所ニューヨーク郡支部陪審局長ホームニック氏を訪問した際に伺った話である。例えば、ニューヨーク州内のすべての州裁判所を統轄するニューヨーク州統一裁判所システム（New York State Unified Court System）は、裁判所の制度や陪審制度に関して興味を持ってもらえるような情報を掲載した「陪審候補者ニュース（Jury Pool News）」を年4回発行しており、陪審員に控室で配布しているが、このニュース・レターにはそうしたイベントの記事が掲載されている。他にも、有名人へのインタビュー記事をはじめ、裁判官や検察官、弁護士、元裁判所関係者の記事や、一般市民で陪審任務を経験した人たちの談話や、裁判に関するクロスワードパズルなども掲載されている。この「陪審候補者ニュース」は、ニューヨーク州統一裁判所システムが運営しているホームページにも、PDFファイルの形式で掲載されている。*See* New York State Unified Court System "Jury Pool News" *available at* http://www.nyjuror.gov/home/.
6　前掲注5に同じく、ホームニック氏に伺った。
7　例えば、チャオ連邦副検事の発言（本書第2部第10章205頁）参照。
8　例えば、フィッシュベイン弁護士の発言（本書第2部第9章196頁）、ニューヨーク大学ロースクールのトンプソン教授の発言（本書第2部第6章179頁）参照。
9　例えば、ニューヨーク大学ロースクールのトンプソン教授の発言（本書第2部第6章177頁）参照。
10　U.S. Const. amend. VI.
11　「裁判員の参加する刑事裁判に関する法律」の第1条は、「国民の中から選任された裁判員が裁判官と共に刑事訴訟手続に関与することが司法に対する国民の理解の増進とその信頼の向上に資する」ことが、裁判員制度導入の目的であるとしている。

（いえもと・まみ）

第9章 裁判員制度の土台作りをいかにするか

中山博之(弁護士)

　裁判員裁判では「分かりやすい裁判」と「迅速な裁判」が要求される[1]。これは理念としてみる限りよく分かることである。職業裁判官のみで行われてきた刑事裁判を、一般市民が担うことになるのであるから、市民が犯罪事実を認定し量刑判断できるような分かりやすい裁判でなければならない。また市民を刑事裁判のために何時までも拘束するわけにはいかない。これまでのような長すぎる裁判は絶対に避けなければならない。

　裁判員裁判は、書面を重視した裁判から証人尋問を重視する公判中心主義、直接主義・口頭主義の裁判へ転換する契機となると言われているが、公判前整理手続や証拠調等公判手続はどのように行うのが望ましいのであろうか。

　裁判員裁判が真に国民の社会常識を裁判の場に反映する制度になるためには、評議がうまく機能するかどうかにかかってくると思われるが、どのような評議が望ましいのであろうか。中間評議を行うことは正しい選択であろうか。

　このような疑問を解決すべく、我々はニューヨークに行き、陪審制度を採用している国の知恵と経験を学ぶ必要があると思った。

1. 陪審制度と裁判員制度

　「陪審制度と裁判員制度は違う、陪審制度を見たからと言って裁判員制度の参考になるわけではない」という意見もあると思われる。しかし陪審は一般市民が事実認定を行うことにおいて裁判員裁判と共通であり、しかも一般市民のみで判断しなければならないのであるから、「分かりやすさ」と「迅速性」の要請は裁判員裁判以上のものがあると思われる。裁判官が裁判体に加わるために陪審裁判で行われている手続を裁判員裁判では省くということはあったとしても、少なくとも陪審裁判で

行われていること以上のことを裁判員裁判で求められることはないと言ってよい。

　陪審裁判の下で行われる刑事手続は、事実認定者がプロの裁判官ではなく、一般市民であるということから、そのこと故に工夫された公判前手続であり公判手続である。陪審裁判の下で行われている刑事手続の「知恵」と「経験」は、わが国の裁判員制度下で行われる刑事手続を考えるとき、必ずや参考になろう。

2. 憲法・刑事訴訟法の原理・原則

　日弁連司法改革推進本部の「国民の司法参加」部会は、陪審裁判で行われている説示が評議の際のルールとして裁判員制度上明確に位置づけるべきではないか、あるいは中間評議が裁判員の事実認定にとって望ましいことではないのではないかという点で一定の提言をする必要性を認めていた。そのために陪審裁判において説示は「何故行い」、そして「どのように行われているのか」を、また中間評議が「何故行われていないのか」を調査する必要があった。その意味ではアメリカの「知恵」と「経験」を学ぶという側面はあったものの、ニューヨーク調査は公判前整理手続にしろ証拠調手続にしろ、刑事手続のイメージを掴み、具体的手続の方法や技術的なノウハウを学ぶという点に重点が置かれていたと言ってよい。つまり我々は公判前整理手続が刑事訴訟法に詳細に規定されていることから頭では手続の流れが理解できるものの、具体的な公判前手続というもののイメージを掴むことができなかった。書面を排し、証人尋問主体の直接主義・口頭主義による証拠調手続というものも、実際にどのように行われているのか十分に理解しているとは言えなかった。

　5日間にわたるニューヨーク調査で我々は現役の裁判官、検察官、元裁判官、元検察官、刑事専門の弁護士、裁判所職員そしてロースクールの教授等多くの法曹から聴き取り調査し、また陪審裁判の傍聴をした。公判前の準備手続、公判手続、証拠調手続そして評議等の知識を得ることができ、陪審裁判の下における刑事手続の具体的イメージをつかむことができた。確かにそこで行われていたのは分かりやすい裁判であり、迅速な裁判であった。しかし我々がニューヨーク調査で真に学んだのは、分かりやすさにせよ迅速性にせよ憲法や刑事訴訟法の原理・原則が具体的に実現される中での分かりやすさであり、迅速性であるということであった。

　アメリカでは「自己負罪拒否特権」「予断排除の原則」「無罪推定原則」「検察官

の立証責任原則」「合理的な疑いを超える立証責任原則」等の原理・原則が徹底されている。アメリカではあらゆる刑事手続の是非が常にこれらの原理・原則によって検証されている。

公判前準備手続や公判手続は、「予断排除の原則」「検察官の立証責任原則」に忠実に各手続が行われ、裁判官は一般市民である陪審員がこれらの原理・原則を知らないことを前提に何度も説明し、陪審員はこれらの原理・原則に従って事実認定を行う。

我々はこれらの原理・原則の重要性を改めて知らされた。多少大げさに言えばわれわれ日弁連の調査団にとってこの度のニューヨーク行きは、刑事手続の原理・原則を再認識する旅であった。

一般市民が裁判員として刑事裁判に参加することになれば、これまでのような刑事裁判をしていてはとうてい裁判員制度そのものが成り立たない。その意味では分かりやすく迅速な裁判が求められることは当然といえる。しかしだからといってこれらの原理・原則を無視してよいということにはならない。これらの原理・原則は刑事手続の基本的ルールとして刑事裁判の大前提とされており、その上で初めて分かりやすく迅速な裁判手続が要請されるということを我々は再認識しなければならない。

3. 公判前整理手続

日本では分かりやすく、迅速な裁判のための一つの手続として公判前整理手続が導入された。裁判員裁判を行うときは必ず公判前整理手続に付されることになる。

公判前整理手続では、証拠開示手続、争点の整理手続、争点に関連する証拠の整理手続が行われる。これらの手続が、分かりやすく迅速な裁判、裁判員に負担をかけない裁判に資するという考え方によるものである。

刑事訴訟法や刑事訴訟法規則は公判前整理手続に関する規定をおいたが、法律や規則にすべてのことが記載されているわけではなく、実際にどのような運用をすればよいのか、初めて経験することだけに分からないことがある。

陪審の国、アメリカではどのような公判前準備が行われているのか、未知の手続でもありニューヨーク州刑事手続実務調査に期待した。我々はアメリカでも日本で行われる公判前整理手続が当然のように行われているものと理解していた。しかしニューヨークへ行って、それは我々の完全な認識不足でしかなかったことを思い知

らされた。ニューヨーク州においても「公判前打合せ（pretrial conference）」という手続は存在したが、厳密な「争点」整理手続は行われておらず、そこで行われているのは「証拠」整理の手続でしかなかった。また証拠の整理といっても「どれくらいの公判期日が見込まれるか」という程度のもので、検察官と弁護人は相手方に証人の名前と住所を告知し、証言項目を述べるだけである。まして証人の尋問時間を告知する義務などない。

当然行われているはずであった争点整理手続がないのであるから、この事実は我々にとって衝撃であった。では陪審員は争点を何によって把握することができるのか。

陪審員が争点を理解するのは、検察官の冒頭陳述である。日本の裁判員裁判では弁護人が検察官の冒頭陳述に引き続き冒頭陳述を行うが、ニューヨークでは弁護人の冒頭陳述は要求されていない。検察官の冒頭陳述のみで陪審員は争点を理解しなければならず、また理解できるということが前提になっている。

公判前に弁護人は争点や立証計画を明らかにする必要がない。これは「検察官の立証責任原則」から導かれる結論であるとのことであった[2]。

また公判前に弁護人と検察官は証拠を巡って熾烈な争いをする。しかしその目的は、迅速な裁判実現のために行われるのではなく、弁護人が「予断排除の原則」や「適正手続の保障」の下、公判前の段階で徹底的に陪審員に見せてはならない証拠を排除するために行うのである。

違法収集証拠や関連性のない証拠はこの段階で排除されることになる。

日本の公判前整理手続では、審理計画の策定のために争点と証拠の整理をすることになっている。そのために弁護人は公判前に証明予定事実など公判期日ですることを予定している法律上及び事実上の主張を述べなければならない（刑訴法316条の17）。

公判前整理手続をどのような手続にするのか、条文の解釈や具体的な運用については試行錯誤の状態が続くと思われる。

弁護人は検察官の主張する証明予定事実につき、重要な間接事実のみならず補助事実等を含めすべての事実について争うのか否かを明らかにする義務があるとする見解がある[3]。このような見解は、検察官の立証責任を省くことに協力する義務を定めることに他ならず、「検察官の立証責任原則」という刑事訴訟の基本原則に反するといわなければならない。

検察官の主張する「主要事実」か「重要な間接事実」につき争うのか否かを明らかにすれば足り、検察官証明予定事実記載書面について逐一認否を求めるような運用はするべきではないとする見解が主流となりつつある[4]。立証計画を策定する限りでの争点整理であり予定主張明示であるのであるから、詳細な事実についてまで争うか否かを明らかにする必要はなく「重要な間接事実」レベルの事実につき争うか否かを明らかにすれば足り、この見解を是認して良いと思われるが、少なくともニューヨーク州ではこのようなことも求められていないということを我々は知るべきである。

　公判前整理手続は今後試行錯誤の上次第に実務に定着していくと思われるが、分かりやすさや効率性を求めるあまり刑事手続の基本原則を侵害するようなことはすべきでない。「検察官の立証責任原則」「自己負罪拒否特権」等の刑事手続の基本原則に抵触しないような実務的運用を心がけるべきである。

4. 証拠開示手続

(1) 検察官の証拠開示

　ニューヨーク州ではブレイディ事件判決（Brady v. Maryland, 83 S. Ct. 1194〔1963〕）を基本にして実務の運用がなされている。検察側は、被疑者に有利な証拠を公判前に全面開示しなければならないとされている。また検察側立証が終わった段階で検察官は事件に関連するすべての供述証拠の開示を義務づけられているが（ニューヨーク州に関しては、People v. McMullen, 461 N.Y.S. 2d 565〔1983〕）、実務では検察官の立証終了後ではなく、証人尋問の前に開示される運用がされている。

　他の州に比べニューヨーク州の定める証拠開示手続は弁護人にとって必ずしも有利な手続ではなく、実務家の評価は分かれていた[5]。ちなみにカリフォルニア、ノースカロライナ、ミネソタ、ニュージャージー等アメリカの他の州では、ニューヨーク州に比べ証拠開示を広く認める傾向にあり、例えばノースカロライナ州では、2003年、冤罪を防止するという観点から検察官手持ちの全証拠の事前・全面開示を義務づける「オープンディスカバリー法」を成立させ、公判実務が大きく変わったとのことである[6]。

　なお日本の公判前整理手続では、弁護人が予定主張を明示し争点を明らかにす

ることによって検察側に対し争点に関連する広範な証拠の開示を求めることができることになっているが（刑訴法316条の20）、ニューヨークでは、検察側の広範な証拠開示義務は、適性手続と防御の機会保障のために認められるのであって、予定主張を明示させるなどの交換的な義務を弁護人に課するものではない。そもそも弁護人は公判前の打合せで「争点」を明らかにする義務を負わないことは既に述べたとおりである。

(2) 弁護人の証拠開示

日本では弁護人が証明予定事実として掲げた事実を立証するための証拠は、原則としてすべて公判前整理手続において検察官に証拠開示しなければならないことになっている（刑訴法316条の17）。

ニューヨークでは、弁護人が証拠開示義務を負う場合が限定されている。アリバイや責任能力など積極反証をする場合、あるいは科学証拠・鑑定、実験結果、写真、ビデオ・録音テープ等を証拠として申請する場合である。つまり弁護人が証明予定事実のすべてにつき証拠開示義務を負うわけではない。そもそも弁護人には立証責任はない。争点を明らかにする義務もない。弁護人が証拠開示義務を負うとされる場合は、不意打ち防止など公平な裁判を担保するために歴史的に認められてきたものであって、分かりやすさとか、迅速性と直接の関連性はない。証拠開示義務の範囲が限定されているのは、検察官に立証責任があるからである。

ニューヨーク州では弁護人は、証人がどのような証言をするのか事前に検察官に明らかにする義務を負わない。証人リストを検察官に渡し、その証人がどのような「事項」について証言するのかを知らせる程度である。弁護人が公判段階で証人を変更することや公判前に明らかにしていなかった予想外の証人の証拠調請求が裁判官の裁量で認められている[7]。

弁護人が証明しようとする事実であれば、たとえ補助事実であろうと弁護人は、公判前に検察官に証拠開示しなければならないとする見解がある[8]。しかし弁護人が検察側証人に対する弾劾証拠を持っているとき、弁護人の証明予定事実はすべて公判前整理手続で明らかにし、そのために証拠を開示しなければならないとすると、その弾劾証拠は検察官に事前に示すことが必要になろう。しかし証人に対する弾劾事実を事前に明らかにすることはすでに弾劾事実たる意味を失うことになる。弁護人の弾劾証拠のすべてを事前に明らかにすることを求めることは検察官の立

証責任原則に反することになると思われる。分かりやすい裁判、迅速で効率的な裁判を追求しすぎる弊害がこのような形で表れてくるのである。

　法は「やむを得ない事由によつて公判前整理手続又は期日間整理手続において請求することができなかつたものを除き、当該公判前整理手続又は期日間整理手続が終わつた後には、証拠調べを請求することができない」（刑訴法316条の32）と定めている。この「やむを得ない事由」を厳格に解することは、検察官の立証責任原則に反する恐れがあり、証人の偽証を立証するなど証人の信用性を疑わしめる弾劾証拠を提出する場合や公判前に証拠を提出することに心理的阻害要因があった場合など、ある程度幅を持たせて解釈する必要がある。

5. 評議と説示

　陪審制度をとるアメリカでは陪審員に対する説示は重要な手続とされている。無罪推定原則、検察官の立証責任原則、合理的な疑いを超える立証責任原則等は、陪審員選定手続の段階、公判審理を開始する段階及び評議の段階と、少なくとも3回は裁判官によって説明される。

　裁判員法では説示に関する規定がおかれていない。裁判員制度は裁判官が裁判員と協働で事実認定と量刑を行う構造になっているため、逆に言えば一般市民のみで事実認定をするわけではないことから説示に関する規定をおかなかったと思われる。無罪推定原則等の説明が裁判員に全くされないということは考えられず、裁判員選定手続の段階で裁判官によってなされることが予想される。

　現在各地で行われている裁判員模擬裁判において、公判審理や評議の段階で裁判官が裁判員に合理的な疑いを超える立証責任等の説示をしているというケースはほとんどない。

　裁判員も陪審員と同じく一般市民であり、法律の素人であって、無罪推定原則、検察官の立証責任原則、合理的な疑いを超える立証責任原則等刑事裁判の原理・原則を知らない。これらの原理・原則は裁判官にとってはいわば常識であって、事実認定をする際の基本的なルールとなっている。確かに社会常識があれば一般市民でも事実認定はできる。しかし一般市民に事実認定能力があるものとして裁判員制度の制度設計ができるのは、事実認定の際、一般市民が刑事裁判の基本的なルールを身につけていることを前提にしているからである。一般市民が検察官の立

証責任や合理的な疑いを超える立証責任原則等の基本的ルールを知らないまま事実認定をすることなど憲法や刑事訴訟法が予想していることではない。

「合理的な疑いを超える立証責任」「疑わしきは被告人の利益に」などの事実認定における基本的ルールといえるものは、司法手続に参加する市民にまず理解してもらうことが重要である。裁判員が基本的ルールを知識として体得し、そのうえで事実認定をすることで初めて裁判員の持つ社会常識が裁判の場に反映されるといえる。そのためには裁判員選定段階のみならず、公判審理の最初の段階で説明し、そしてさらに公判終了後評議が開始される前に公判廷で裁判長によって説明されることが望ましい。公判廷で説示を行うことが相当でないというのであれば、評議に際してはその冒頭に裁判長から裁判員に説明されなければならない。

陪審員に対する説示は、市民が司法に参加する場合の基本的ルールとしてアメリカにおいてはごく当たり前のこととして定着していったと思われる。裁判員制度をとる日本においても、一般市民が司法に参加する制度であることには変わりがなく、アメリカの知恵と経験に学ぶべきであろう。

6. 中間評議

最高裁は裁判員裁判において中間評議を行うことを検討している[9]。中間評議の利点は次の点にあるとされる。すなわち裁判官と裁判員にとっては中間評議をすることによって、証人尋問の都度当該証人により明らかにされた事実が整理され、その結果効率的な最終評議を行うことができる。中間評議を経る最終評議は、裁判員の事実認定にとっても分かりやすい手続となるとする。

また「検察官立証を終え、……その段階で中間評議を行い、公訴犯罪事実について取り調べた証拠を検討し、暫定的な事実認定をしておくことが考慮されるであろう。これにより、公訴犯罪事実について裁判員の記憶が新鮮なうちに、その直接の心証に基づいて証拠の検討や事実認定を行うことができる」とする見解もある[10]。

しかしアメリカでは中間評議を禁止している州が多い。我々がインタビューした法曹関係者はいずれも中間評議を否定していた。ニューヨーク州刑事陪審模範説示集を見ても冒頭「最初の説示における陪審への忠告」に記載されている通り中間評議が禁止されている[11]。

なぜアメリカの陪審制では中間評議が禁止されているのであろうか。

陪審員の心証の形成はすべての証人尋問全体を通して総合的に判断されるべきで個々的に判断されるべきではないとする歴史的に形成されてきた考えがあるように思う。陪審裁判の「知恵」ともいうべきその考えが中間評議を許さないのだと思う。
　日本の裁判員裁判で中間評議が行われるとしたらどう思うかとの質問に、ニューヨーク大学ロースクールのトンプソン教授は「裁判官が陪審員と離れているときには裁判官は専門家として有効に機能するが、同じ部屋で評議をするとなると、裁判官がそれぞれの証人の証言から、様々な要因を引き出してくることになるだろうから、一般市民はその裁判官の意見について重みを感じるということになり、裁判官と一般市民のバランスが大きく崩れてしまう」と述べていた[12]。
　本来的に人間の心証形成というものは総合的な判断であり、証人尋問の度に個々的に整理されていくものではないのではないか。被害者が被告人から「刺された」と証言するのを聞き、その証言のみで「刺された」のか「刺さった」のかを評議することはおかしなことである。被害者ともみ合ううちに「刺さった」との被告人の供述を聞いて初めて、どちらの述べていることが信用できるかの判断が可能となるはずである。
　裁判員裁判では職業裁判官と裁判員が一緒に評議するために陪審評議とは異なる問題点が生じる。中間評議では、証人尋問が行われれば当該証人によって何が判明したか、その証人は信用できるかが確認されることになる。証人によって判明した事実にせよ証人の信用性にせよ、中間評議においては全体的・総合的な心証を議論するものではないことから、裁判長が議論を仕切り、司会的役割を超える役割をこなす必要が出てくる。裁判長がいくら自制しても知らず知らずのうちに裁判員を誘導することになろうし、また裁判員はプロの裁判官を信頼し、頼ることになるであろう。このような結果は決して裁判員の社会常識を裁判の場に反映することにならず、望ましくないことは明らかである。アメリカの陪審裁判の知恵に学び、中間評議は止めるべきである。裁判官が評議に加わらない陪審制度においても中間評議をすることなく評議ができているのであるから、ましてプロの裁判官が評議に加わる裁判員制度において中間評議をする必要性を認めることはできない[13]。

7. 冒頭陳述及び証拠調手続

　陪審裁判では、直接主義・口頭主義が徹底されている。鑑定事項や検証事項な

ども鑑定書や検証調書を証拠として使用するのではなく、専門家証人が法廷で証人として証言する。分かりやすい裁判を目指すのであれば原則証人尋問で事実を明らかにすることが求められていると言える。

　パワーポイントを使って陪審員を説得するなどアメリカでも最新機器を使用して冒頭陳述や証拠調べが行われている。しかし冒頭陳述は検察官の主張であって証拠調手続ではないことから、裁判官は当事者が冒頭陳述にパワーポイントを使用する場合、陪審員に予断を抱かせないかどうか細心の注意をする。陪審裁判においては、分かりやすい裁判の要請より予断排除の原則の方を優先する姿勢が顕著である。

　日本においても裁判員裁判になれば当事者双方パワーポイントを使って証拠調べや冒頭陳述を行うことが予想される。しかし裁判員は主張と証拠との区別など分からないために冒頭陳述で心証を形成してしまう可能性がある。検察官は裁判員に予断を抱かせない冒頭陳述をする義務がある。裁判官も冒頭陳述が裁判員に予断を抱かせないかどうか常にチェックすべきである。

8. まとめ

　我々ニューヨーク州刑事手続実務調査団としては、ニューヨーク州の陪審裁判を調査してあらためて刑事手続の基本的原理・原則の重要性に気づかされた。

　被告人の「黙秘権」、「自己負罪拒否特権」、「無罪推定原則」、「合理的な疑いを超える検察官の立証責任原則」などは、近代社会が生み出した刑事手続の基本的な原理・原則に他ならず、職業裁判官が裁判する場合であろうと陪審員あるいは参審員が裁判する場合であろうと関係なく守らなければならないルールである。「予断排除の原則」、「公判中心主義」、「口頭主義・直接主義」等も刑事手続の基本原則と言えるが、これも一般市民が陪審員としてあるいは参審員として刑事裁判を行う際の基本的ルールとして生み出されたものである。

　あらゆる国の刑事手続は、当然のこととしてこれらの原理・原則の上に制度設計されている。これらの原理・原則は刑事手続のいわば土台に当たるものである。一般市民が参加する刑事手続に分かりやすさや迅速性を要求されることは当然としても、これらの原理・原則に抵触することになれば刑事手続の土台を崩していることに他ならない。

公判前整理手続にせよ裁判員裁判手続にせよ、あらゆる刑事手続がこれらの原理・原則に抵触していないかどうかを検証しつつ、裁判員にとって分かりやすく迅速な裁判員裁判手続の実務を形成していくことが我々法曹の責務であると思う。法曹三者がしっかりした裁判員制度の土台を作り、その土台の上で裁判員が自由に意見を述べあうとき、初めて一般市民の社会常識が裁判の場に反映されることになるであろう。

1　裁判員に「負担をかけない裁判」といわれることもある。
2　ニューヨーク大学ロースクールのトンプソン教授の発言（本書第2部第6章176頁）参照。ブルックリン大学ロースクールのヘラースタイン教授の発言（本書第2部第3章140頁）参照。
3　辻裕教「刑事訴訟法等の一部を改正する法律（平成16年法律第62号）について（2）」法曹時報57巻8号（2005年）70頁。
4　杉田宗久「公判前整理手続における『争点』の明確化について——被告人側の主張明示義務と争点関連証拠開示の運用をめぐって」判例タイムズ1176号（2005年）10頁。
　　今崎幸彦「『裁判員制度と刑事裁判』の概要」判例タイムズ1188号（2005年）8頁、9頁。
　　岡慎一「『予定主張』明示の具体的方法」自由と正義56巻8号（2005年）82頁、83頁。
　　同「公判前整理手続における『争点の整理』」ジュリスト1300号（2005年）167頁、68頁。
5　本書第1部第3章33、34頁参照。
6　伊藤和子「アメリカにおける相次ぐ冤罪と改革の動き」季刊刑事弁護45号（2006年）164頁、165頁。
7　ヒルズベリー・ウンスロップ・ショウ・ピットマン　法律事務所（Pillsbury Winthrop Shaw Pittman LLP., New York City）のインタビュー（本書第2部第4章160頁）参照。
8　辻・前掲注（3）68頁、69頁。
9　最高裁判所刑事局「裁判員制度の下における審理、評議及び判決のあり方に関する試案」判例タイムズ1188号（2005年）14頁。
10　吉丸眞「裁判員制度の下における公判手続の在り方に関する若干の問題」判例時報1807号（2003年）10頁、11頁。同旨佐藤文哉「裁判員裁判にふさわしい証拠調べと合議について」判例タイムズ1110号（2003年）11頁。
11　本書第1部第1章19頁以下参照。
12　本書第2部第6章179頁参照。
13　複雑な事件で多くの争点があり、多くの証人を尋問しなければならないときに、証人尋問手続の中間で評議し、個々の証人尋問を争点との関連において整理することは、心証形成とは関係のない作業であることから検討の余地があるように思われる。仮にこのような手続を認めるにせよ、証人尋問が行われた都度当該証人の証言の信用性を評議するなど裁判員の心証形成に実質的に関わる評議をするべきではない。つまり中間評議を肯定する論者は「暫定的な事実認定」と言うが、「当該証人が何を述べたか」を評議するのではなく、「当該証人によりどのような事実が認定されたか」を評議するのであれば、当該証人の証言の信用性に踏み込まざるを得ず、このような評議はするべきではない。

（なかやま・ひろゆき）

第10章 【座談会】ニューヨーク州の刑事裁判実務を裁判員制度にどう活かすか

第2次ニューヨーク調査の成果と今後の課題

【出席者】
松尾紀良（弁護士・第一東京弁護士会）
中山博之（弁護士・札幌弁護士会）
目片浩三（弁護士・広島弁護士会）
立岡　亘（弁護士・愛知県弁護士会）
溝内有香（弁護士・大阪弁護士会）
浅野孝雄（弁護士・仙台弁護士会）
丸田　隆（関西学院大学法科大学院教授）
家本真実（摂南大学法学部講師）
坂口唯彦（司会、弁護士・札幌弁護士会）

坂口■今回の調査の目的は、①公判前の準備手続として、争点及び証拠の整理を目的とした我が国の公判前整理手続のような制度があるか、②公判前の準備手続はどのように運営されているか、③証拠開示はどのように行われているか、④公判段階については、弁護士及び検察官の冒頭陳述、論告、弁論などの公判活動、供述調書、鑑定書などの証書の取扱い、また、⑤陪審裁判の評議の方法、説示などです。

そのために、陪審オリエンテーション、刑事陪審裁判の傍聴、現職裁判官、検察官、刑事弁護士及び大学教授との質疑応答、意見交換などが行われました（本書冒頭で、調査の目的がまとめられていますので、詳しくはそれをご参照ください）。

以上のように、調査の目的及び調査事項をあらかじめ定めておりますが、ニューヨークに行って初めて明確に意識した事項があります。そういったテーマごとに順を追ってお話をしたいと思います。

ニューヨーク州の刑事手続と連邦のそれとで違いがありましたが、ここではニューヨークを中心としながら、必要に応じて連邦の話もするということにします。

1. 公判前の手続

坂口■テーマとしては、大きく分けて公判前の手続とそれ以降の手続に分けられます。公判前の手続については、証拠開示、それから主張の整理、その他の部分ということで、それぞれ皆さん印象に残った部分があると思うのですが、まず分かりやすいところで主張の整理について始めに話をしましょうか。

(1)　主張の整理について
坂口■それではまずはじめに私の感想からお話しします。
　そもそも日本の争点や証拠を整理するために公判前の手続を行うことについて、ニューヨークにおいては非常に否定的であって、そのような方法の整理は行っていないことを感じましたね。弁護側で事前に主張する義務があるのは、アリバイと責任能力に関する主張、それから弁護側が科学的な専門家を使った鑑定をする場合の、それに関する主張に限られていて、日本の公判前整理手続で想定されているような、重要な間接事実レベルでの主張や認否は義務付けられていないようでした。また、複数の法律家や学者から、日本の公判前整理手続というのは、実際には審理にかかわるはずの裁判員がいない場所で、職業裁判官のみがそこに立ち会う形で行われるそうだが、その裁判官が審理に参加するというのは、裁判員と裁判官との間に大きな情報格差が生じているのではないかという指摘がありました。それが後の審理や評議に非常に影響を与えるのではないかという指摘もありました。
　それから、そもそも弁護人が一定のストーリーを公判前の段階で出さなければいけないという考え方自体が、検察側がそもそも立証するという原則からいっても違和感があるという指摘がありました。それは非常にもっともだなと思ったんですが、主張整理に関して、みなさんはどのような印象を持たれましたか。
立岡■私は主張整理というものがアメリカにもあるのかなと思っていました。しかし、立証計画の中でアリバイや科学的証拠などの証拠を提出する予定であることをあらかじめ言いなさいということであって、アリバイの主張、精神障害の主張を予め言いなさいとは、言っていなかったように聞いたんですが。事前に出すのは証人の

予定リスト、アリバイと科学的事実に関する証拠の提出予定をと聞いたように理解したのですが。

中山■ニューヨーク大学のトニー・トンプソン教授によると、主張と証拠といった時に、主張というとどうも受ける方と我々のイメージがずれているような感じを思っていたんですね。ニューヨーク大学のフランク・アッパム教授によると、プランという言葉を使って、プランを示す必要はないんだと。プランというのはまさにこちらが言っている主張なんです。明らかにしなければいけないのは証拠の整理であって、それ以上ではない。争点というのは何で明らかになるかというと、冒頭陳述で明らかになる。しかもそれは、日本だったら検察官側の冒頭陳述と弁護側の冒頭陳述が行われて争点が明らかになるんだけれども、アメリカでは弁護人は冒陳をする必要がないんですね。争点が明らかになるというのは、検察官の冒頭陳述によって争点が明らかになると、こういうことなんですよ。そうすると日本の公判前整理手続は、運用の仕方によっては世界的に異例な制度になるのではないかと感じたんです。

　先ほども坂口さんが言ったんだけど、アリバイと責任能力というのが、歴史的にいわゆる不意打ち防止という観点から認められたらしいんですね。それと専門的な鑑定がありますね。弁護側が検察側と違う鑑定書を出すような場合は事前に示さなければいけない。その程度なんですね。

　日本では公判の前倒し理論ということで、黙秘権の侵害ではないかという議論が主に出されているものだから、黙秘権の侵害かと僕は質問したんですよ。トニー・トンプソン教授と思いますが、それは黙秘権の侵害ではなく、検察官の立証責任という原則に抵触するのではないかということなんですね。

　そうだとすると、日本の公判前整理手続の中でこれは、どういうところに結び付いていくのかというと、公判前整理手続について辻参事官が言っているように、争点になることはどんなことであっても一つひとつの事実を特定していかなければいけないという考え方は一つひとつの事実について認否しなければいけないという議論につながってくるわけで、それはやっぱり良くないのではないかということが一つ。

　それともう一つは、これからの課題だと思うんですが、弾劾事実についてまで証明予定事実として事前に明らかにする必要があるのか。これは弁護側の手の内を知らせるようなもので、そんなことはアメリカでは絶対にないわけです。公判前整理手続で証拠を提出しなければならないんだけど、そこで提出しなかった証拠を公判廷で提出する場合は、やむを得ない理由がなければいけないんですよね。そうする

とそのやむを得ない理由というのも、あまり弁護側に対して厳しい要求をするというのは、検察官の立証責任原則に矛盾してくるのではないか。これはかなり制度的なところを含む重大な問題ですね。

松尾■アメリカにおける公判前整理手続は期日を決めて、当事者が裁判所に集まって本来やるのかなと思っていたら、裁判所を除いて当事者同士で証拠の開示をするだけなんです。証拠の排除、例えば違法収集証拠の排除とか、予断を与える証拠を排除する場合などに裁判所に申し立てをする、そういう場合に裁判所が関与する。当事者同士でそれにOKを出していれば、裁判所はそれを見て審理計画を立てるみたいなイメージを持ったんですが、それについてはどういう手続でされると皆さんは理解されたのですか。

立岡■何度か手続が開かれると思いました。その間で、今おっしゃったように当事者同士で話をすると理解しました。

目片■整理を目的とする手続ではなくて、手続を重ねていった結果として整理されてしまう印象を受けました。

中山■お互いが証拠を開示しなさいと言いますね。開示を検察官がしますね。示さない証拠があると、弁護側は裁判所に申し立てる。裁判官がそれに対してそれを開示する必要があれば開示せよという。その場合でも、どういう理由で証拠を開示させるのかという時に、裁判官にはその理由を言うけれども、その際、検察官にはその理由を知らせないでくれということができる。ここまで認められるんだよね。それで裁判官がそれは開示すべきだと言ったら開示させる。そして出てきた証拠が違法収集証拠だと思ったら、それを排除する手続を裁判所に申し立てる。そういう手続の流れでずっと行くのかなという気がしました。

(2) 公判前に手続を行う意義

松尾■よく分からなかったのは、その審理計画です。大体こういう計画で審理していきますよということはどこでどういう形で決まるのかということでした、皆さんはどのように理解しましたか。

丸田■裁判官は審理日程を陪審に説明しなければいけないのです。ですから、少なくとも陪審員選定では、例えば「この公判は強盗傷害事件で何日ぐらいかかる予定です」ということを言わなければいけません。その前提として、証人リストを検察と弁護で出し合って、一人ずつこれはどういう人だ、これは必要ないだろうとか、こ

れは問題だとかというようなことを言って、打ち合わせをします。裁判官も「これについては2人も要らないでしょう」といった調整をします。それで大体何日ぐらいかかるかを判断するのですね。立証することについての証人とそれにかかる尋問に大体これくらいの時間を取りたいとか言うのです。

したがって、ある証人が必要あるいは不必要というやり取りはしますけど、審理計画書面を出してきてそれを認めるかどうかという話は出ないわけですね。そうすると松尾先生の疑問に対しては、どういう段階で審理計画をオフィシャルに協議・決定するかではなくて、そういう証人リストを出し合って、お互いに自分たちの立証について最低知らせておいて、裁判所がそれなりの判断をしていくと理解できると思います。お互いにこの公判は4日でしましょう、とか合意して決めているわけではないと思うんです。これは非公式の打ち合わせで、そこでは速記官も入ってこないんですよ。

証人リストを見せて、これは事件に関連するバックグラウンドを説明する人だとか、お医者さんだとか、目撃証人ナンバー1、ナンバー2とか言うだけの話でね。だからそこのところは私たちがイメージしているほど厳格ではない。

ところが弁護士が検察の証人予定者に異議を出したとしますと、これは記録にとどめましょうかということで速記官を呼ぶ。なぜかというと、そのことで裁判官の判断が上訴の理由になる可能性があるからです。これはマサチューセッツの例だから、ニューヨークではどうか分からないけど、審理計画については厳密な手続として設定されているわけではない気がします。

そうすると、公判前整理手続の問題はあくまでも打ち合わせで、そのあとの申立手続で弁護人が審理が始まる前にやれることを徹底してやる。誰かが、「申立手続は弁護士にとって戦場だ」という言葉を使ってましたね。つまり徹底して戦う。そうすると検察の手の内がだんだん分かってくるみたいなことを言っていました。公判が始まると申立手続は制限されるものですから。

家本■私は、丸田先生がおっしゃったように、アメリカの裁判官は、審理というのは検察官の出してきた証拠を調べたり、双方が主張を行い、それらについて陪審が判断する場であると考えているので、審議事項を審理開始前に絞るということは一切考えていないと思います。インタビューをしていて感じたことは、公判前整理手続に限らず、陪審裁判を受ける被告人の権利であるとか、刑事訴訟における基本原則がまずあって、それらを実現するための手続というのを考えているから、単に効率

がいいかどうかという話ではないのだということです。被告人にとって不利にならないような手続を行わなければならないということを考えているような気がするんですね。だから公判前手続でも、裁判官は、被告人の不利益にならないように配慮して、手続を指揮するという方向性を明確に持っているんだなと感じました。

中山■例えば証人リストを出しますね。この証人で何を立証したいのかというのは大体分かるけれども、証明予定事実で、これとこれを明らかにするためにこの証人を出すという、そこまで細かくないんですね。それから、いったん証人が公判で証言し始めた時に、裁判官が時間ですとか、そういう制限はしないということを、連邦検察官が言ってましたね。

それと尋問時間は、日本の場合、公判前整理手続で予定時間をびしっと言うんですよ。30分とか40分とか。だけど証人は何をしゃべるか分からないわけでね、そういう意味からすれば尋問時間をきちんと言うということに対して、かなり違和感があったようですね。尋問時間を事前にはっきりさせるというのは、やっぱり考えられない。その証人が何をしゃべるか分からないというのがありますよね。そういうふうなことを感じたんですね。また、裁判官は何を争うんだということをかなり聞くということは言ってましたね。それはそこで何が争点になるか、裁判所がそれなりに関心を持っている。だけどその争点を明らかにするために聞くわけではなくて、どの証人を調べるかそれとの関係で聞くわけで。常に証拠の整理という意識はあるけれども、争点の整理という意識はない。

つまり、裁判官が証拠を整理する過程の中で争点を理解するということですね。検察官も、弁護側が何を争うのかということを、この証拠開示の手続の中で理解して、自然に分かってくるということを言ってましたね。その限りでのいわゆる証拠整理であり争点整理でしかないのではないかということですね。

浅野■公判前手続の段階の裁判官と公判の裁判官とが別の人の場合があると、公判前の段階であまり整理してしまうと、後の裁判官、つまり公判の裁判官がやりたいところを制限してしまう。そういうことからもあまり整理してしまうというのはどうかということを言ってましたね。

だから公判でどういうことをやっていくかという進行みたいなことを協議することが主で、証人についてもどういう証人を申請するか、取り調べるかということと、それからそれはあまり立証趣旨とか尋問事項とか出すわけではなくて、立証のために申請すると。そこからどういうことを立証しようとしているのか推測していくしかな

い。

　それからもう一つは、その証人をはっきりさせることの意味は、トライアルの時にどの陪審員を選任するか、忌避するか、予定証人との関係で判断しなければならないから、どういう証人が予定されるかを知る程度ぐらいだということですね。

(3)　証拠の整理と主張の整理
坂口■立岡先生が最初に言われたところだと思います。結局日本だと争点整理というのは、証拠の整理と主張の整理という二つを念頭に置いていて、主張も証拠と不可分にくっついていて、しかも主張の整理は主張の整理でしなければならないという考え方があるから、僕もアメリカに行った時に二つに分けて考えたんですけど。アメリカでは別に主張の整理をするために事前の手続をやっているわけではないんですよね。
溝内■公判前の段階で、裁判官が事実に触るということはまずしないっていう。事実には関与しないっていうのは、すごくアメリカならではという感じがしました。ですから、事実についての主張の部分を整理するしないっていう発想がそもそもない。証拠を整理していく段階でおのずと争点が明らかになっていくという。そして、すべて立証責任は検察官にあると、そこに話が戻ってきてしまって、だからどこが争点かと言われても、全部が争点ですみたいな発想があったという気がしたんですけど。

　日本で争点を整理しなさいって言っているのは、市民の裁判員が入ってくるから審理期間をなるべくはっきりさせて短くしたいという目的があると思うんですけど、アメリカはもっと人数が多い12人の市民を拘束しているのに、そういう発想は全然なくて、それよりも大事なことは、被告人の権利、防御権がまず大事なんだからそこから発想していくのが徹底しているようです。どなたに聞いても同じことの繰り返しで、唖然としたところがあったんですけど。
浅野■そこもちょっと意外なところでしたね。陪審員制度がそれでちゃんと機能していることについてはね。
立岡■経験的に証人にしても選んでいるんでしょうね、双方とも。1日なら1日で終わるような。私たちが傍聴した強盗殺人だって、そんなに長い時間ではなさそうですものね。
中山■そうですね。午前中で終わっていましたよね。
立岡■要するに尋問技術もポイントがあってそこを中心に聞くっていう発想ですよ

ね。
溝内■日本だとその部分が全部書証で出てくるんですね。報告書とか供述調書とかで。それを読むといっても、要旨の告知ですまされると、何を言っているか分からないままに証拠調べが終わってしまいかねないという状態です。それに比べれば、証人から直接話を聞けば短い時間ですっと頭に入ってきます。
立岡■証拠をいかに整理するかというのが、向こうが一番考えていることかなと思いました。ただ、どこかで整理手続をやるのではないかと思っていましたけど、やるようなことは言っていましたね。最後にどこかで必ず開いて、審理日程とか審理計画、何を調べるか、何日ぐらいかかるか、ということは一応把握するけれども。どこでやるということは。
浅野■何をやっているのか、どこで開いているのかはよく分からない。
目片■そこで明確に、日本のような整理が行われるわけではないと思うんですね。だから、大体このあたりだろうという共通理解ができているということであって、何かそれをまとめるとか、そういう作業をするわけではおそらくないのではないかという気がしました。あえてそういうことをやるとすれば、検察官の冒頭陳述でそれがまとまってくるのかなという気がします。
立岡■さっき言われた違法収集証拠の排除は申立の形でやられ、記録を残す手続として進めるけれども、準備の段階というのはあくまでも今言ったように記録を残さないような形ですね。

(4) 「主張の整理」が重視される理由

浅野■ただ主張整理を重視するというのはなぜなのかと考えてみると、アメリカの場合は有罪・無罪だけなんで、その理由をきちんと判決の中に書く必要はない。ところが日本の場合は判決書に、その理由をきちんと書かなくてはならない。そのために、主張整理というか、そういう事実関係を背景からきちんと整理しなければいけない。そのためにどうも主張整理が必要になってくるのかなと思います。
坂口■それがいいとは決して言いませんが、ただ裁判所はそう考えているんでしょうね。判決書の体裁はこれから変わるにしても、やっぱりこれまでの枠組みを維持したいというところがどうしてもあるから、そのために考えた一つの方法としてこういう(公判前整理手続)手続があるんでしょうね。
浅野■そうだとすると、細かい認定というか理由書なんて何も必要ないというのが

基本なんだと。そこにちょこちょこと分かるような理由を付ければいいんだと。そうするとそんな細かい主張整理はいらないのではないかという結論になるのではないか。

中山■今の浅野さんの言われたことは、それがもしかしたら本当かもしれないけれども、それは口が裂けても言えないね。裁判員に分かりやすい裁判ということを挙げているわけで、だとすれば、12人の素人が判断する陪審手続でさえ、そんな主張整理なんかしていないのに、分かりやすい裁判というだけで、細かな主張整理までしていく必要があるのかは、疑問点としては残ると思うんですね。

　僕は公判前整理手続は僕自身も賛成したし、こんなに大きい問題があると知らないままに賛成したんだけど。ただ法律はできたわけだから、その法律を無視することはできない。でも、できた法律の中で望ましい公判前整理手続というのを提案していくことは、僕らに与えられた重要な役割なのではないかと思う。

松尾■裁判員裁判では、最初に検察官の冒頭陳述、次に弁護人に必ず冒頭陳述することを義務付けましたよね。そこで裁判員に争点を明確に示すために。しかし、その冒頭陳述に入るまでに何も整理していないと、どういう争点が出てくるか分からない。だからあらかじめ裁判官としては、検察官、弁護人が何を言うのかということを知っておきたい。そこにずれがある場合は、裁判所が間に入って整理しておかないと、整理が付いていないものを公判で裁判員に見せてしまうと、裁判員は何をやっていいか分からない。そうすると、裁判所が最初の段階で非常に争点はこうだということを突っ込んで整理しなければいけないということになってしまうんだろうと思います。

立岡■そういう発想自体がおかしいのではないですかね。

松尾■どうして整理させるのかなという意味でね。

坂口■そうなんですね。裁判員に分かりやすい裁判のためには整理が必要という考え方は、一見もっともに見えるけど、どこかずれているところがありますね。

立岡■要は双方の冒頭陳述が、そこで分かりやすく何が問題になっているかっていうことを分かるようにする工夫が必要だと思うけど。

松尾■今の模擬裁判でやっているのは、検察官が証明予定事実というのを、ほとんど冒陳と変わらないものをこれが証明予定事実ですって出すものだから、裁判所はそれに対して弁護人は争う部分を明らかにしろという形になってしまって、結局争点の絞り込みみたいになってきているのですね。本来証明予定事実の機能というの

は、そういうことを予定してできているかというとそうではないので、根本的に考え直さなければいけないような気がします。
坂口■法律はできているわけで公判前整理手続自体を否定することはできないわけですが、この手続はあくまでも証拠を整理するための手続であるという理解に立つと、弁護人が詳細な主張をしなければならないというレベルの話にはならないはずなんですよね。

(5) 裁判員制度にとって陪審制度とは
坂口■それでは、我が国の裁判員制度は陪審制度ではなく参審制度であるから、事前の整理について必要があるんだという質問に対してはどう答えますか。
中山■それは質問すること自体がおかしいんでね。
溝内■参審制度だから整理の手続が必要だという問題意識がよく分からない。
坂口■日本は陪審制度ではない、裁判官と裁判員が協働で事実を発見していくための手続なんだから、別にそこで事前に裁判官がかかわることは特に問題がないのではないかと。
溝内■大きくそういう問題提起をされているということですね。
中山■陪審制度で行われている手続を、日本の裁判員制度に当てはめていくこと自体がおかしいんだという発想があるわけです。それに対して僕らは有効な反論をしなければいけない。なぜ今この時点でニューヨークに行ったのかというと、陪審というのは裁判官とは違う一般素人が裁判するわけですね。そうすると一般素人（陪審員）が判断する場合に、どういうことを要求されているのか。どういうことがルール化されているかということを我々は知る必要があります。裁判員手続だって全く同じなわけです。裁判官という専門家と、全くの素人の裁判員が入るわけですから、素人の裁判員に対して公判廷で説明するのか、評議の席で説明するかは別として、必ず同じことを説明しなければならないと思うんです。にもかかわらず、公判廷で説示もしない、評議室で説示もしない。そういうことでいいのかという問題があるわけです。

　なぜ説示をしなければならないのかというのは、全くの素人の人が無罪推定原則だとか、合理的な疑いを容れない立証原則とかそういうのを知らないわけだから、それはきちんと説明しなければならないわけで、それは陪審制度だって裁判員制度だって同じことです。陪審制度を裁判員制度に導入しようなんていう気持ちは

僕らには全くなくて、陪審制度で経験的に得られた知識を参考にすべきではないかということです。

　中間評議が認められるかということに対して、ほとんどの人は中間評議を認めるべきではないという意見だったんです。それに対して、みんな中間評議は良くないと言うけど、理論的にどういう理由でこれがいけないのか明らかにしなければいけないという意見が出てきたわけですね。

　しかし僕らはそういうことを言っているのではなくて、理論的にはどっちも成り立つんだから。そうだとすると、日本が初めて裁判員制度を行おうとするときに、アメリカの陪審制度の知恵に学んでいかなければいけないというのは当然ではないか。その意味で、陪審制度を導入しようという観点から言っているわけではないということなんです。

溝内■陪審制度と裁判員制度は、裁判官が入るか入らないかで全然違うというのはその通りなんですが、異なる制度でもやっていること自体は同じです。要するに刑事裁判ですね。歴史的な経過があって制度が違ってきていますが、両者で使われている大原則は共通したものがあります。日本は陪審制度を採らないんだから関係ないと一蹴できないことが今回の調査の中にもたくさんあったと思います。

　ただ、中山先生がおっしゃっていた中で、1つ気になる点があります。一般市民だけでする陪審制度の場合に説示は絶対必要なことはわかりますが、裁判員制度では裁判官が入ってやってくれるんだから、別に公判廷で説示をしなくてもいいのではないかということに対してどう反論するかがすごく大事だと思います。

家本■例えば適正手続保障の要請に反するとか、そういうことになっていくのではないですか。裁判官は説示でそうしたことを陪審に向けて言うことによって、自らもその言葉に縛られることになりますからね。

立岡■公開の裁判と適正手続という両方からいくと、どういう説示をしたのかがわかることが大切になります。

家本■説示の内容に間違いがあれば、検察官も弁護人も、それを指摘することができますしね。

立岡■その説示の仕方によっては、そもそも誤ったことをさせているということで、適正手続違反として控訴理由にならないとおかしいですよね。

2. 公判段階の手続

坂口■それでは、公判前については、これくらいにして、つぎに公判段階のテーマに移ります。中間評議、説示など重要なテーマがありますが、まず中間評議について議論しましょう。

(1) 中間評議は是か非か

松尾■今まで裁判官の合議は、従来から最初から合議をしながら裁判をやっているのが実態だというのは、日弁連でもわかっていたわけです。そういう合議については、今までクレームを付けたことがない。裁判員と裁判官が合議体を作って審理をする裁判員裁判になると、今までは裁判官だけだとクレームを言わなかったのに、裁判員が入ってきた場合に中間評議はいけないと、逐次合議はいけないという、そこはどういう理屈建てになるのかという議論がありましたね。

　だから、陪審制度がこうやっているからっていうのではなくて、陪審制度がこうやっているその先の原理とはこういうもので、それから見るとやっぱりいけないということを言っていかないと、なかなか説得力がないのかなと。

立岡■裁判官はトレーニングを受けているからという理由です。それでも判事補、少なくとも10年間やって初めて裁判ができる。例外的でも少なくとも5年の経験を経ている必要があります。合議の中で今の証人の評価を逐次やったとしても、訓練されながら証人の評価をやっている裁判官と、全くなしで来る市民たちが同じですか、ということでしょうね。つまり全くの素人で初めて裁判に出たところで、中間評議をやったら、そう思うことになって次を見るというのと、トレーニングを受けた人たちはもちろん一応理解した上で、それは全面的に信用はしないというあたりが身に付いているわけですね。そのあたりの違いは意識しないといけないと思います。

家本■中間評議についてニューヨークで言われたのは、予断と偏見をすごく与えるっていうことでした。一般市民は、中間評議を行うことによって、それぞれの証人について信用できるかできないかを、証人全員の証言を聞く前に、完全に分類してしまうところはあると思うんです。中間評議を推進する立場の方は、証人それぞれが証言し終えたところで中間評議を行って整理していくと、記憶が新しいうちに判断できるからいいんだとおっしゃると思うんです。アメリカの手続を見ていると、一人ひとりの証人が証言し終えた時点で、陪審員は、その証言が有罪に結び付くか、無

アメリカ合衆国連邦地方裁判所

罪に結び付くかということを、きっと印象として持っているとは思うんですが、それでも、最後まで聞いたうえで、全体の流れを見て判断しているので、証人一人ひとりが信用できるかどうかという問題ではないと思うんですね。そう考えると、中間評議というのはかなり予断と偏見を与えるものになっていく可能性が大きいと思いますし、被告人は推定無罪という原則があるわけですから、中間評議を行うというのはおかしいのではないかと思うんです。

丸田■全く同感です。裁判員制度がそもそも持っている制度的問題点は、裁判官が市民と一緒に合議するところにあるわけです。それを認識しながらこの制度を進めていかなければいけない。つまり、裁判官がいつも市民を誘導するという可能性が残されているということですね。そして今までの裁判官と市民という関係からいうと、現代日本人には陪審員の経験がないことから、裁判官に対抗的に議論するためにはかなりの経験を積まないと駄目だということになれば、評議では市民に主体性を与えないと本当はいけない制度なんですね。しかし今までの合議のあり方をそのまま通したような形でやっていこうとする姿勢が見えると思うんですね。そうすると、ますます裁判官による誤導や誘導をできるだけ少なくすることが必要で、そのためにも中間評議というのは好ましくない。今、家本さんが言われたように、証人一人ひとりのことを個別に評価していくことになっていくと全体が見えなくなります。

　だから、私たちが一番気を付けなければいけないのは、裁判官が誤導や誘導するのではないかと疑われる部分があればそれをできるだけ払拭していくことが必要

第10章　ニューヨーク州の刑事裁判実務を裁判員制度にどう活かすか

だということです。制度的にも取り除くということが求められます。

　しかしそれは陪審に関してのことだから参考にならない、と言われても、それはまさに今の裁判員制度の問題なのだということをきちんと説明しなければならないと思う。だからニューヨークで聞いてきた事実を報告するということと、それを踏まえた上で裁判員制度が抱えている問題点、運用上の問題点というのがあるので、実際に運営していくときには気を付けなければいけないことを知らせてゆく必要があります。陪審制度だからではなくて、裁判員制度でも問題があるならばそれを言っていかないといけないと思うんです。

　裁判員制度では有罪・無罪を決めるためのエッセンスを理解し、それを事実にあてはめて判断すればいいんだというところに裁判員を引きずり込んでいっている気がするわけです。例えばある事実を見たという人が出てきたら、取調べ調書を事実として確認するのではなくて、そういう人を法廷に呼んできて、はっきり見たことを証言してもらう必要がある。そうすることで、証言自体を切り崩すチャンスがあるわけですね。書面だけの判断で動かぬ事実だとしてしまったら、そのような弾劾は困難になります。裁判員制度では、そのような直接主義がこれからできるようになるということですね。だから一番私が懸念しているのは、公判前整理手続という段階で、本来法廷で決めるべき事実認定をそこの段階である程度決めてしまうことです。

　また、被告人に関する処分がどんな手続で行われるかということは、被告人は最低限知る権利があるわけです。そうすると評議前の説示というのは、どういう評議を行うかということを、被告人に知らせる義務があるわけです。もしそれをしないとすれば、それをしない根拠が何かということを法廷で明らかにすべきではないかという気がします。説示を密室でする理由は何かということを明らかにしていかないと、結局裁判官による誤導や誘導の疑いというものを抱え込んだ制度にしてしまうだろうと思います。市民を拘束しているんだから、できるだけ効率よくしたいというのは、実は裁判所の都合や理由であって、市民はもっと事実を知りたいかもしれないし、何で書面だけが出てきて、この証人は法廷に出てこないんだって思うかもしれないわけです。だから裁判員制度で確立していくのは、やはり直接主義・口頭主義なんだということをもう一度確認しなければいけない。

中山■評議室ではなくて、何で公判廷でそれを言う必要があるのかということは、もうちょっと理論的に詰めなければいけないと言われていますね。バンバーガーさんが被告人は手続について全部知ることができるということを言っているんです。プロ

の裁判官が自分たちで評議して判決をするっていうのであれば、ルールを決める必要はない。せいぜいルールといっても、3人のうち意見が分かれた時にどうするかということですむわけです。ところが陪審制度の場合、一般素人が判断するためにルールというのがあるわけです。それは説示であったり、その他の証拠の取捨選択のルールがあるわけです。バンバーガーさんが言っていたことは、被告人は手続について全部知ることができる。一般市民と裁判官が入った評議にも、ルールが必要になってくるのではないか。それは、無罪推定原則だとか、合理的な疑いを容れない程度に検察官は立証しなければならないという原則を事前に説明しなければならないというルールであり、被告人にもそれを知らせる必要がある。

　被告人に知らせる必要があるということになれば、それは公判廷でしかないんですね。評議室で秘密でやって、後できちんと説明しましたと言ったって、被告人はわからないわけでしょう。バンバーガーさんの言ったことが、一つの理由になるのかなと感じたんですね。

　中間評議について付け加えたいんだけど、模擬裁判で、刺したか刺されたのかということを中間評議でやっているわけです。ところが被害者の証言は、私は刺されたって言っているわけです。刺さったのではなくて、刺されたんだって言っているわけです。それを刺されたのか刺したのかっていうことをそこでみんなが必死に議論しているわけです。だけど、次にどんな証人がどんな証言を述べるかわからないわけです。結局それを裁判員の人たちは先取りして、これはやっぱり刺さったのではなくて、刺したのではないかと。刺されたというのはおかしいのではないかということを、誰も何も証言していないにもかかわらず独自に判断しているんですよ。バンバーガーさんが、どんなことが起きるか分からないんだから、最後にならないとわからないんだということを言っていたんです。やっぱり総合的判断をしないとわからないんですよ。

溝内■そこでもしできるとしたら、今の証人の場合では、刺されたと証言していましたよという確認は構いませんね。その先に行くなっていうことなんですね。それ以外のことは何も証拠で出てきていないということですね。

坂口■現在行われている模擬裁判の中で中間評議が出てくる場面をビデオで見たんですが、その場面で裁判官は「後で議論しましょう」と一生懸命言っているんです。被告人の話は後で聞きますからって言うことは言うんだけど、それを言ったからって、実際にはみんなそういう前提で議論ができているのではないんですよ。結局実

質的な評議に入ってしまっているんですね。中間評議について賛成をする根拠として、裁判官が中間の議論だと説明をするから大丈夫だというのはあまり説得力がないですね。

立岡■「後で議論しましょう」が形式では困る。形式的なことを言って格好だけつけたってことになりますね。

中山■模擬裁判のもう一つの中間評議というのは、みんな証拠調べが終わって、論告と弁論がこれから行われる前にやっているんですよ。そして論告と弁論が行われた後に最終の評議をやるわけですね。アメリカで学んだことなんだけど、論告と弁論というのは、最終的に何を説示にするかということと切り離せないと言われましたね。最終説示で何をしゃべるのか。そして最終弁論で何をしゃべるのかというのは、それは全部一体なものだから、そこで規制が働くわけですね。陪審員に入る情報というのがきちんと決まってくるわけです。その情報を受けて、その情報の限りで陪審員は評議をしていくわけです。にもかかわらず本来陪審員である裁判員の人たちが、最終弁論と論告を聞く前にもう議論して、最終評議する時にはもうおおかたの結論まで出しているという状態でいいのかという問題ですね。

溝内■要するに論告や弁論をする前に結論が出てしまっている。

中山■一応の結論が出ているわけです。

松尾■最終評議のときに、あと検討することは、弁護人の言ったことについて理由があるかどうか評議しましょう、最終評議はそうなっているわけです。そこはもう有罪だという前提であって、弁護人が言っていることについて理由が立つかどうかを検討しようと、ということになっていますね。

中山■おかしいですよ。

丸田■裁判員からすれば、いちいち証人尋問が終わった後に裁判官が中間評議のための評議を開いてくれて、「この証人はこういうことを言いましたよね、真偽のほどはいかがですか？」って確認してくれるんだと思ったら、証言を聞きながら心証をとらないと思いますよ。どうせ証人については後で裁判官との中間評議があるから、自分で真偽を判断しないでおこうみたいなことになってしまわないかな。自由心証主義では証言の全部と最後の弁論を聞いて決めるわけです。それをいちいち段階を追って確認していくことは非常にまずいというか、これは裁判員の独立性に反しているのではないかと思います。証人の証言を聞きながら裁判員は自分の中でストーリーを作っていくはずです。それも双方の弁論を最終的に聞いて、例えば「自

分は正当防衛が成立する事実があったと思う。なぜかというと、この証人はこういうふうに言っていたし、あの証人もこう証言してたから」、というのが、心証なわけです。中間評議のように個々の心証を確認し合って、その心証を前提にみんなで事実認定していくことになったら、これは結局、誘導された結論に持っていくことも可能になるわけで、危ない。中間評議というのはかなり問題ですね。

中山■ただしこれからの議論の中で、理論的に間違っているのか、あるいは運用の仕方をどうするのかということがちょっと問題になりますね。

立岡■中間評議は違法だと思う。もし自分が裁判に関わることになったら、必ず証人尋問の結果について中間評議があったかを聞きます。やったというなら、どういう評議をしたのかと。それは秘密だと言われたら、誤導誘導があったら困りますから聞かせろという形で要求していきます。それは裁判所は拒否すると思います。それならそれで調書に残したらいいわけです。そうやっていかないと怖いですね。

家本■大体中間評議は、無駄に時間を使ってしまうことになるのではないですか。

中山■そうではなくて、中間評議を一つひとつやっていくことによって、最終評議がものすごく短くなるという理屈です。

家本■そうであれば、1つの審理で評議に費やす時間の総量を、細切れにして各証人の証言が終わるごとに使うのか、最終評議でまとめて使うのかという問題になります。それよりも私は、中間評議によって予断とか偏見、誤導、誘導が起こる可能性のあることの方が問題だと思います。

立岡■最後に皆さんの意見を聞いたら、私はあの人の証言が、自分でしっくりいったというならいいんだけど。

(2) 説示の必要性

松尾■裁判員に選定された場合に、事前にビデオか何かを見て、裁判の手続の流れとかの説明を受けると思うんです。しかし、それが終わって、検察官と弁護人の冒陳を聞いて、そのまま審理に入っていった場合に、裁判員は、今の証人にどういう意味があるのかとか、全体的な審理計画があって、大体どの証拠をどうやって聞いていけば争点について判断していくことができていくのかをどう理解したらいいのかという問題があると思います。つまり、説示をどこでどういう形でやるのかという問題です。現行法の中では説示は公判廷でやるという考えは、それは多分受け入れられないと思うんです。裁判所としてはね。

そうすると、説示に代わるものをどこでどういう形で行ったらいいのかという問題が残ってくるわけです。そこでは、裁判官が、裁判員に対してどこまで説明しておいて、どこから先は踏み込んではいけないかという、線引きが非常に難しい課題になってくるのではないかと思っています。

家本■アメリカの場合はそれは検察と弁護人がそれぞれやっていることだと思うんです。それは冒頭陳述とそれから最終弁論のところで。冒頭陳述で、検察官はこういう証人が出てきて、こういうことを言いますって簡単に説明します。弁護人がそれに対して反論する場合は、こういう事実があるから無罪を主張する、などと言います。証拠調べをはさんで、最終弁論でも、証人がこういうふうに言っていましたが、それはこういう意味がありましたと説明して、最後に総括しますね。だから、裁判官も検察も弁護人も似たような役割を持っていると言えると思うんです。ただ弁護人とか検察の場合は、冒頭陳述や最終弁論は単なる意見であって証拠にならない、ということになります。ただ、あの証人のあの証言にはそういう意味があったんだなと、陪審員が理解する助けになります。

松尾■アメリカの審理は証人中心主義で、ほとんどの場合例えば現場に駆け付けた警察官が出てきて、行ってみたらこういう状況だったんですっていう現場の状況の証言をします。あとは被害者の証言、第三者の目撃者の証言があったり。証言を聞いていくことによって、大体事件の流れみたいなものが頭に入ってくるのではないか。日本の場合は、調書を出すか出さないかという形になって、割と細切れに証拠が出てくるような気がするんです。ストーリーが入るかどうかという問題はありますけど。

溝内■それでそのストーリーが入ってこないがために、検察官が証明しようとしたことが混乱してよくわからなくなっていったら、もう事実認定ができないんだからもう終わりにすればいいのに、そうはならなくて、一つひとつ固めていくことによって結果を導いていく手法をとりますが、それ自体に問題があるんでしょうね。

浅野■そこが一番問題なんです。今までの模擬裁判の経過からすると、検察官と弁護人が冒陳しますが、検察官の冒陳は比較的素直に受け入れられて、弁護人の冒陳は言い訳・弁解だと取られてしまうことです。

　あとは評議の問題です。評議の仕方が不公平であれば、控訴理由になるといいますが、日本の場合は評議室の中でやられてしまうと、守秘義務の関係で全く表に出てこないわけです。だから、評議のルールを決めるか、何かの形で公判で言わせ

る方法を考えなければいけないと思うんです。裁判所がそれは採用しないということで、単純に割り切るというか我慢してしまうのはやっぱりおかしい。どこかでそこは抵抗しないと。

溝内■先日、大阪で市民向けの公開模擬裁判をやっていたんですが、それは量刑が中心だったので、事実認定はやらなかったんですけど、裁判長が検察官の論告・求刑の前に、「これは意見ですから裁判所を拘束するものではない」と言って、それから論告をはじめました。だから、もしかして裁判所も少しぐらい説示をする気があるのかなっていう感じを受けたんですけどね。

坂口■それは公判の手続を全てやったんですか。

溝内■全部やりました。冒頭陳述の時に何か言われたかどうかは、ちょっと思い出せないんですけど。少なくとも最後の論告・求刑の時には、それに拘束されませんよというのは、はっきりおっしゃったんですよ。裁判所も模索中だという印象を受けましたね。

中山■札幌地裁でも、僕は、裁判官に「評議の前に、無罪推定原則とか、合理的な疑いを容れない立証原則とかきちんと説明しましたか」と言ったら、それは説明していないということを言ったんです。それは説明しないっていうのではなくて、模擬裁判だから説明しないというだけであって、それを拒否したわけではないから説明する可能性は残っているわけです。今の段階でハナから説明しなくていいなんて言っている人は誰もいないので、その意味で、評議のルールは、できることなら公判廷で明らかにするべきではないかと言っていかなければいけない。裁判所と検察庁と弁護士会の三者協議だけでやっていたら、それは絶対に実現できないんです。今、松尾さんが言われたように、それは無理ですよっていうのは裁判所、検察庁、弁護士会の三者協議を念頭に置いているからですよ。

　全国各地で4年後に裁判員裁判をやる前に、弁護士会が理想的な裁判員裁判とはこうだと明らかにしていく中で、公判廷でわかりやすく裁判官が説明していく形がいいのではないかということを国民が理解を示したら、あるいはマスコミが理解を示したら、そうなる可能性はまだあるんです。だからあきらめたらいけないと思うんです。

松尾■私は運動はするべきだとすごく思っているわけです。市民が裁判員になった場合に、どのような手続をとれば判断しやすいのか提案できるのは、弁護士会だと思っています。そのためには模擬裁判や市民集会で、訴え掛けていくことは大事な

ことだと思います。

坂口■説示について、どのような理屈づけを行い、裁判員制度にそれをどう導入すべきかが課題になるのではないですか。アメリカで僕が感じたのは、説示についてこちらが当初持っていた感覚と向こうに行った時の感覚とは違うものでした。無罪推定とか検察側の立証の原則とか、いま手続はこうやっていますよということは、当然に説示の中には入っています。むしろ問題は個々の事件について、どのような内容の説示を評議の前にするかが非常に大事なこととなっている。裁判官もそこに気を遣っていた。だからあれだけたくさんの説示集や解説書があるわけです。説示集には無罪推定を言いなさいとか、それだけ書いているわけではありませんね。

だから日本でも裁判員裁判の審理にあたって、最初、冒陳っていうのはこういう位置付けですよとか、無罪推定を言いなさいとか、そういうことは当然のこととして行わなければならないと思うのですが、ニューヨークで我々が見てきた、より本格的な評議前の説示を、裁判員制度の中で活かせないかというのは、理屈付け、根拠付けと共にすごく問題にはなると思うんです。

家本■事実認定の問題と法律問題の区別だと思うんです。事実認定に関しては、裁判官も一般市民も同じ能力のはずです。法律問題については、裁判官が知識を持っているのは当然です。エキスパートなんですから。その法律問題について必要な原則を説明するのが説示であって、事実認定についてこうしなさいとか、ああしなさいとか指示するのは、裁判官の務めではないわけです。

だから裁判員制度の場合でも、法律問題については専門家である裁判官がいるんだから、法律問題については間違いがないように、裁判官が責任をもって指揮を執ることは必要だと思うんです。でも、事実認定の場面に関しては完全に全員が同レベルと見なすということでいいのではないかと思うんです。

中山■更に踏み込んで、例えば殺人の事例ですが、被告人は最初からビルの中にいたのか、あるいは外から入ったのかという事件で、陪審員が具体的に事実を認定するときに、どのようにして具体的な事件に沿った説示をするのかということを重要視しています。

坂口■それを非常に強く感じました。京都で行われた殺人事件の模擬裁判に関する新聞記事を読んだんですが、その中では、裁判官3人で、裁判員6人で、最初裁判員6人は全員で殺意がないと言ったらしいんです。裁判員は主に動機から、「そんな理由で人は殺さないでしょ」と考えた結論だったんです。そうすると裁判官

が「いや、そんな考え方を裁判所はしないんだ」と。刺さったところが大事で、動機から入るなんてしないっていうことをかなり強く言って、それで裁判員が「ああ、そうなんですか」ということでみんな結論が変わってしまったという例が報告されています。今後は裁判官の誘導から評議を守るのかがポイントになる気がします。評議の仕方の部分についても、何か制度として当事者がチェックというか、タッチできる部分がないのか、その一つの位置付けとして説示ということをちょっと考えたんです。

松尾■今のことを補足しますと、結局裁判官は殺意の認定というのは実務では、凶器と部位と傷の深さの3点セットで認定をしていますと言うわけです。実務でそうやっていると言われたら、素人はわからないから、そうなってしまいますね。実務っていうのがわからないんだから、抵抗のしようというか、意見の言いようがなくなってしまう。

中山■実務ではこうなっているというのは、僕は誤導、不当な誘導だと思うんです。むしろ殺意というのは、あなた方が言っているようにその人の認識ではなくて、認識なんかなかなか分からないんだから、どういう長さの包丁で刺したか、どこの部位を狙って刺したかということで、その意思を推測した方がいいのではないかという説明だったらいいと思うんです。ところが「実務では」と言うと、もう6人の裁判員が全部それに従って変わってしまうんです。その意味では、不当な誘導や誤導に関するルールができないかというのが、今の坂口さんの提案の理由ですが、それはそれでまた非常に難しい問題が出てきます。陪審制度の場合、検察官と弁護人が双方かなり時間をかけて、最終説示の内容を詰めます。しかし裁判員制度では、専門家の裁判官がいるんだから、評議の中でそれはきちんと説明しますよと言われたら反論できないんです。

　少なくとも誤導とか誘導をすべきでないというルール化はすべきではないかと思うんです。後から出てくるけど、量刑基準もそうだと思います。バンバーガーさんが、量刑基準について「これは3人（の裁判官）のスタンダードだ」と言ったんですが、つまり3人の裁判官の意見であるのに、これは裁判所の量刑基準ですよって言われたら、実務ではこうしていますと言われているのと同じことです。結局それを参考にしてということは、3人の裁判官に誘導されて一つの結論を出すということと同じなんで、それは問題なのではないかと思います。

丸田■司法制度改革審議会の裁判員制度を導入する最終意見書の中では、期待されているのは市民の持っている感性や感覚や正義感を、裁判に反映させることに

よって、国民の裁判への信頼を取り戻す、となっています。それを裁判所のやり方、あるいは裁判官が今までやってきたプロとしての手法を市民に押し付けることと理解されているのであれば、それは市民を参加させる趣旨を理解してないことになります。市民の感覚というのを大事にする裁判にしたいというときに、実務ではこうだ、現行制度ではこうなっているというのでは、市民の自主的な判断を否定することになります。裁判員制度そのものが、裁判所が、準裁判官として市民を位置づけていこうとするのか、市民の感覚をできるだけ実務に活かしていこうとするのかで、裁判の中身や手法が大きく変わると思うのです。

　陪審員裁判を見ていてわかるのは、全体的な話を聞いて決めたいというのが市民の感覚だということです。ところがプロはそこの要件的な事実だけにフォーカスして、それに至るプロセスをあまり考慮していないと思うのです。しかし、陪審員はそこを知りたがるんですよ。何でこんなことをしたんだろう。何でもめ事が起こったんだろうって。それは結局犯行の重要な動機だろうということで、全体的なストーリーを知る上で不可欠な部分と思うんです。だから法的な当てはめを前提とした事実だけに絞り込んでいかれると、市民の感性が活かされなくなってしまいます。

　陪審裁判で思わぬ無罪が出るのは、そこを評価し合うからなんです。いろんな事件、証拠や立証の曖昧な事件というか、一審無罪、二審有罪だったり、逆のケースがあったり、陪審員裁判にかけると無罪になるのは、そういうところが陪審員に評価されるからなんです。

　この点、もちろん裁判官の説示はものすごく大事で、公判廷の前で、とりわけ被告人のいる前で、これから評議するルールを説明する必要があると思うわけです。これからそのことを法的あるいは理論的に説得して、裁判所に「あ、なるほどそれはそうだ」と思ってもらうことはすごく知恵のいるところですね。「その方がベターなんですよ」、と言うだけでは説得力がないですね。そういう意味で説示もせず、ただ裁判員の準裁判官化というか、慣れ親しんだ手続に裁判員を当てはめていこうとするということになれば、市民が裁判参加する意味がないですね。

中山■バンバーガーさんに僕らが精神的能力の問題に関して質問をした時に、ある一つの行為から推測してはならないと言いましたね。つまり全体から理解しなければいけない。証拠から犯意を認定するには、全体から理解せよというようなことを言っているんですよ。ということは、それだけやればもう故意なんだっていう認定っていうのは、バンバーガーさんの認識からするといけないって言っていると思うんで

す。
松尾■説示例集っていうのがCDでありました。
溝内■あれを訳して出すという意味はあります。
松尾■一部でも構わないと思うんです。見れば具体的にどういうことをやるかよくわかりますから。
坂口■40分の説示は、相当な内容があるっていうことです。原理原則だけ言うんだったらそんなにかからないから。
中山■そこを坂口さんは言いたいわけでしょう。もうちょっと詰めて提案した方がいいのではないか。
溝内■説示でどういうことをはっきり言っているか言わないかっていうことですね。
坂口■そうですね。争点の決め方とかがある程度整理されて、それを弁護人や検察官が聞いてチェックができるなら、全く違う観点とか誤解されたまま評議が行われることはないと思うんです。
松尾■陪審の場合は、事前説示があって、最終説示があるまで陪審員同士も話しちゃいけないことになっています。中間評議も何もしないで、それでも、裁判官が説示することによって陪審員が判断していけるのは、最終説示がかなり大きなウェイトを占めているわけです。だから、そのことから、何か言えるということであればいいですね。だからといってそのことから中間評議が駄目なんだとは直ちに言えないにはしても、ある程度資料として役に立ってくるのではないかと思いますが。
浅野■その点で、例えば弁護人が弁論する場合に、事実関係だけではなくて、原理原則を弁論の中で言わざるを得なくなると思うんです。
中山■それは裁判官がやらなければいけない。弁護人がやると、もうそれだけで裁判員から弁護側は自信がないと思われてしまう。だから、弁護人の最終弁論はこうなるはずなんだよ。これから評議室で裁判官からこういう話を聞くことになると思いますということをまず言って、それで裁判官が無罪推定原則とかを言えば、何も弁護側が弱気だとかいうことにはならないんですよ。ところが裁判官が何も言わなかったらえらいことですね。
坂口■制度化しないと裁判官は言わないですね。そうすると、弁護人は一生懸命言わなければならないから、今度は裁判官が言わなくなるんですね。
中山■絶対に違うんだということを言っていかなければいけない。
坂口■札幌の模擬裁判で裁判官に対して無罪推定の話を何で言わなかったのかと

第10章　ニューヨーク州の刑事裁判実務を裁判員制度にどう活かすか　109

いうことを後で聞いたんですね。そうしたら裁判官は弁護側が言ったからわかってますって言ったんですね。
中山■僕は弁護側が言ったらそれでいいのかって言ったら、いやそうではないと。
坂口■おそらくそこはもうきちんと制度化されていないと、言わない裁判官が多いのではないですか。
中山■弁護人が言ったからいいんだっていう裁判官の意識が端的に表れていたね。

⑶　パワーポイント
坂口■ちょっと論点は変わりまして、パワーポイントの使用について議論しましょう。この関係で、検察官の話を聞いたときに、主張と証拠の区別がつかない可能性があるという理由で、パワーポイントを用いた冒頭陳述を行えない場合が多いという話がありました。それが少し印象に残りました。ニューヨークでは、弁護側においても、パワーポイントを用いることに否定的な弁護人もおりました。しかし日本の模擬裁判等を見ますと検察がほとんどの場合パワーポイントを使っていますし、それが当然の前提となっています。弁護側がどう使うかというのは議論が分かれているところなんですが、少なくとも裁判員が主張と証拠を混同するような状況で、冒頭陳述を聞くことがあってはならないと思うわけです。

　いま冒陳の話をしましたが、証拠調べの時に使うのはどうかとか、あちこちの訪問先でいろいろなお話が出てきています。コンピュータ機器やIT活用の全般でも結構ですが、何かご意見はございませんか。
立岡■パワーポイントに限らず、アメリカのいろんな場面で聞いたことは、陪審員に予断と偏見を与えないという大原則があって、予断と偏見を与えないようにすることです。だから被告人の服装にしてもそうだし、すべてそういう考え方の下に成り立っていると思うんですね。ですから裁判官がパワーポイントについても、予断と偏見を与えない限りで、そして逆に陪審員が審理をするにあたって必要だという場面だけ許可するという発想が徹底していると思います。日本の場合に、裁判所が予断と偏見を与えないという意識を持ってくれればかなり変わると思います。だからより審理の促進とかわかりやすさという観点だけでいってしまうと、パワーポイントは分かりやすいから良いとなってしまうおそれがあります。
坂口■日本は、現在分かりやすさということだけがやたらと強調されている印象を

受けますね。
立岡■原理・原則を忘れている議論ですね。
目片■証拠調べの時に使うのはあまり抵抗感がないんです。例えば供述調書の一部をパワーポイントに取り込んでとか、そういう主張と証拠を混同するようなことがあるとそれはまずいと。
溝内■主張と証拠が混同するというよりは、主張がそのまま事実なんだと混同されるという受け止め方をしているんです。証拠調べをする前に、あまりにもわかりやすいがために、言っていることは事実なんだって裁判員が刷り込まれてしまう。
中山■だから冒頭陳述の時には、パワーポイントには否定的だった。それは予断と偏見を持たれてしまうことを危惧するからです。証拠と主張との区別が付かなくなる。何が証拠なのかが分からなくなるおそれがあるということです。
目片■証拠をはっきり理解してもらうためには、どんどん使った方がいいという考え方だと思うんです。だけど、主張をやっている時に、その中に何か証拠を、偏った見方で混ぜ込むというやり方が非常に良くないということなのではないでしょうか。
溝内■証明予定事実のみを、要するに証拠評価を入れずに冒陳で言っていくことには、別に問題ないと考えておられるのですか。
目片■主張をやること自体は問題ないのですか。
溝内■私はそれ自身が予断、要するに刷り込みの一つの大きな作業になっていってしまう危険性があると思ったんですけどね。
浅野■今までの冒陳っていうのは、これから立証しようとする事項を言ってますね。
目片■だからそこまで行くと、いわゆる物語的な冒陳自体がふさわしくないところまでいってしまうのでないかと。
溝内■いや、それを耳に聞かせるだけではなくて、分かりやすく整理した形で画面で印象付けるということの問題ではないんでしょうか。
目片■それはイラストとか。
溝内■それも含めてですね。
中山■パワーポイントで冒陳をやるというのは、やっぱり否定的だったでしょう。それはどうしてかというと、予断偏見を抱かせるという、むしろ原理・原則からでした。ところが、こと証拠になったら、ホワイトカラー犯罪の説明をしたロバート・レイ弁護士は、もう供述調書の強調したいところだけをバーンと出すとかを言っていましたから、かなり強烈なことをやるんだなと思いました。

立岡■相手方の同意も得て、裁判官の了解を得てやっていますから、無制限ではないですよね。

中山■そういう予断偏見を抱かせるという観点からではなくて、わかりやすい裁判という観点から見ても、検察官が言っていたと思うんだけど、リズムがなくなるって言ってましたよね。テクノロジーを使うのは、リズムがなくなるっていう言葉を使っていた人と、壁を作るって言っていた人がいました。僕が前から感じているのは、壁を作るって、なるほどそういうことなのかと思いました。最初に札幌で行われた模擬裁判を見た時に、パワーポイント中心で、みんなもう必死にパワーポイントを見ているだけで、裁判員は聞いていないんです。

　だからアイコンタクトが全くないんです。アイコンタクトというのは基本だと僕は思っているし、やはり壁を作るというのはそういうことだと思うんです。陪審員に対して説得しなきゃいけないわけです。そうすると説得するというのは、その陪審員を見て話をするということが基本なわけです。もちろんパワーポイントを使って説得するということもあり得ることだけど、やはりリズムが崩れるとか、壁を作る。その壁を作るっていうのは２人ぐらい言っていたんですよ。だから、そういうところがあるんだということを認識すべきですね。

坂口■なぜパワーポイントだと予断と偏見を与えるのかということをもう少し詰めておきたいんですけど。

中山■僕は札幌で経験したんだけど、被告人の供述調書の４点か５点をパワーポイントにまとめるんです。被告人は酔っていなかったというわけです。でも供述調書をずっと読んでいくと、結構お酒を飲んではおりましたけれども、しっかりしていましたという調書になっているわけです。パワーポイントでは、しっかりしていたというところだけがコロンと出てくるわけです。でもそれは証拠ではないのではないか。ある言葉だけを調書から引用してパワーポイントで表示しているわけだから、これは証拠調べであっても許されないと僕は言ったんです。これが一つです。パワーポイントを使用するには弁護人や検察官の同意を得る必要があります。そこだけピックアップされると、全体を誤ってしまうような場合には、弁護人としては、当然異議を出しますね。そうすると訴訟がスムーズに進まない。三者の同意がない限りは無理なんだというのは、そこだと思う。

溝内■先生が今おっしゃっているのは、被告人は酔っていませんでしたっていうのは、これから証明しようとしている事実ではないんですか。

中山■証明しようとしている事実だけれども、酔っていたかどうかが最大の争点ではない。酒を飲んでいる時の状況について、検察官は調書を作りますが、酔っていたけど、記憶がなくなるほど私は酔っていませんでしたっていうふうに。だけど裁判員に、その酔っていたということがどういう影響を与えるかです。ついたがが外れたのではないかって、心証を取る裁判員だっているわけだからね。それは心証としていい方に取る人もいれば、悪い方に取る人もいますね。
家本■そうすると中山先生はパワーポイントというものを見せることによって、それが余分に強調されると。
中山■そうそう。酔っていなかったということを。
家本■言葉でさらっと言うのと、パワーポイントで見せるというのは大きく違うんだということですか。
中山■僕は証拠調べのところでそれを言ったのは、証拠と違うということ。パワーポイントと証拠とが違う。
溝内■それはまた別にありますよね。
松尾■例えば検察官がパワーポイントを使って冒陳をすると、刷り込みが行われることはまず間違いないですね。どういう形であれ。そのパワーポイントを使うことによって、より刷り込みが強くなり、検察官の主張だけが最初に頭にバッと全部入ってしまうから、それは予断を与えることになりそれは手段としてはまずいというのか、それとも証拠を引用したりしてですね、主張と証拠の区別がパワーポイントを使うことによってつかなくなってしまうということなのか。もう少し予断と偏見をあたえるというところは議論しておいた方がいいのではないでしょうか。
　例えば検察官の主張の要点は三つですって言って、パワーポイントを使って三つの要点を挙げていきますと。これがなぜ悪いのですかって言われた時に、もう少し反論するものがないといけないのではないでしょうか。
中山■予断と偏見というのはかなり幅広い概念です。37回女性が刺された。ナイフが血だらけであるとしますね。これは連邦検察官が言っていたんだけれど、37回女性が刺されて、ナイフが血だらけだとしても37か所の傷を見せる必要はないと。これは予断と偏見を与えるものだって言ってました。だから証拠調べで、確かに事実はその通りなんだけど、それをそのまま見せる必要があるのかどうかという観点から見れば、それが不当に強調されて予断と偏見を陪審員に持たせる、そういう場合にはやっぱり認めるべきではないと裁判官は言うんです。だからそういう意味では、

冒陳の段階でもある事実を強調してパワーポイントで明らかにすると。しかもパワーポイントを印字して、それを常に手元に置かせるということになってくると、常に目の前にパワーポイントで印字されたものがあるから、だんだん主張なのか証拠なのかわからなくなってくる。

丸田■パワーポイントを使って冒頭陳述をするということと、それを印刷物にして裁判員の手元に届けることとはちょっと違うと思うんですよ。つまりそれは弁論要旨を証拠として事実認定者に配るようなもので、それは違法性が高いと思うんです。冒頭陳述は証拠ではなくて、あくまで弁論なんですから。ただパワーポイントの内容については、あらかじめ弁護士が見て了解しておくことが必要でしょう。

中山■今まではそれはないですね。もしやるんだったら了解でやるべきです。

丸田■アメリカの例えで言えば大きな紙のチャートを持ってきて、リンカーン方式で、めくりながら説明する場合があります。それをやる時でも、検察は弁護人に「これ、冒頭陳述で使うけどいいか」って確認を取ります。それとパワーポイントも一緒です。今のパワーポイントの性能はたいへんよくて、文字と文字の間に映像が出てくるんです。例えばクライアントと弁護士のやり取りでいい例を示しましょうとかいって、文字をクリックすると、そのやり取りの映像が出てきたりするんです。だから今のパワーポイントは、昔のスライドとは違うんです。そういう点を考えると、制限しないと現場の写真や動画も出てくることになります。

「パワーポイントの使用は認めますけど、内容については弁護側、被告側の了解を得てからにしてください」ということにならないのでしょうか。ものを見せるということと、弁論することは違うと思うんです。ものを見せるということは、本当にビジュアルな面で印象付けてしまうから、口頭証言を聞くよりもはるかにインパクトがあることになる。それを狙っているとすれば、事前に弁護人は検察が見せるものについて知り、了解を与えておく必要がある。弁護側に見せないでいきなり冒頭陳述が始まり、弁護人も初めて法廷で実物を見るなんていうことは、ものすごく危険なことではないですか。検察の冒頭陳述の内容について口頭でやる場合は、弁護側に知らせる必要はないということになっているかもしれないけど、パワーポイントの時には今までと違うのであって、それは知らせてもらわなければいけないと思います。

また、授業でも学生に例えばビデオのある部分を見せて、そのあと教室の照明をつけて話を始めると、いままでの流れがすでに途切れていることがあります。何かへんな間ができるのです。話の流れが切れていることを感じます。それを回復する

ためにまたしゃべり続けてずっと関心を持ってもらわないといけないのです。そのことを考えたら、パワーポイントもそんなに効果的ではないという気もするんです。

立岡■アメリカでは、証拠から判断するんだということを強く強調されましたね。あなた方は、主張とか何かで刷り込みがあったとしても無視して結構ですから、証拠で判断してくださいと。証拠による判断を徹底して訓練されています。日本の場合は、この証拠による判断ということを言われないままに、論告と弁論にパワーポイントが使われると、それでものを見てしまことになります。だからもう一度原点に返って、裁判員は証拠から判断してくださいということを徹底することが認識されなければいけないのではないかという気がします。

中山■パワーポイントは一律にやめようということではなくて、パワーポイントは予断と偏見を陪審員に与える可能性があるから、そこは注意されているということです。もしそれを使うのであれば、弁護人と検察官の合意の下にやるべきではないかという提案ではないでしょうか。

坂口■これからどんどんプレゼンテーションソフトの技術も発達すると思うんです。

溝内■何かそれこそ受け入れ難いという反応が返ってきそうなんですけど、検察庁が作るものに何で弁護人が文句を言えるんですかって。

坂口■弁護人の冒陳にもね。

溝内■そうですね。弁護人の冒陳にもチェック入れますよっていうことにもなりかねない。

中山■例えば立岡さんなんかが弁護人で、もし事前に同意を得ていないということになれば、途端に裁判がストップしてしまいそうです。これからスタートするという時に、それはやめてくれって異議が出るから。そして、それが却下になったら、またそれに対して異議がでる。だから、冒陳をやっていくにしても、パワーポイントのたびにとか、あるいは冒陳の仕方いかんによっては、それは予断と偏見を抱かせると、次から次と異議が出てきます。そういうのを防ぐためにも、事前に了解を得た上でやるということはいいのでないかと思うんです。

立岡■訴訟法で認めているのは、冒頭陳述でも、あくまでも弁論でしょう。パワーポイントを弁論の補助的なものとして使うというのであれば、それはそれである程度両者了解しないとおかしいと思う。弁論する内容について言っているのではなくて、その弁論の補助としてこういうものを使いたいというなら、それが影響を与えるかどうかということによって、問題があるならあると言った方がいいのではないかと思い

ます。
中山■僕だって図面を使いたい時には、事前に検察官に示して、裁判所にも「こういうものを使っていいですか」ということは言いますからね。今までのルールはそうだった。

3. 予断や偏見を与えない法廷作り

(1) 被告人の着席位置、手錠・腰縄
坂口■その他としては、被告人の着席位置や手錠・腰縄ということも、日本でもかなり問題となっています。アメリカで初日に見た事案というのは、かつて殺人を犯した方で、今回も殺人を犯したかもしれないということで、しかも他に殺人未遂も1件あるという非常に重罪の事件だったわけですが、被告人は当然のように弁護人の横に着席をしていて、手錠・腰縄は当然していませんでした。予断や偏見を与えないということに非常に気を遣っているなという印象を受けましたね。これは日本でどうなるのか。ここは理屈付けはかなりできるのではないかという気がするんですけど。
中山■やっぱり陪審員に予断と偏見を抱かせないというところを優先させているんでしょう。だからそこはすごい徹底しているなと思います。それだったら手錠をかけるよりは退廷させるということです。手錠をかければ、それはそれだけでも犯人だと思われてしまうからでしょう。僕はその時も「被告人はあの人ですよね」というようなことを誰かに聞かれたんです。「あの人が被告人ですよね」とすぐにわからない。

　だから、まして一番右に座っていた人が、スーツを着てネクタイを締めて来ていたら、もう全くわからないわけです。そういうことにものすごく神経を使っているわけです。そして、その人は20年間刑務所に服役した、しかも殺人犯人だというわけです。それが刑務官2人が後ろに座っているだけです、それでちゃんと裁判をやれているということだからね。日本では、予断と偏見の防止というよりは、被告人の逃亡防止を優先させてしまうわけです。仮に弁護人のそばに座らせるとしても、被告人の隣には刑務官2人を座らせますね。しかし、これでいいですかと言われかねません。

坂口■私たちがアメリカで傍聴した事件の被告人は手錠をされていましたが、外した後に陪審員を入れるから、問題ないということです。この方法で日本でも十分にできます。刑務官は被告人の後ろに座っていますから、バッと立ち上がるという危

険においては、今の日本の裁判だってあまり変わらないですね。逃げようと思えば逃げられるという意味では同じです。アメリカでとっている方法をとったとしても現在の日本と危険性という意味においてはさほど変わりがないのではないかと思います。

浅野■今は合議でも単独でもそういう方法をとっています。

坂口■向き合うタイプというか、それはもう決まりなんですかね。

浅野■若干弁護人と検察官席は斜めになっているだけ。

中山■つまり移動できるということでしょう。というのは、被告人を隣に座らせると、後ろに刑務官を置かなければいけないということになるからね。

丸田■現在、日本の法廷では、被告人が腰縄を打たれて手錠を付けられて法廷に出てきてから、傍聴人とか家族のいる前でそれを外され、被告人の左右に看守が座り、裁判官が入ってきて審理が開始されます。そのような手続が慣行になっているようですが、これは法律で決まっているんですか。

立岡■いいえ、拘置所の方の裁量です。

丸田■法律で決まっているわけではないんですか。

松尾■開廷してしまえば裁判長の権限です。開廷するまでは拘置所の権限です。

丸田■その時に法廷に連れてくる前に開錠することはできないわけですか。

中山■だから結局は開廷することによって、裁判所にまかされる。

丸田■では最低傍聴人には見えてしまうけど、裁判員に隠すことはできますね。

中山■学生なんかが見に来て、一般の人もそうなんですけど、あの腰縄と手錠に一番ショックを受けるんです。だから法廷に入る段階から外すというのがいいと思うんだけど、なかなか難しい。

立岡■今のルールだと開廷となってから外すので、必ず裁判官が入らなければいけない。その段階で外すことになります。だからそれは無理だと思うんです。被告人が法廷に入った段階で外して、それから裁判官が来るというなら一応開廷前ということになります。裁判官が入って開廷しますと言って初めて外すということでは、裁判員はみんなそれを見た状況となります。それを変えなければいけないですね。

中山■そこがすごく大事なところです。腰縄・手錠がメッセージ性を帯びるところです。

坂口■ここは陪審か参審かという問題ではないですね。

丸田■もっとこういうことに法曹人は神経質になってほしいですね。

中山■話が変わりますけど、僕が札幌で被告人を隣に座らせてやったことがあるんだけど、その時にロースクールの学生が見に来て、後で僕に「あの事件は控訴審ですか」って言ったんです。みんな弁護士さんが横にずっと並んでいると思って、被告人がいないから控訴審ですかとなったんです。

　マスコミが僕のところに電話をかけてきて、「被告人がいないんですけど、先生どうしたんですか」って言うから、「いや、僕の隣に座っていましたよ」って言ったんです。それでマスコミがこういうことが行われているということで、テレビで取り上げてくれたんです。だから被告人が誰か見た目で分からないということは、裁判員にとってはすごく公平なんですよ。その人が犯人だという意識を持たないということが大事なんです。

丸田■完全に無罪推定ですね。

中山■大阪ではまだ前のお白州型ですか。

溝内■言えば弁護士席の前になるようです。

中山■うるさい弁護士さんがいっぱいいるのに。

溝内■そうなんです。少なくとも弁護人席の前でいいかなと考えたんですが、おっしゃるように看守に横を固められているだけで、もう「この人犯人」ですと印象を与えますね。だから前に座るからいいのではやっぱり駄目で、看守にはどこかに行ってもらわなくてはいけない。そこまでするんだったら、もう前ではなくて横でもいいではないかと主張すべきだと思うんです。

立岡■私は看守は後ろでいいと思うな。

溝内■私も後ろでいいと思いますけどね。

立岡■被告人は弁護人の前ではなくて、弁護人の横に座らせて、後ろに刑務官というのは提案できますね。

松尾■この前被告人が証人を殴った事件がありましたね。

中山■札幌は裁判官を殴りつけた。

家本■けがとかなかったんですね。

坂口■でも証人を殴る危険を防止するのであれば、むしろ横に座っている方が殴りにくいです。

(2)　被告人の服装

松尾■被告人の服装の問題で、ニューヨーク第1次調査の時は貸衣装屋みたいな

のがあって、弁護人がない人にはそれを使って着せ替えるみたいな話がどこかでありました。今回の調査では個人で着替えてくるみたいな話をしていませんでしたか。裁判所で被告人が着替える場所があるのでしょうか。

目片■裁判官が、被告人は拘置所で着替えてくるんだって言っていました。

坂口■これが制度として決まっているのか、今回はそうしたのかというのがわからないままでした。

目片■今回の裁判官の説明だと、要するにその人間が拘置所で服を持っていなかったから、ああいう服装で来たんだと。その服をどう入手するかということについては、特に説明がなかったと思うんです。貸衣装を使うのか、自分の所有物かっていうのは不明でした。

坂口■今回はそういうケースだったというだけで、例えば家族が準備すれば裁判所で着替えられるのかもしれないし、貸衣装屋を希望すればそれに応ずるということなのかもしれない。

松尾■日本の場合、拘置所では靴とかベルトとかネクタイが駄目なんです。それで出てきた時に、裁判所で着替えたらどうだろうかという議論になって、その点で何か参考になることはあるかのかなと思ったけど、結局拘置所から着替えて来るということで、その点では参考になりませんでした。

立岡■日本だと裁判所の中に拘置所の控え室がありますから、そこで着替えさせればいいわけです。

松尾■なるようになれば問題ないんだろうけど、その辺はどうするのかな。

立岡■変えるしかないですね。

4. 最後に

坂口■最後に今回の調査をどう活かすかという話をしたいと思います。これまでのお話の中にもかなり出てきていまして、大きな課題となりそうなのが、陪審制度と今回日本で導入される裁判員制度が違うということをどう乗り越えるかということです。報告書としてこの本が出版された時に、影響力をしっかり持つものであるためには、そこをクリアしていく必要があるという印象を受けました。そうしないと、陪審制度と裁判員制度は違うということで一蹴されてしまって、せっかくの成果が生かされないことになりますね。

今までの話の中に、そのことについて解決の糸口となる話は出てきていたと思います。

中山■公判前整理手続も、今の状態で日本の弁護士が、その手続を理解しているかというと、まだ理解していないと思います。ほとんど理解していないと言った方がいいかもしれない。そうすると裁判所の方も、そういう理解を前提にして試行錯誤的に、段階的にやろうとしているわけです。だから、少なくとも今の段階ではまだ、公判前整理手続はどうするべきだというよう意見を言うことができるはずなんだ。僕らは４年後に目標を置いて、先ほど言ったように、メッセージ性のある意見なり提言を出していくことが大事なのではないか。

そのためにも、僕らは陪審制度を導入しろとか言っているのではなくて、一般市民が審理するという意味では、陪審制度でも試行錯誤を繰り返してきたので、そこでの経験上必要だと思われていることを、裁判員制度に活かしていこうという趣旨の提言をしていかなければいけないのではないか。

今言った二つのことは、きちんと報告書の中で位置付けて、書いていかなければいけないと思っています。

（了）

第2部
ニューヨーク州刑事裁判 実務家インタビューの記録

第1章 裁判官に聞く ニューヨーク州の陪審制度

訪問先：ミッキ・シェーラー（Micki Scherer）ニューヨーク州ニューヨーク市刑事高位裁判所判事（The administrative judge for the Criminal Supreme Court Division in New York City）
場所：ニューヨーク州ニューヨーク市刑事高位裁判所
日時：2005年9月6日午後

---

1. プロフィール

　20年前から州裁判官をしてきた。
　2004年11月に日本に行った。夫は弁護士である。弁護士事務所の支店が日本にある。事前に質問を頂いていたので、そのことについてお話をしたい。皆さんにお話しして、そのことについて質問をして頂きたい。私の方からは、アメリカの陪審が日本の裁判員制度とどう違うのかについて聞きたい。

2. 陪審制度の説明

　まず起訴手続から始まる。犯罪について起訴するかどうかを決める。
　その次に行く手続がアレインメントである。そこでは有罪か無罪かを述べるが、99％の人が有罪を主張している。続いて弁護人が選任されるが、弁護人が罪名について、異議を言うのは5％程度。そこで検察官との間で刑罰の交渉が行われる。それにより当初予定されている刑罰よりも軽くなる場合がある。起訴されると裁判官の前に連れて来られる。その際、開示されている証拠は限られている。無罪答弁をすると、アレインメントの中で限定的に証拠開示の手続が行われる。
　補強証拠と主たる証拠とを問わず、検察は、

①被告人が警察官に供述をしている際のテープ
②警察官が現場を調べて出てきた物証
③被告人をどうやって特定したかについての証拠
これらを開示しなければならない。

　通常、アレインメント(アレインメントから15日以内)の際に、検察から被告人の弁護人にボランタリー・ディスカバリー・フォームという書類が渡される。これには、逮捕時間、被告人が何について、いつ、正確に何を供述したか、被告人特定の方法、物証などについて書かれている。検察官は、ディスカバリーの申し立てに対して、答えなければならないが、上記書類の情報以上の開示は行わないというのが、通常の取り扱いである。弁護人側にも検察官側に対して開示をする義務があるが、弁護側は書類にしないため開示しない。

　検察官の場合は、後に請求する予定の証人に関する調書は全て開示する必要がある(ただし、裁判が始まった後で開示すればよいこととなる)。

　他の州ではもっと早く開示をしなければならないというところもあるが、ニューヨークでは裁判が始まった時に開示すればよいこととなっている。

　裁判より前に出さなければならない証拠は、医学上、科学上などの専門家が作成した証拠等。

　検察側は、弁護人側に証拠を開示することに協力的である。

　逆に弁護人側からも開示しなければならない証拠がある。弁護側が、アリバイの証拠を仮に開示しなかった場合には、後でその証拠を出せるかどうかは、裁判所が決める(裁判所の裁量)。証拠、主張を出さなかったことがやむを得ないこと、ということになれば、認められる可能性もある。しかし弁護人が、被告人の母親をアリバイ証人として、遅れて証拠請求してきたような場合、その弁護人は、その証拠請求が遅れたことに合理的な理由があるとはいえないため、証拠としては採用しないこととなる。

　裁判所は、検察官、弁護人のバランスをとることが仕事だと思っている。ディスカバリーの中で重要なのは予備審問の手続である。ここで被告人側がある程度の情報を得るところにポイントがある。予備審問の目的は、検察側の手続に違法性がないかどうかチェックするためでもある。弁護人が被告人の特定の方法について違法性があるといった場合、その違法性について、審問の機会を持たなければならないとされている。

3. 質疑応答

Q■アメリカでは、争点を絞る手続が行われているか。
A■公判が始まる前の手続は別の裁判官が行う。別の裁判官の決定に縛られることは難しいところがある。
Q■公判の何日前に争点を特定する手続をするか。
A■陪審選定の前。事実審の直前。
Q■アリバイの証拠について、後で提出することは認められるか。
A■それは裁判官の裁量による。例えば、陪審員の選定が始まっているようなときに、私はやはり心身喪失を主張したいからと言っても、大抵は拒否される。適時に主張しなかった理由が適正なものであれば認められる場合もある。結局は、裁判官の裁量によるということになる。私の経験した例では、裁判がもう始まるというときに、弁護人がアリバイを示す証人を申請してきたが、それを拒否したことがある。その理由は、その証人が被告人の母親だったからだ。もしも、それがまったくの他人で、捜し出すのにかなり時間がかかったというような場合であれば証人として認めたと思うが、母親であれば見つけられないということはない。そういう場合は、やはり証人として採用することを拒否する。つまり、アレイメントの日から15日以内にこうした証拠を出さない場合は、裁判官の裁量によって採用が判断される。制定法上は、15日以内にこうした証拠について開示しなければならないことになっている。

　裁判官の仕事というのは、検察・弁護人側双方の利益というものを保護するという役割があるので、そのために双方のバランスを取ってやることが必要だ。例えば、検察側の証人が1人、ヨーロッパに旅行に行くために出廷できないと言う。それだけの理由で裁判の開始が遅れてしまうということがある場合、裁判官は、その証人については認めない。

　ディスカバリーの手続の中で非常に重要なのは、プリトライアル・ヒアリング、予備審問の手続だ。これは、被告人の供述、被告人の住居で発見された物証、被告人を特定するためにとった手続、逮捕の理由の4点について、被告人側がある程度の情報をこの予備審問によって得ることができるので、重要な手続になっている。この予備審問の目的は、先ほどの4点について、検察側、警察に違法性がなかったかどうかを判断することである。だから、どのように被告人の供述が取られたかと

中央がミッキ・シェーラー氏

か、その物証の性質、どのように被告人を特定したかとか、その逮捕の方法が、適正に行われていたかということを見つける場になるため、非常に大事だ。

　もし、弁護人のほうが、被告人の特定の方法や被告人の供述の取り方なんかに違法性があったというふうに主張した場合は、裁判所は審問の機会というのを持って、その違法性について判断する。

　被告人の側から逮捕や物証について申立てがあった場合、被告人は、その事実関係について明らかにしたうえで、この異議申し立てを行わなければならない。つまり、物証を持って行かれた場合、これはプライバシーの侵害になっているとか、手続をきちんと踏まずに逮捕されたから違法だというようなことを、事実関係を明らかにして申し立てを行わなければならない。この物証の関係とか、警察の逮捕とかの方法に関しては非常に複雑な法律があって難しいところなので、事実関係をはっきりさせることは非常に重要となる。本当に小さな一つの事実というものが、本当に違法だったか、それとも合法だったかということを左右することにもなる。

　例えば、物証とされる財産を本当に被告人が所有していたかどうかについて弁明する責任は、被告人にある。例えば、ある銃が被告人のポケットの中に入っていたとして押収された場合、その押収手続が違法かどうかを争うチャンスが与えられている。それにもかかわらず、裁判が始まってから初めて、「私は今までの人生で一度も銃なんか持ったことがない」と証言して、「その銃は私のものではない」と主張することは絶対に許されない。というのも、物証として出てきた銃というのは、適正な手続によって押収されたものであるかどうかを争う機会があるからだ。だから、いきなり裁判で、「私は、そんな銃は知らない」と主張することは、この手続上あり得な

第1章　裁判官に聞くニューヨーク州の陪審制度　125

いし、許されない。実際には、物証がこうした手続によって証拠として認められないということは少ない。例えば証人については、公判で尋問と反対尋問を行うことでその証人の信用性を判断できる場があるが、物の場合はそういうことがない。

Q■今の例で銃が違法に収集された証拠だと主張したにも関わらず、それが認められない場合、陪審裁判が始まったときにもう一度その主張をするということは認められるのか。

A■それは認められない。一度異議の申し立てが認められなかったら、公判ではもう主張できない。ただし、裁判前に、物証について質問する場合は、「どうやって銃を見つけたのか」と聞くことになる。しかし一度裁判が始まれば、陪審の前で検察側証人に質問する言葉としては、「被告人が本当に銃を持っていたのか」というようなことになる。つまり、裁判が始まる前と始まった後では、聞き方が変わってくる。結局、質問の内容としては同じことにはなる。難しいのは、陪審裁判になると、警察が嘘をついているかどうかという争点に変わってしまうことだ。

例えば、供述に関しては、その供述が自白によって得られた場合には、裁判前に行った却下の申立てが認められなければ、裁判が始まってから、もう一度却下を求めることができる。というのも、その自白が強要されたという場合は、被告人が自分に不利な証言をしなくてもいいという権利が認められているので、その権利は非常に強力に守られなければいけないというような理念がある。この理念に反するような証拠は、絶対に認められないので、自白によって得られた証拠については、裁判の始まったあとでも、排除してもらう主張を行うことができる。

Q■その主張については、陪審が判断することになるのか。

A■陪審の前で主張して決めてもらうことになる。

Q■陪審裁判に入る前の手続で、争点を明確化するというようなことは行われているか。

A■ある裁判官が、公判が始まる前の手続を担当して、別の裁判官が、審理を行うというようなことがある。ただ、最初の裁判官が争点をある程度絞るとか、証拠をある程度排除すると、次の裁判官は前の裁判官の決定に縛られてしまうので、考え方が違ったり、これはOKだったと思うようなことがあっても前の裁判官の判断に縛られるということがあるので、なかなか難しい。基本的には、公判を担当する裁判官が、公判開始直前に争点整理のようなことを行うことがある。日本で行われるものと、類似性は非常に高いと言っていいだろう。

とくに非常な複雑なケースや、ちょっと驚くようなことがたくさん出てくるようなケースの場合は、多少、争点を整理して、次の審理を行う裁判官に渡すこともあるが、本当に稀である。普通は、裁判官から裁判官にというふうに移っていくので、その公判が始まるときに争点を絞るというようなことを多少行う。

最近あったケースで、被告人を特定する手続において、被告人と特定された人の人種が違うということがあった。自分と異なる人種の人は見分けにくく、みんな同じ人のように見えてしまうことがある。そういう人種が違うということで、やっぱり見誤ったんじゃないかという主張をして、証拠の信用性を争った事件があった。

Q■公判の何日ぐらい前に、公判担当裁判官が争点を特定するのか。
A■普通、陪審選定の直前に行う。事実審の裁判官が陪審員を選定するときがある。そこから陪審員が選定されたら審理が始まるが、その選定の前に普通は争点を特定するような期間があって、証拠の採用などを考慮する。

例えば、麻薬の売買のケースで、売人が顧客に麻薬を売り渡す場面を3回見たという証言を警察官がしたとする。顧客は3回とも違う人で、1回目の売買、2回目の売買についてはそのまま放っておいて、3回目の売買で、買った人と売人とを逮捕する。その3回目の売買に基づいて起訴する場合、その前3回目の前に2回、麻薬の売買らしきことをやっていたために、3回目に売人と買った人の両方を逮捕して、その3回目に、麻薬の売買が行われたと説明する。この場合、3回目のところだけを起訴し、前の2回については起訴するのかどうかということになる。つまり、前の2回の犯罪については起訴しないことになるが、弁護側にとっては、その部分について、検察側が立証するのか、特定の証拠を法廷で示すのかどうか、という問題が起きることになる。それは裁判が始まってからも争うことになる。だから、陪審選定の直前に問題が出ているときは、公判の中でも問題提起できる。

陪審の選定前に、こういうことを主張するのは、それぞれがちゃんとストーリーを組み立ててケースを立証したり、主張しようとしているからだ。陪審選定の前に行っておかなければ、公判になっていきなりこうした問題が出てくると困るし、ぐちゃぐちゃになってしまうということがあるので、陪審の選定前に、この証拠を取り上げないでくれとかということをちゃんと主張しておかなければならない。

Q■それはどういう手続のなかで行われるのか。それを目的とした手続があるのか、それとも、手続の中で、そういう立証努力がされるのか。
A■一連の申立て手続の中の一つ。偏見防止申立て(motion in limine)といって、

証拠を申立てによって却下して陪審の目に触れさせないようにする手続であるが、裁判中でもこの申立てを行うことができる。

Q■争点を明確にするために、検察側からそういう申し立てがあった場合に、弁護側が、検察官が主張する事実を認否する手続はどのようになっているのか。

A■裁判で非常に重要な争点になるようなことについては合意しないが、関係のなさそうなことについては事実についての合意がある。例えば、今のケースだと、このドラッグは私のものではないと主張するが、それがドラッグであるということについては認めるということは、ある。つまり、そのドラッグが被告人に属しているのかは認めずに、本訴で争うということになるから、部分的に何かを認めるというのではなく、最低限、自分らの不利益にならないことは認めるという手続はある。裁判所が、それを当事者同士に強制するようなことは、まったくない。それは当事者同士が話し合って決めていくことである。

第2章 弁護士に聞くニューヨーク州の刑事手続

訪問先：オースティン・カンプリエッロ（Austin Campriello）弁護士（元ニューヨーク州検察官）、ジェームス・コール（James Cole）弁護士（元アメリカ合衆国司法省勤務）、ジェームス・ディヴィータ（James DeVita）弁護士（元アメリカ合衆国検察官）、 エドワード・コッチ氏（Edward Cotch）元ニューヨーク市長
場所：ブライアン・ケイブ法律事務所（Bryan Cave LLP., New York City）
日時：2005年9月7日午前

1. 訪問先の概要

　訪問先は、日本でいう渉外事務所のような非常に大規模な事務所である。主に企業犯罪等を手がけている。オースティン・カンプリエッロ弁護士の他に、それぞれ連邦、ニューヨーク州の刑事手続に詳しい弁護士が同席した。また、エドワード・コッチ元ニューヨーク元市長が、私たちへの表敬のためかけつけてくれた。

2. ニューヨーク州刑事手続の概要

(1) 刑事手続の端緒
　ニューヨーク州で刑事手続が始まるのには2通りの端緒がある。
　①逮捕……告発状や告訴状（complaint）による逮捕
　　　　……起訴状による逮捕
　②捜査……告発状や告訴状による捜査を経て逮捕へ
　逮捕後、保釈するかどうかが判断され、その後大陪審（23人）にかけられる。検察官の証拠のみが提示され、被疑者には大陪審に立ち会う権利はない。大陪審は多数決で起訴するかどうかを決める。

後列中央がエドワード・コッチ元ニューヨーク市長

　起訴状は、被告人がその罪を犯したのだということを示すための最小限の情報、例えば罪名や逮捕の日付などが記されているにすぎない。

(2)　ディスカバリー
　手続が開始すると、まず、裁判前のディスカバリー手続が行われる。被告人は検察に証拠の開示を求めることができる。大陪審での証言記録や銃弾の鑑定記録、録音されたテープなど、一定のものについては、検察は自動的に開示しなければならないことになっている。
　開示の対象としては検察官がその存在を知り、あるいは知るべき証拠で被告人に有利かつ重要なもの。
　①弁護の準備と関連があるもの。
　②被告人の無罪につながる証拠――検察官が判断してどれが無罪につながる証拠かを決める。被告人からのさらなる開示の申立てについては裁判所が検討するが、認められない場合が多い。
　③検察側証人の供述調書。大陪審での供述記録も含む。
　④被告人の供述調書。
　被告人は、さらなる情報の開示を求める場合は、申立てを行うことができる。
　連邦の場合は手続が異なる。
　召還予定証人のリスト、30日から2週間前までに証言を開示する必要。
　ディスカバリーのほかに行うことのできる申立ては違法収集証拠の排除を求める

申立て。警察によって違法に収集された証拠は適正手続を保障する憲法に違反しているため。

(3) 公判

陪審は事実について判断を行う。

裁判官の役割は、証拠が認められるかどうかや、証拠が評決に至るのに十分であるかどうかを判断することである。

(i) 陪審選定

陪審候補者達は、裁判の概要について説明を受ける。理由ありの免除（注意散漫で陪審に不適切、などの根拠を示す必要あり）と理由なしの免除（ただし人種を根拠にして理由なしの免除を主張できない）がある。

(ii) 冒頭陳述

検察は証拠について述べ、それが起訴されている罪を立証するための要素となっていることを説明する。

(iii) 証人調べ

証言にあたって、伝聞については複雑なルールが定められている。被告人は検察側の証人に対して反対尋問を行うことを憲法により保障されている。被告人には無罪の推定がなされている。尋問の最後に審理棄却の申立てを行うことができるが、認められることはあまりない。

(iv) 最終弁論

ここで法について説明を行い、陪審がそれまでの証言と法とを結びつけることができるようにする。

(v) 説示

裁判官の説示について、書面で説示内容について検察・被告人ともに裁判官に要望を提出する。

(vi) 陪審の評議

陪審の評議については、どのように評議を行うかなどのルールや手続は定められていない。陪審長は、ニューヨーク州では一番最初に陪審員として選ばれた者が務めることになっている。裁判官は評議の方法についてアドバイスを行うことはある。起訴状は陪審に渡される。陪審から質問があった場合、その回答は陪審を法廷に呼び戻して行われる。陪審が評決不能に陥った場合、検察と被告人の双方が同意

して陪審を放棄することができる。陪審裁判では12人の陪審員が全員一致で評決しなければならないことから、1人の裁判官のみによる裁判よりも有罪判決を得る可能性が少なくなるため、被告人は陪審裁判を選択しようと考える場合が多い。

(vii) 予備陪審員について

　ニューヨーク州では、評議においては12人のみが議論し、評決に至るには必ず12人が必要。連邦では12人以下でも評決を行うことができるが、例えば1人欠けてしまったために予備の陪審員を補充したときには、評議を初めからやり直す。

(4) 事前に送っていた質問状に対する回答

　自白調書は、それが申立てにより排除されていなければ、審理において使用することができる。

　パワーポイントはホワイトカラー犯罪では有効に使うことができる。

　技術的なことに関する書面は、審理において証拠として示すことが可能。

3. 質疑応答

Q■無罪推定の原則は説示で陪審に告げられるか。

A■裁判官は必ず無罪推定の原則を説明しなければならない。有罪と決まる瞬間までは、公判の間中、被告人は無罪だと推定されると告げる。実際に、陪審が被告人を無罪と推定していると私は思わない。きっと、被告人は何かをしたと陪審は考えているだろう。では、なぜ陪審は必要か、ということになるが、無罪推定については繰り返し陪審に説明される。そうした説明の繰り返しによって、無罪推定の原則が頭の中に残ることになる。無罪推定の原則は、最後の説示においてのみ述べられるのではなく、まず公判開始時の一般的な説示の中でも述べられる。公判開始の際の説示において裁判官が通常述べることは、まず無罪推定の原則、それから公判の進行について、被告人は証人を召喚する権利を持っているが義務ではないので召喚しなくてもよいし、その他証拠を示すことは要求されていないこと、が説明される。無罪推定の原則については、そこであわせて、検察に合理的な疑いを超えて有罪を立証する責任があることも説明される。説示の回数については、法律上、1回は必ず行わなくてはならないことになっているが、実務上は数回行われている。もし無罪推定について裁判官が説示しなければ上訴理由になるが、そのようなことは

左からジェームス・コール、オースティン・カンプリエッロ、ジェームス・ディヴィータ各弁護士

まず起こらない。

Q■契約書が合意書面として証拠採用される場合、どのようにそれを法廷で調べるのか。

A■合意された書面があれば、通常は、「以下の書類は当事者の間で示すことが合意されたものである」と告げて、陪審に向かって読み上げられる。たいていの場合、重要な部分のみが読み上げられることが多い。裁判官は、そうした書類を延々と読み上げることで訴訟の流れが止まるのを嫌うので、重要な部分しか読まないようにと言われることもある。証拠として採用された10頁の書類の中で、段落3つ分ほどのみを読み上げるだけ、ということも多い。法廷にはプロジェクターが設置されているので、書類を画面に映し出してそれを読み上げることもある。あらかじめ陪審員1人1人のために本や書類のコピーを用意し、検察や弁護人が読み上げる際にそれらを配って、手元で見てもらいながら書面を読み上げることもある。プロジェクターに映し出す場合は、重要部分に蛍光ペンなどで線を引いて、それを見てもらったりするので、印象としてはより強く陪審員の頭に残すこともできる。書類の場合は、その書類の作成者や保管者を証人として召喚し、「この書類を見たことがありますか。」「はい、知っています。私が書いたものです。」「ここにあるのはあなたのサインですね。」「はい、そうです。」とやり取りをしたあと、「裁判長、この書類を証拠として採用してください。」と言う。採用されれば、証拠として読み上げることができることになる。

書類に関して最も重要な証拠規則は、その採用の仕方にある。書類が証拠として採用されても、自動的にその書類全部が証拠になるわけではない。伝聞のルールがあるので、法廷で述べられたこと以外はすべて伝聞証拠となり、それらは証拠として公判で採用されないことになる。だから、書類が証拠として認められるのが難しい場合もある。例えば、被告人が警察官に向かって「私は殺人を犯しました」と自供すれば、それが適切な陳述であり、被告人が被害者を殺したという事実について述べられた真実ということで、公判で示される場合があるが、この場合は、伝聞法則の例外となるので証拠として採用される。被告人がそれを示すことに同意していれば、伝聞法則の例外にあたるからだ。他にも多くの例外があって、かなり複雑になっている。例えば、ビジネス上の記録に関する例外というのがあり、これも非常に複雑だが、ホワイトカラー犯罪で書類を証拠として採用するために利用される。

Q■書類のうち一部分が証拠として採用された場合、それ以外の部分については、もう証拠調べが行われたと捉えられるのか。

A■書類全体が証拠として採用されることになれば、全体が証拠となる。そうでなければ、一部分のみが証拠となる。陪審は評議の際に書類全体を読んだりすることになる。だから書類の一部を証拠として申請する場合もあるが、たいていの場合、書類全体を証拠として申請し、それが採用されることになる。非常に長い書類の場合は、一部分のみを証拠として申請することもある。検察と弁護側の間で一部分のみを証拠とするか、全体を証拠とするかを争う場合もあるが、結局、同意した部分だけが証拠になる。その場合、それぞれが、その証拠について、どういう書類のどういう部分なのかについてコメントすることができる。

Q■タイコー（Tyco）事件において、弁護側は「犯意なし（No Criminal Intent）」と言うメッセージを書いたボードを席に置いて弁論していたと聞いたが、それは裁判官や検察の許可を得ておいていたのか。

A■その通りだ。実際には、共同で弁護に当たっていた弁護士が行ったものだが、形態としては映像でも物体であっても、そのようなものを示すことはできる。ただし、検察に見せて同意を得、裁判官からももちろん許可を得ることが必要だ。こうしたものを公判中に示し、最終弁論のときにもそれについて触れたりする。裁判官は、それらが証拠の書類などから引用したものであれば、裁判官はその部分については、証拠の一部であるということを指摘するし、それらが証拠から引用したものでなければ、単に検察や弁護人の議論に過ぎず、証拠ではない、ということを説示の中で説

明する。

Q■検察側手持ちの情報の開示を求めるに当たり、弁護側が主張を明らかにしなければならないことがあるか。

A■それはない。なぜほしいのかという説明をする必要はない。開示を求めるに当たって元警察官や元連邦検察官、医学的鑑定人を雇って独自に調査を行ったりして得られた情報に基づいて申立てを行うこともある。

Q■起訴後、陪審裁判が始まる前、公判の準備のために裁判官、検察官、弁護人が話し合いをする手続はあるか。

A■そのような手続はない。弁護人が明らかにするのは、①アリバイ、②責任能力に関するもの、③私的鑑定等、弁護人が専門家を使う証拠を集めている場合、の3つだけである。

Q■裁判員の理解のため争点を整理するという考え方をどう思うか。

A■検察側が冒頭陳述において事件のアウトラインを示すべきである。陪審員が理解をするという役割を果たす。

第3章 ロースクール教授に聞くニューヨーク州の刑事手続と公判前整理手続

訪問先：ウィリアム・ヘラースタイン（William E. Hellerstein）教授（刑事訴訟法）、ジョアン・G・ウェクスラー（Joan G. Wexler）学長、マイケル・カヒル（Michael Cahill）助教授（刑法）
場所：ブルックリン・ロースクール（Brooklyn Law School）
日時：2005年9月7日午後

1. ブルックリン・ロースクール

　ウィリアム・ヘラースタイン教授は、1962年にハーバード・ロースクールを出た。人権を守る側として弁護活動をしていた。「法律扶助」弁護士事務所に勤務し、その後、1995年まで、弁護士事務所を経営していた。専門としては、上訴審を手がけた。85年にブルックリン・ロースクール教授となった。刑事訴訟法とクリニカル・プログラムを教えている。クリニックでは、"Second Look"（見直し事件、再審）を手がけている。授業以外に実際の再審事件を手がけ、最近、再審無罪を勝ち取った。ブルックリン・ロースクールのクリニック・コースとしては、例えば、移民法、破産法、刑事事件に関するものがある。学生全員が登録できるだけのクリニック・プログラムが用意されている。ブルックリン・ロースクールは、刑事関係のクリニカル・プログラムが有名であり、全米10位にランクされている。

2. ニューヨーク州刑事手続の概要

　重要なことは、私たちアメリカのシステムと、ヨーロッパおよび日本のシステムとの違いである。アメリカでは、検察が合理的な疑いを超える立証責任を負っている。書面については、被告人の供述調書を含めて、任意に自白したものでなければ、そ

れは書面が公判の中心にはなりえないということである。アメリカの制度では、被告人には自己負罪拒否権が与えられているし、何も立証する必要はない。ミランダ事件の要請もあるため、次のことが被疑者に告げられなければならない。まず第1に黙秘権があること、第2に警察で話すことは自己にとり不利益となることなどである。また、被疑者は弁護人を付けてもらう権利を有していて、弁護人が来るまでは警察に何も話さなくてもよい。私たちの携わる多くの事例によると、公判前の手続というのは戦場だと言われている。例えば、被告人が弁護人のアドバイスなしに話したのではないかとか、黙秘権の告知がなかったのではないかと争う。弁護士がその事件に関わったときに、ミランダルールで自分を陥れるような供述はしなくてよいとアドバイスする。これが皆さんのシステムとアメリカのシステムとの違いである。

　アメリカでは、弁護人が被告人の起訴状に文句を付けることができるかといえば当然できる。自白調書があろうと、被告人は無罪を主張できる。検察が答弁取引の申し出をし、被告人がそれを受けるほうが良いという場合を除いて、無罪を主張する。答弁取引を受ければ、公判にはいかないことになる。それが基本的なルールである。アメリカの当事者主義の下では、被告人や弁護人には、検察の手助けをするような義務は一切ない。公判前の手続では、検察の行うことについていつも同意する必要はないし、弁護側は何かを主張しなくてはならないということもない。

　アメリカの刑事訴訟手続というのは、事件の最初の方の段階でいろんな形で検察の持っている証拠に「挑戦」するということになる。自白調書の任意性、捜査の違法性についてなどである。裁判官はそこで得られた情報を陪審に伝えるかどうかを判断することになる。その場面で司法取引に入る場合もある。95％は公判には至らない。

　ディスカバリーについて述べると、証拠はアレインメントの後30日以内に開示しなければならない。今問題となっているのは、証人リストを検察側が出さないことだ。ニューヨークでは公判前に出さなければならない。検察側が出さなければならない証拠として「無罪につながる証拠」（ブレイディ判決）の開示がある。ただし、そういったものは通常検察は出さない。私は全ての証拠を出した方がいいと考えている。検察とすれば、被告人の有利になるようなものは出さない方がいいだろう、と考える。

3. 質疑応答

Q■公判前にはどのような申立てを行うのか。
A■証拠排除の申立てを行う。ディスカバリーに関する申立てになるが、ディスカバリーでは検察が何を開示しなければならないかは決められている。被告人の供述調書、警察の報告書、科学的鑑定、示す予定の証拠が開示されれば、被告側は弁護人とともに、それらについて排除を申し立てることができる。その根拠としては、違法な捜査が行われ、銃が押収されたという場合であれば、その銃は証拠から排除されるべきだと争う。ミランダ・ルールによる権利の告知がなされずに警察で事情聴取が行われたという場合であれば、その供述について排除するよう申し立てる。そこで裁判官は、検察による警察の正当な捜査だったという証言を聞き、被告側の反対尋問を聞き、それによってその証拠を排除するかどうかを決める。

　ディスカバリーというのは非常に論争のあるところだ。ニューヨークでは、検察は制定法により、アレインメントから30日間以内に先ほど述べた多くのものを開示しなければならない。また検察は、証人のリストをすぐに開示することは義務ではないので開示を望まないが、公判が始まると開示しなければならない。証人の公判前の陳述を記した書類で、公判で使用するものについては、公判前に開示しなければならない。そうやって開示されることで、弁護人はその陳述について調査することができる。合衆国憲法によって検察による開示が義務とされている証拠がある。それは、被告人の無罪に関する証拠だが、現実には、あまり検察はそのような証拠を開示しない。弁護人は、そうした証拠を発見し、有罪かどうかについて争うことになる。問題となることの1つは、オープン・ディスカバリーとよばれるものだ。弁護人はこのオープン・ディスカバリーを希望するが、それはこのディスカバリーが、検察に対して、莫大な量の手持ちの情報すべてを開示することを要求するものだからである。それによって、検察の奇襲を避けることができる。また、検察がすべてを開示することで、ケースが早い時期に終結することになると弁護人は主張する。つまり、すべてを見ることで、公判に持ち込むべきかどうかを判断できる。検察からすれば、すべてを開示してしまうと、そのケースが駄目になってしまうという考え方もある。オープン・ディスカバリーに応じるか応じないかは検察官に委ねられているので、応じる検察官もいれば、応じない検察官もいる。ニューヨークのディスカバリーが非常にうまくいっているとは言い切れないが、ルールの要求するところに従って、かなり行わ

中央がブルックリン・ロースクールのジョアン・G・ウェクスラー学長、右側がウィリアム・ヘラースタイン教授、左側がマイケル・カヒル助教授

れている。問題は、ディスカバリーの範囲ということになる。検察による証拠開示がなければ、問題が起きるか。もちろん起きることになるだろう。

Q■検察側がもっている証拠リストの開示を求めることはできるのか。

A■「被告人の無罪につながる証拠」であれば、憲法に定められている通り、出さなければならないことになっている。例えば、検察が2人の目撃証人を調べた結果、そのうちの1人が、犯人は被告人ではなく別人だと証言したにも関わらず、そのことを弁護人に告げなかったとすれば、検察が開示すべき証拠を勝手に排除してしまったとして、裁判所に申立を行うことになる。とくに、証拠のリストを開示しなければならないということはない。検察は、被告人を有罪にすることを目的として起訴するので、検察がどの証拠を使用するかどうかを判断することになる。検察、弁護人双方の証拠が全く矛盾している場合もあるが、それは公判で、こういう証拠があるから被告人が有罪だと考えているということを、検察は主張することになる。アメリカの検察官というのは政治家に転身する場合も多く、検察官をしているときに起訴したケースで無罪判決を得たくないと考える人も多い。これが問題となっている場合もある。検察が、証拠開示について判断した最高裁判例にいつも従っているかといえば、そうでないこともある。

Q■弁護人は無罪につながる証拠をどのようにして得るのか。

A■検察官との交渉によって得る場合もある。また、弁護人独自の調査の中から発見される場合もある。検察は、なかなか情報を開示しようとはしない。

Q■一般市民が裁判をする裁判員制度導入に当たり「公判前整理手続」が設けら

第3章 ロースクール教授に聞くニューヨーク州の刑事手続と公判前整理手続 | 139

れている。当事者は、事前に主張をしなければならないとされている。この制度には問題があるか。

A■アメリカの手続では公判になるまで主張する責任は全くない。3つのこと（心神喪失事由・専門家による鑑定、アリバイの主張）以外は主張しなくてよい。これらについては、ニューヨークでは、弁護人が積極的に証明する責任を負うが、検察が公判前にチェックできるようにしなければならないからだ。もちろんその結果、それぞれの専門家がまったく反対の結論を導き出すことも少なくない。これ以外については、弁護側に証明する責任はないので、被告人自身がほとんど証言しないということも多い。心神喪失の抗弁というのはユニークなもので、検察に、検察の医学専門家を証人として召喚し、そうした心身喪失が主張されるケースを何とかして変えたいと考えさせる。

Q■日本の公判前整理手続において、当事者が詳細な主張をすべきであるとの考え方について、どう考えるか。

A■それはアメリカと比べられない問題である。重大事件は大陪審で起訴されなければならないが、そこでは全ての証拠を出さなければならない。起訴するのに相当な理由を検察は主張しなければならない。大陪審においては、弁護人は立ち会わない。起訴の後、手続は陪審に送られる。ただ被告人は、無罪の主張をすればよい。陪審が選ばれて公判が始まったときに、事件のアウトラインについて説明をする必要がある。弁護側はこのアウトラインを説明する必要がない。だからたいていの弁護人は、冒頭陳述において被告人の無罪を主張し、合理的な疑いを超えて立証する責任は検察にあるので、よく検察の立証を聞いて欲しいと述べるに止まる。検察のように事実の概略を述べるようなことは、弁護人はしない。そうしないと弁護側が立証責任を負うことになる。自分は弁護人で、弁護人はどういう役割で法廷にいるのかを、述べておくようにするということだ。州によっては違うが、積極的弁護（立証責任の程度は違う）をしなければならないところもある。公判の段階で、検察が召喚した証人によっては、弁護人は示す証拠を変えることもある。その場合、弁護人は陪審に向かって、「これからあることを証拠によって示しますが、検察の証人の証言によって、こちらが示す予定だった証拠で利益を失ってしまったものがある」と告げる。おそらく、ほとんどの刑事弁護人にとって、多くのケースにおいて最も重要なのは、最終弁論だろう。

Q■専門家の判断についての主張が検察と弁護で食い違っていて、それがその

ケースにとって大きな決め手となる場合、その主張は事前に行わなければならないのか。

A■当事者主義を採用しているため、開示しなければならない。検察が公判で示す予定の科学的鑑定については、弁護人がそれをチェックし、異議を申し立てる権利を有しているため、必ず開示されなければならない。弁護人の行った科学的鑑定については、検察の鑑定結果に反して被告人に有利なものであれば、事前に出さなければならない。しかし、検察の鑑定結果と同じようなもの、つまり被告人に不利になるようなものであれば、開示する必要はない。例えば、偽造事件があって、書類になされているサインについて、被告人は、自分のものではないと言っている。その場合、弁護人は専門家を雇い筆跡を鑑定してもらう。その鑑定結果が、そのサインは被告人のものだというのであれば、検察にその鑑定結果を開示する必要はない。しかし、もし検察が、偽造に関する証拠として書類のサインを示し、続いて示した鑑定結果が、そのサインは被告人のものではないとしている場合、検察が公判前にこの鑑定結果を弁護人に開示していなければ大問題だ。

Q■筆跡鑑定の証拠は裁判所ではどのように用いられるのか。

A■検察が鑑定結果を示す場合、まず鑑定の専門家を召喚して主尋問を行い、それに対して弁護人が反対尋問をするので、それによって検察の鑑定結果を崩そうとする。もちろん、それがうまく行かない場合もある。しかし、弁護人も専門家を雇っているので、ここに検察の証拠とは矛盾する証拠があると言って、その専門家を召喚する。その証人に対して、検察も反対尋問をする。陪審は、どちらが信頼できるのかを判断することになる。アメリカのシステムにおいては、常に、専門家の争いとなる。検察、弁護両方の側から書類も出てくる。最後に、検察・弁護双方がそれぞれの最終弁論で、それぞれの証拠に基づいて主張しておく。これらについて判断をするのは陪審である。その際、科学的鑑定による証拠の許容性に関するルールは存在する。つまり、最終的な判断は陪審にゆだねられることになる。ただし、裁判官が、法的問題として、証拠のルールから外れた証拠を法廷で示すことを拒否することはある。そのように拒否された証拠は、陪審が見ることはない。

Q■鑑定書を、陪審は読むのか、その内容についての尋問を聞くのか。

A■鑑定書そのものは証拠とはならない。鑑定はペーパーとしてではなく、鑑定した専門家が召喚され、それについて尋問を受ける。

Q■検察官側請求の証人は鑑定書を見ながら証言することができるか。

A■見ることができる。証人は、その鑑定書を見ながら証言する。つまり、検察はその鑑定書について確認する、というかたちで尋問することになる。弁護側については、とくに公判で示す予定の書面がなければ、それを開示する必要はない。例えば、意見書のようなものがあって、それを公判で示す予定がないのであれば、たとえ検察から開示の請求があったとしても、検察に見せる義務はない。

Q■「合意書面」としてビジネスの契約書そのものも証拠になるのか。

A■ビジネス犯罪等の複雑なものについては、契約書については証拠として出てくる場合もあり得る。書いた人を呼んで質問をすることになる。ただ、当事者が合意しているのであれば、証人を呼んできて質問する必要はない。というのも、合意していれば、争点がないからだ。通常、書面だけが法廷に出てきて、それが証拠とされることはない。それは、憲法の規定により、被告人には対質権があるからだ。通常、人は書面に反対尋問はできないので、被告人に不利だとして合意できないのであれば、その書類を作成した人を呼んできて反対尋問を行わなければならないことになる。

Q■証拠開示は閲覧だけか、謄写もできるか。

A■謄写もできる。

Q■弁護人は事件の概要について一切述べる義務はないとのことだが、その場合、どうやって陪審員は事件の概要を理解するのか。また、陪審員が一連の手続の中で事件の概要について理解できる方法は講じられているか。

A■陪審は、選定の段階で、ケースについてある程度の情報を得ることになる。陪審が選任されれば、陪審員に事件の概要を理解させる責任は、検察官にある。検察は起訴状に書いてあることを説明しなければならないので、そこで陪審員に事件のアウトラインを説明する。例えば、この事件の被告人は第1級殺人で起訴されていて、何月何日にどこで被害者を殺害した、と説明する。さらに、陪審に対して、どのように立証していくかを告げる。そして事件の概要を告げ、召喚予定の証人についても説明をする。例えば、弾丸に関する専門家証人が出てきて、この弾丸が死体から採取されたもので、この弾丸と被告人の家を捜索して押収された銃とがぴったり合うと証明することになる、と説明する。他にも、前妻が他の男性と関係を持ったことに腹を立てて襲いかかった前夫を、前妻が銃で撃った、というようなことも説明するのが検察の役割だ。

Q■被告人側の主張によって、検察側の主張の立証責任の程度が変わってくるとい

うことがあるために、弁護人は公判前にどのような主張をするのかを検察に告げる必要がある、ということにはならないのか。先の例だと、検察は、被告人が無罪であり、正当防衛であるともいえないというように、双方について立証しなければならないのか。

A■検察は、事件の性質上、弁護人が正当防衛を主張してくるだろう、といった予測はできる。だから、検察側が先回りしてそのことを述べる。例えば、このケースは正当防衛に該当しません、なぜなら被告人には逃げるチャンスがあったのに逃げようとしなかったからです、などと説明する。

Q■どういった証拠を出すのかといった検察の立証における計画のようなものを、公判前の協議の際に決めることはあるのか。

A■裁判官は、証拠や審理の性質に基づいて、うまく運ぶとこれくらいで審理が終わるだろうと予期して、スケジュールを設定する。もちろん、それには柔軟性を持たせている。検察が計画をしなければならない、ということではない。

Q■陪審に対して、事前にその審理がどのくらいの期間かかりそうかを説明すると思うが、その際、何に基づいて期間を計るのか。

A■単に、裁判官としての経験である。それから、事件の性質を考慮する。陪審の評議により時間がかかることもあるため、評議の進行具合によっても期間は変わるが、予測される期間を陪審に告げる。

Q■日本の制度では、検察・弁護双方に、それぞれ主尋問と反対尋問がどれくらいの時間がかかりそうかと聞くことになっているが、それはどう考えるか。

A■アメリカでも、裁判官はどれくらい時間がかかりそうかと尋ねる。それに対しておおよその時間を答えるが、あてにならないこともある。事実審の裁判官は、いつも時間を気にしている。あまり1つの尋問に長くかかりすぎると、裁判官は、弁護人に、次の尋問に進むよう言ってくることもある。裁判官は、特に弁護人に対して、反対尋問を長々と続けさせないようにする。反対尋問というのは、ときに非常に長くなる傾向にあるからだ。裁判官は、検察に特別な感情を持っている。このことを立証するのに7人も証人は要らないでしょう、と言うこともある。そして常に、尋問にはどれくらいの時間がかかりそうかと聞く。

Q■尋問時間設定のための協議はあるのか。

A■ニューヨークにはそうした形式的な協議はない。

Q■証拠排除の申立てはいつまで可能か。

A■公判前まで。1つのケースにつき、まとめて申立てを行うことになるが、申立てができる期間は決まっている。その期間内に申立てを行わなければ、例えば証拠排除の申立てを行っても、裁判官はその申立てを受け入れない。そうしなければ、そうした申立てによって、陪審が待たされるということになってしまう。だから、特別な事情のない限り、申立ては一定期間内に制限される。民事事件の場合は、申立を次から次へと行う場合もある。民事事件に近い刑事事件、例えばホワイトカラー犯罪のケースにおいては、申立てをあれこれ出すことで、審理の引き伸ばしをしようとすることがある。ただし、弁護人は、裁判官に能力がないと思われたくないので、あまり無駄な申立ては行わない。

Q■それぞれの証人が、何を証言するために召喚されるのかということについて、裁判所も検察官も弁護人も、公判前に、共通の認識を持っているものなのか。

A■事件による。複雑なホワイトカラー犯罪の事件と、一般の刑事事件ではどの程度把握できるかが異なってくる。細かい証言内容までは把握していないが、大体どのようなことを証言しに来るかは分かる。また弁護人は、検察の証人に会って話を聞くことも可能なので、大体は把握できる。

Q■検察は、弁護人の証人を見ることで、どういう主張をしようとしているかが分かるのか。

A■弁護人は、検察の立証によって証人を変えることも多い。公判前に予定していた証人とは違う人を呼んできたりする。被告人自身に証言させるかどうかも、検察の立証次第ということがある。というのも、検察が立証責任を負っているからだ。ケースは検察のもので、それを攻撃して崩すのが弁護人の役割だ。そのためには、弁護人が他に証人を出す必要がある場合もある。

Q■証人は公判中でも自由に変えることができるということか。

A■もちろんだ。

第4章　元連邦検察官に聞く連邦の刑事手続

訪問先：マリア・T・ガレノ（Maria T. Galeno）弁護士（元連邦検察官）
場所：ピルズバリー・ウィンスロップ・ショウ・ピットマン 法律事務所（Pillsbury Winthrop Shaw Pittman LLP., New York City）
日時：2005年9月8日午前

1. プロフィール

　ガレノ弁護士はニューヨーク州で連邦刑事事件担当の検察官を5年間務めていた。

2. 連邦刑事システム

(1)　無罪と推定

　被告人は、合理的な疑いを超えて有罪と立証されるまでは無罪と推定される。裁判官は、このことが何を意味するのかを陪審に説示する。合理的な疑いとは、例えば、ある人が適切な判断をするかどうかを考えることができないような理由があった場合である。被告人は刑事手続では、弁護人を付ける権利を持っているし、さらに被告人は訴追者への対面権を有している。また、連邦システムにおいては、証人に反対尋問を行う権利をも有している。日本のシステムは、イギリスの制度を取り入れていると聞いている。そこでは、証人は嘘をつくという前提なので、書面による証拠がより重要視されている。私たちのシステムにおいても書面による証拠はあるが、原則として法廷で行った尋問に頼ることにしている。

　ディスカバリーに関する質問に答える。不意打ち的な裁判が存在してはならないので、検察官は、裁判のある段階において、手持ちのファイルを開示できるように

しておく。被告人は、自分に不利となる証拠については、検察官から情報を得ることができる。多くの場合、裁判所は、その情報についてもう少し詳しく開示すべきだと言う。おそらく、裁判で具体的にどのようなことを述べるのかについて知ることのできるような情報を入手できたら、と考えると思うが、そのようなことは申立ての段階で明らかになる。それから、根本的な被告人の権利として、もう1つ、自己負罪拒否特権がある。被告人は証言台につくことを強制されないし、裁判の間、何もせずに座っていてもよい。そうやって検察が事件を有罪だと立証するのを受けて立つことができる。これらが、私たちのシステムにおける一般的な原則である。

(2) 手続の流れ（告訴状によるケース）

　連邦のケースは、一般的には犯罪事実を主張する告訴状によって始まる。告訴状は通常、警察官が、治安判事の前で宣誓して作成される。この段階では、犯罪が行われたという相当の理由があればよいことになっている。これら2つの要素が必要である。

　被告人の最初の出廷は通常、告訴状に基づいて発せられた逮捕状による逮捕後になる。治安判事の前に出廷し、起訴された犯罪を告げられ、弁護人が選任され、公判期日が設定される。アメリカ合衆国においては、たいていの場合、被告人は公判において何も証言しない。裁判所は被告人に証言させるか、何も証言しないままでよいかを判断するのだが、その被告人が地域社会に対して危険であるかどうか、また、証言しない権利が認められるかどうかについて考慮する。例えば、被告人が非常に重い暴力的な犯罪を行った容疑をかけられている場合は証言を求めるであろうし、被告人が違法移民でアメリカ合衆国に関係者がいないのであれば、それを理由に証言を求めないこともある。アメリカ合衆国には、公判において証言するという概念があり、交渉には期限が設けられている。したがって、検察官は手続において何かを示さなければならない。被告人は法律で要請されているものを除いては、手続のなかで特に何も示す必要はないのである。

　被告人が最初に出廷する際に勾留されている場合は、検察官は10日間以内に予備審問手続を行わなければならない。予備審問手続において、検察官は、どのような罪で起訴するのか、何が争点なのかについて証明し、書面の証拠などを示さなければならない。被告人が勾留されていない場合は、検察官は20日間以内に予備審問手続を行わなければならない。しかし、予備審問手続というのはまず行われな

いと言える。その理由は、検察官が起訴する場合に、予備審問手続が行われなければならない期日の前に起訴すると、原則として、予備審問手続は放棄されたことになるからである。検察官は、通常、予備審問を行う前に起訴する。というのも、検察官はそのケースを起訴することを強く望んでいるからである。

　アメリカ合衆国においては、1年を超える懲役を刑罰とする重罪事件については、市民で構成される大陪審によって起訴するかどうかを決定してもらう権利がある。1年以下の懲役を刑罰とする軽罪についてはこの権利は保障されていない。大陪審の陪審員は地域社会から16〜23名が選ばれるが、起訴するにはそのうち12名の賛成が必要だ。大陪審手続というのは、基本的に一方的な手続なので、大陪審に参加するのは、陪審員と、検察官、証人、裁判所書記官であり、被告人の弁護人は大陪審手続の一員ではない。この大陪審手続は、要するに、予備審問手続の代わりとなるようなものだ。大陪審が、犯罪が行われ、それを被告人が行ったのかどうかについて、信ずるに値する相当の理由が存在するかどうかを判断するのである。起訴が決定されると、アレイメントが行われる。被告人が再度法廷にやってくるので、被告人に対して起訴状を朗読し、起訴状のコピーを渡す。弁護人がいなければ、弁護人を選任する。

⑶　手続の流れ（起訴の段階からのケース）
　以上が告訴状によってケースが始まる場合であるが、起訴の段階からケースが始まることもある。検察官は、直接、起訴の段階から始めることもできる。その場合、被告人は起訴された後に逮捕される。告訴状がないために、被告人が事前に法廷に出てこないので、起訴後にアレイメントが行われる。起訴に続いて行われるアレイメントでは、被告人が有罪または無罪の答弁を行う。実務的なことを言うと、検察官と弁護人の間である程度の交渉が行われており、被告人が答弁を行えば、検察官は起訴事実の一部を認めることを被告人に対して求めることができない。これは連邦の刑事事件に適用されるガイドラインである。事前の交渉において答弁について話し合われ、法廷で被告人が無罪の答弁を行った場合、手続は続行され、検察官が有罪の立証をしなければならないことになる。

⑷　ディスカバリー
　連邦刑事訴訟規則には、ディスカバリーにおいて検察官が開示できるようにして

おかなければならないものについて定められている。これは「被告人の請求」と題されており、被告人の弁護人が検察官に対して、正式な請求を行うことになっている。さまざまな物について、開示請求を行うことができるようになっている。

　まず、公判前に被告人が関係機関に対して行った陳述である。これには被告人の自白も含まれる。例えば、無罪の答弁を行った場合に、自白の陳述が使われる。警察などで被告人が陳述したことについては、なんらかのかたちで残すことが多いので、これを検察官が公判において使うことになる。これについて、被告人は公判の前にチェックする権利を持っている。この陳述は、口頭のものも、書面によるものも含む。また、被告人は逮捕記録とよばれる過去の犯罪歴の開示請求ができる。被告人の弁護人も、被告人の犯罪歴については知らないことがあるので、弁護人は検察官に逮捕記録の開示を求める。被告人の弁護人は、検察官が公判で使用する予定のすべての書類や物を開示請求できる。これらは、被告人の逮捕や捜査にあたって被告人の住居から得られたもの、例えば犯罪に使用された銃であったり、犯罪に関する書面であったりする。巧妙な商事犯罪であれば、押収されたものにE-mailが含まれる場合もあるだろう。これらは、被告人が有罪と判断されるのにつながるようなものである。

　さらに、科学的な実験やテストが行われると、その結果についても開示を求めることができる。例えば、被告人の犯罪への関与を調べるためのDNAテストが行われれば、被告側はそれを公判前に入手することができる。そして被告側でそれについて分析することができる。また、検察が公判で召喚する予定である専門家証人が誰かを、被告側は開示請求することができる。

　専門家による証拠に関しては、被告側は被告側で専門家を擁することになる。自分達の専門家を雇って、検察の専門家による証拠を評価させ、自分達の専門家による見解を示すのである。公判においては、一方の専門家の証拠が非常に説得力を持っていて、陪審にとって大きな影響を及ぼす場合もある。

　それでは、被告側が入手できないものは何か。被告側は、裁判手続に関する検察の内部資料については開示請求することができない。検察内部のメモであるとか、検察官が考えをまとめたメモなどである。また、この段階では、被告側は、検察が法廷に召喚する予定の証人の陳述を得ることはできない。ただし、合衆国法律集（18 USC s.3500）に規定されているように、検察側証人の公判開始前の陳述は、法廷で反対尋問を行う前に得ることができる。ただし例外として、検察が主尋問を

すると、検察はその証人が大陪審の前で証言した陳述やその他の陳述を被告側に開示しなくてはならない。実務的な問題として、すべての証人の証言について隠したままにしていると、公判が遅れる。裁判官が裁量を持っていて、公判や法廷におけるルールを管理しているので、s.3500に規定されている検察側証人の陳述を、一定のときまでに開示するよう検察官に要求する。証人が証言する予定となっている日の前日であったり、公判の前の週の金曜の午後に陳述を開示するように、と言うわけである。これによって、被告側は公判前に検察の戦略や弱点を事前にうかがい知ることができる。特別な状況においては、被告側はアリバイを主張して、犯罪が行われた時間に犯行現場にいなかったと言うこともあるが、検察はそれについて、公判前に開示された証人の陳述との関連を指摘したりする。

　それゆえ、被告側は、一定の証人についてはその陳述を公判前、つまり反対尋問前であったり、その数日前に入手することができる。これは反対尋問を行うにあたっては、非常に有用なものである。その証人が嘘をついているとか、その証人が陳述内容自体を省略したとか、証人が他の証拠とつじつまを合わせるために情報をでっち上げたとかいう事実を法廷で示すにあたって大いに役立つ。

　大部分において、証人の身柄は保護されている。安全面での問題を考慮して保護している場合もあるが、より重大な犯罪においては危険を招くおそれがあるからである。

　一方、被告側も検察に対して義務を負っている。被告側は、公判で使用し依拠する予定の書類について開示しなければならない。実務上は、検察が被告人の弁護人から得るわけだ。

　他に、検察が開示しなければならないものは、被告人の無罪を証明する証拠である。これを開示するのは検察の義務だ。例えば検察が捜査段階において聴取した証人が、被告人には法的責任がないということを示す情報を持っていたとする。その情報を吟味して、検察はその情報を使用しないと決めた場合において、検察は被告側の弁護人に、この情報を開示する義務を負っているのである。それゆえ被告側の弁護人は、弁護方針を決定するにあたって、行われたすべての捜査について開示を求めることができるのである。私たちのシステムにおいては、原則として制定法に頼るのではなく、判例に依拠することになっているが、こうした開示のルールは、裁判の先例によって確立された。そこで、その判決の名をとって、この開示ルールはブレイディ・ルールと呼ばれている。

デポジションは、民事事件のなかで出てくることが多いが、要するに宣誓された証言である。裁判官は同席しないが、弁護士達が質問をし、それに対して反対尋問を行う機会がある。これは刑事事件においては通常用いられないものである。これは民事事件に関するものなので、刑事事件で民事訴訟のようなデポジションを取ることがないからである。被告側の弁護人は検察の証人の役割について直前まで知らないのが通常である。特別な状況においては、被告側または検察が証言を保存する目的でデポジションを取る命令を得ることがある。例えば、証人が公判の際に出廷できないような場合だが、これは特別な場合に限られる。1つの証言が、証人の証言を保存するために取られることもあるだろう。

　被告人はまた、裁判所を通じて証人召喚令状を出す権限を有している。被告人は裁判所に行って証人召喚令状を発行してもらい、証人が公判の際に出廷するよう求めることができる。この召喚状によって、その証人が公判に出廷することを命令するものなので、被告側弁護人と事前に会っていない場合もある。そのため、その証人が何を言い出すか分からないということを考えると、危険をはらんでいるとも言える。証言を拒否する可能性もある。また、一定の状況においては、証人が逮捕される可能性もある。その証人が公判において重要証人である場合、出廷を拒否すると、当事者、多くの場合検察が、重要証人令状によりその証人の身体を拘束し、法廷で証言をさせるようにする。

　こうしたディスカバリーにおける義務を守らせることを目的とする様々な規定がある。制裁が科されたり、より重要なのは、証拠を示すのをやめさせられたり証拠の排除が行われる。それと、さきほど述べた原則、不意打ちによる裁判は禁止されている。つまり検察は、開示請求されるのを避けるために証拠を隠しておいて、それを最後の最後に出して被告人に不利になるようなかたちで使用することはできない。検察がそのようなことを行った場合、被告側は公正な裁判に反すると主張し、そのような証拠を排除するよう求める。裁判官は、検察がその証拠を入手したばかりであり、入手してすぐに開示しているとか、特別な理由があってディスカバリーのルールを守ることができなかったとか証明できなければ、被告側の排除の主張を認めることになる。このように、私たちのシステムにおいては、公正な裁判を行うために開示しなければならない情報が定められており、ディスカバリーに定められた義務に従わなければ不利益的な効果が生じるので、具体的に何をしなくてはならないのかが述べられているのである。

また公判前には、様々な申立てが行われる。この申立てというのは、裁判所に特定の請求を行うことである。検察が起訴して70日間以内に公判を開始しなければならないことになっている。しかしこの期間は決まって延長される。そしてその延長の理由は様々である。申立てを行うと、場合によっては、その申立てについて裁判官が決定するまでの時間は、迅速な裁判を70日間以内に行うという期間には計上されない。他にも70日間の期間に計上されない申立てというのがあり、例えば被告人の不在である。被告人が裁判管轄地域の外にいる場合は、被告人が戻ってくるまでは、70日間の期間に計上されない。

　被告側が行うことのできる申立てとはどのようなものであろうか。被告人は起訴状について申立てを行って、起訴状には不備があると争うことができる。例えば、大陪審は相当な理由がないと判断すべきだった、というようなことである。それから証拠排除の申立て、例えば、銃を押収する際に捜査令状がなかったことを理由に、その銃を証拠として公判で使用しないよう求める場合である。陳述を排除するように求める申立てもあるであろう。検察が被告人の行った陳述について開示したとする。その陳述が行われる際に、被告人の憲法上の権利を侵害していたということがあるかもしれない。例えば、被告人が陳述を行う際に、憲法上の被告人の権利について告げられなかったというような場合である。被告人には黙秘権があるし、陳述が行われる前に、その陳述が被告人に不利に使用されることがあることを、警察や検察は告げなければならない。これはミランダ事件によって確立されたルールなので、ミランダ・ルールと呼ばれているが、被告人の刑事事件における陳述の際には必ずこうした被疑者・被告人の権利が告げられなければならない。こうした権利が告げられなければ、被告人の権利が侵害されたとして証拠排除の申立てを行うことができるのである。

　ディスカバリーに関する申立てもある。検察官が情報を適切な時期に開示しないとか、検察が被告側に開示すべき情報を開示しないといった理由がある。1つの公判に複数の被告人がいる場合に、被告人の1人が、別の公判で裁かれることを要求する申立てもある。検察が1つの公判で5人の被告人を起訴したところ、そのうちの1人が釈放され、別に公判を開いてほしいという場合がある。裁判官はこの申立てについて審問を行い、別の公判を設けるかどうか決定する。これらの申立てはすべて、公判前に行われる。

(5)　公判の手続

　公判開始後の過程について述べる。被告人は陪審裁判を選ぶ憲法上の権利を有しているので、陪審裁判を行う場合は陪審員を地域社会から選ぶ。選挙人名簿や、その他裁判所が指定している名簿の中から陪審員は選ばれる。通常、補欠の陪審員も選んでおいて、陪審員の急病などに備える。評議の際には12人のみが陪審員として評議するので、補欠の陪審員は評議に参加しない。被告人は裁判官裁判を選んで、事実問題を裁判官に判断してもらうこともできるが、陪審裁判においては、陪審員が事実問題を判断し、裁判官は法律問題について取り仕切ることになる。これは私たちの刑事裁判においては非常に重要なことである。というのも、証拠に関するルールは非常に複雑で、あるものは証拠として認められるが、そうでないものもある。証拠として認められたものはすべて、陪審が有罪または無罪を判断するのに使われる。裁判官は、どの証拠が認められ、または認められないかを決定する。つまり、裁判官は事実発見者ではない。私は、事実発見の過程というのはパズルのようなものだと言えると思う。いろいろなものを陪審のために寄せ集めるのである。そこである特定のものが認められないとすると、パズルの一片が不足しているということになってしまい、全体像が見えなくなる。それゆえ証拠に関するルールは非常に重要である。裁判官は、陪審が議論を行うという過程から切り離されている必要がある。陪審は認められていない証拠については、知識がない状態で評議をすることになっていて、それ以上のことについては知らないのである。

　もし被告人が裁判官裁判を選択すれば、裁判官は証拠として認められなかったものについてもすべて認識していることになる。私たちは、裁判官がそうした認められなかった証拠については頭から排除して判断してくれていると信じるしかない。例えば、被告人は15年前にある犯罪を行っていたとする。証拠のルールからすれば、この事実は陪審に示されてはならない。被告人の犯罪歴のすべてが陪審に示されることは、被告人が証言台でそのことについて話し、それについて反対尋問を受けるということが行われない限り、ありえない。しかし裁判官は、この犯罪歴について知っている可能性がある。裁判官裁判においては、裁判官は自分が知っているべきでないのに知っている証拠については、事実問題を判断する際には頭の中から排除してしまわなければならない。このように非常に厳格な証拠に関するルールを採用しているのである。認められた証拠についてはすべて、陪審の評決の根拠として使用される。そのため証拠のルールにおいて、あるものが、被告人が有罪か無罪か

を考慮するのに使用すべきではないとされていたとすれば、それはそのケースの証拠ではない。つまり被告人が無罪かどうかの事実を発見する立場である者は、それに依拠することができないのである。陪審であればそのようなものについて知ることはない。というのは、それが公判で採用される前にすでに排除されているからである。もし被告人が陪審裁判を放棄すれば、裁判官裁判なので、裁判官は排除されるべきであったものについても知っていることになる。ゆえに裁判官がそれについて区別をすることができるのだと信じるしかない。

　公判は通常、まず検察、それから弁護人の冒頭陳述で始まる。弁護人の冒頭陳述はもっと後で行われることもあるが、通常はこの最初の段階で行われる。刑事事件では検察が立証責任を負っている。冒頭陳述の後、まず検察が立証を行う。検察が証人を召喚し、書面の証拠を示す。裁判官は陪審に対して、証人が証言台で述べたことのみが証拠であると説示する。それらのみが陪審が考慮してよいものだと説示する。陪審は検察官や弁護人の議論が説得力を持っていると考えることもあるが、検察官や弁護人の議論は証拠ではない。証言と物証のみが、判断の基準となるのである。これらの証言や物証が、被告人が罪を犯したと合理的な疑いを超えて示すのに十分であれば、被告人は有罪と判断されるべきである。証言と物証が不十分で被告人が罪を犯したといえない場合は、被告人は無罪と判断されることになる。

　検察の立証が終了した時点で、被告側は検察の証拠が不十分であるという申立てを行うことができる。裁判官がそれを認めると、すぐに被告人が無罪であるという指示評決を行う。つまり、そこで裁判が止められ、検察が十分な証拠を有していないということで、裁判官は陪審からケースを取り上げるのである。この申立てはなかなか認められない。陪審がいる場合は、裁判官は陪審に判断させようとするからである。

　検察の立証が終われば、被告側が主張を行う番だ。被告人は自分のために証言する必要はないが、証言しても構わない。被告側の主張が終われば、検察は再び立証する機会が与えられる。被告側の主張の間に出てきた証拠について、検察が知らなかったことや、反対尋問をする機会がなかったことについて反証する最後の機会となる。しかし、これについては、被告側の主張のなかで出てきたことについて指摘するのに限られる。

　こうしてすべての証拠が陪審に示されると、あと２つの段階が残っている。裁判官の説示と最終弁論である。最終弁論の前に、説示のための会議と呼ばれる非常

に重要なものがある。これは検察と弁護人が裁判官に会って、それぞれ、法律問題についてどのように裁判官が陪審に説示すべきだと考えているかを述べるのである。犯罪を構成する要素は何か、ある証拠について他の証拠とは異なる注意点について説示されるべきか、状況証拠と直接証拠についてなどである。そして裁判官は、正確にどのように陪審に説示するかを告げる。検察官と弁護人にとって、最終弁論をどのように構成するかを考えるにあたって、何を述べるかを決定するために、説示は重要である。このように、説示のための協議において、最終説示で述べることに関して裁判官が話すのである。

　その次に、最終弁論が行われる。立証責任を負っている側が、まず最終弁論を行い、次にもう一方が最終弁論を行う。連邦刑事手続においては、検察が先で、弁護側が後になる。その後、検察はふたたび最終弁論を行うことができる。これは州では行われていないと思うが、連邦では検察が最後にもう一度、最終弁論を行うことができる。検察、弁護がそれぞれの議論についてそのように最終弁論を行った後、裁判官が説示を行う。裁判官は、陪審に対して、何をすべきでないかを話す。

(6)　陪審の評議

　その後、陪審の評議が始まる。陪審は事実に対して法を適用しようとする。例えば、犯罪には、犯意（mens rea）とよばれる構成要素がある。犯罪を行う意思のことだ。アメリカ合衆国においては、犯罪行為を偶然行ってしまったという場合には有罪とならない。そうした場合、民事上の責任を負うことはある。例えば過失である。しかし、刑事について犯罪者とはならない。だから、裁判官は陪審に対して、特定の犯罪でどの程度の意思が必要とされるのかを説示する。陪審は、証拠に対して、そのルールを適用するのである。例えば、ある証人が「被告人が犯罪を行うつもりだと言った」と証言したとする。この証拠は、被告人が、自分がしようとしていることが悪いことだと自覚していたということ、しかもその行為を意図的に行おうとしていたことを示す強力な証拠になる。というのも、誰かに対して、今から犯罪を行うつもりだと言っているからである。これが、犯罪の意図を示すものだと陪審がいえる証拠になる。これが事実に法を適用するということの例である。

　陪審の評議は非公開となる。陪審の評議については、検察や弁護側、裁判官による議論の対象とならないし、何がどう進行しているのか、陪審が何を考えているのか、何をしているのかについてはまったくわからない。評議室には陪審だけがい

右から4人目がマリア・T・ガレーノ弁護士、その向って左隣がフサエ・ナラ弁護士

て、あとは薬物や銃を除く物証があるだけである。それ以外の証拠で評議室に持っていけないもの、例えば証人の証言だと、陪審にもう一度読み聞かせるということを行う。その後、陪審は評決が出れば裁判官にその旨を伝え、法廷に呼び戻されたうえで、評決を読み上げるのである。そのとき、被告人の有罪評決が出ると、被告人は刑務所に送られるが、その過程で、上位裁判所による判決を求めて、上訴手続を取ることもある。上訴理由は様々だが、例えば不適切な証拠で陪審が間違った評決に導かれたとか、裁判官が公判過程において誤った判断を行った、例えば排除されるべき証拠を排除しなかったとか、認めるべき証拠を認めなかったとかいうことである。

(7) 法律家の役割

　公判にのぞむ法律家として重要なことはどのようなことか。とても重要なことは、法律家としての信頼である。陪審員達は、常に、自分達の前にいる法律家を信頼しているというのでなければならない。法律家が言うことなすことのすべてが、信頼に足るものでなければならない。その例を述べる。

　自分の証人のあまり良くないことについて何か聞いた場合に、どうするか。検察はときに、その証人を止めることがある。例えば、被告人と付き合いのある、あまり素行の良くない人々がいて、そのうちの1人が検察にとって非常に重要な証人となりえそうだとする。そしてその証人が、印象の悪くなるおそれのある要素を持っていて、それが法廷で出てきそうだということを検察が聞きつけた。その証人が自分の

第4章　元連邦検察官に聞く連邦の刑事手続　155

証人であれば、さらには被告側の証人であっても、自分達がその良くないことを先に暴露しておくほうが良い場合がある。良くないことについては自ら暴露し、相手方に暴露させない、ということである。これを先制攻撃と呼んでいる。というのも、信ずるべき人を攻撃させたと陪審員たちに思われたくないからである。このようなことが最初の尋問で起きたとしたら、陪審員たちは、この法律家はこの証人に証言させたけれど、重要な情報を持っている証人だとは言っていなかった、と考えるだろう。私は常に、証人に証言させて、良くないことも先に言わせるということをする。陪審はそれを聞いている。そうすれば陪審は、この検察官はそういう良くないことがあるにもかかわらず、この証人に証言させている、それはこの証人が自分たちの知るべき重要な情報を持っているからだと考えてくれるのである。こういう意味で、陪審の印象は非常に重要だ。というのも、陪審が信じてくれなければ、裁判は終わりだからである。

　他に重要なことは、ときに事件は非常に複雑なものとなるということである。とくに証券や反トラストに関する事件は複雑だ。陪審員は通常、法律家ではない。法律家や裁判官と同じような知識を持っているわけではないのである。だから、証拠を示す場合に、陪審はそれほど知識がないという感じで扱ってはいけない。それは適切ではない。ただ、重要な事実や物だけに注意を喚起すればよいのである。そのような重要な物や事実については、冒頭陳述や最終弁論で触れておく。私は、陪審というのは、本当に重要な心に残った証拠だけを心にとどめておくことができると考えているので、陪審に重要な証拠を覚えておいてもらうことが大切になってくる。それで、それを何度も何度も、強調する。証人の反対尋問などにおいても繰り返す。

　視覚的なものについて、公判の助けとなるかどうかということについては、あまり使い続けると、裁判を不適切に変えてしまうことになりかねない。私が検察官をしていたときには、図表や絵を使ったりしたが、それらは単に比較する目的で使用した。業者を雇って、視覚的補助となるものを用意してもらうと、より簡単に準備できる。ただし、そのようなものを陪審の前で使用する場合、証拠として認められているものでなければならない。図表に表されているものはすべて、すでに証拠として示されているものでなければならないのである。以前はそのようなものを準備していたが、現在、原則として法廷にはコンピューターが設置されている。複雑な刑事事件においては、陪審員がそれぞれ、各自のコンピューター画面を見ることができるようになっているし、より大きな画面も用意されているので、陪審は、証人が証言し

ている間に証言に関する書類を画面で見ることもでき、簡単に読むことができる。

また、証言が何種類かある場合には、証人や検察官が話した言葉をスクリーンに映し出すということもあるので、コンピューター技術は裁判のやり方を劇的に変えたと言うことができる。私自身の考えとしては、それがよりよいことなのかどうかわからない。コンピューターが使用されている裁判を見たところでは、陪審は、ときどきコンピューターのせいで混乱しているように見えた。コンピューターを使うのは裁判のたったわずかな間だが、それが裁判を面白くないものにしてしまう可能性がある。早いペースで裁判を進めて陪審に興味を持たせ続けることは非常に重要である。そうでなければ、陪審はこちらの言うことを聞いてくれなくなってしまう。つまり、こうした技術的な補助を公判の過程で使うことは可能だが、主要な目的、つまり陪審を説得するということを忘れてはならないのだ。

3. 質疑応答

Q■日本で裁判員裁判が始まる前提として争点整理という手続が行われることになり、例えば弁護側が正当防衛を主張するのであれば、それを事前に検察に明らかにしなければならない。アメリカでは、検察が、例えば正当防衛を主張することを知らずに公判に臨むということはあるか。

A■もちろん、ある時点で、その正当防衛の主張は明らかにしなければならない。証人の証言などによって正当防衛を主張する場合には、ある段階において、正当防衛を主張するための何らかの情報を持っていることを明らかにしなくてはならないであろう。正当防衛を被告人の証言によってのみ主張するのであれば、検察がそのときまで正当防衛について知らないということはありえる。しかし実務上は、何らかの方法で正当防衛を主張することがわかる場合が多い。例えば公判前に申立てを行うときであるとか、ディスカバリーの段階であるとかである。

もう1つ、正当防衛に関してだが、弁護側としてはどのように正当防衛を主張するかについて、先ほど述べたことを明らかにするという意味で、すこし詳しく話したい。正当防衛が被告人の証言のみによって立証されることは、よくあることだ。犯罪が行われたとき、被告人と被害者だけが現場にいて、他には誰もいなかったという場合である。連邦のケースよりも州のケースで起こる可能性が多いのだが、無罪につながる証拠が開示されない限りは、弁護側はある決定を迫られる。それは、弁護

側が検察を交えた裁判官との協議の際に、正当防衛についてすぐに話すかどうかということである。このことは、裁判官が犯罪を行ったことを示す証拠を開示してもらうのに、被告人に有利になるように配慮してもらいたいと考えることと関係している。そこでこの被告人は無罪で、犯歴もないし、突然、被害者が出てきて傷つけられたと言っているだけだと、弁護側は手続が開始する際にその主張をして、正当防衛の主張はしない。そうすれば、裁判官は弁護側に有利な判断をしてくれる可能性が出てくる。裁判官裁判であれば無罪の判決に、陪審裁判では被告側に有利に働くような判断をしてもらうことにつながる。

　反対に、被告側弁護人が決断しなくてはならない場合もある。これは、弁護人が被告人を信用していないようなときである。被告人は正当防衛だと言っているけれど、それについて疑いを持っているなら、弁護人は決断しなくてはならない。被告人が証言するまで、他に被告人の正当防衛を証明するような証人がいないかもしれない。その場合、正当防衛を抗弁として使うことを被告人の証言で始めて明らかにするのを躊躇する場合もあるだろう。というのも、公判が先に進んでから正当防衛を主張するかどうかを決めることはしたくないと考えるからである。法律上の義務がない限りは、例えば心身喪失の抗弁であれば、被告人が犯罪を行ってしまうような精神的な病気にかかっていたという事実があれば、それを開示しなくてはならないが、そのような開示義務がない限り、正当防衛という切り札をぎりぎりまで隠しておきたいと考えるかもしれない。というのも、その決断が、裁判に旋風を巻き起こし、被告人を無罪とする可能性があるからである。

　心神喪失の抗弁は、冒頭弁論の段階では決して陪審に明らかにされない。被告人を証言させるそのときまで、判断を陪審に任せたいのである。検察は、立証責任を負っている。しかし弁護側は、陪審に対して何も約束しないし、責任を負っていない。先ほど言ったように、法律家として陪審の信頼が落ちる可能性がある。だから規則などで要求されない限り、もしくは後になって明らかにしたくはないと決断しない限りは、弁護人は自分の持っている情報を被告人が話すまで伏せておき、検察が立証するのにまかせておく。

　検察の立場から言えば、ときに、検察官がまったく知らない証人が出てくる場合がある。そんなときは、直接尋問の間、数分間にわたって反対尋問のためのメモを取り、自分の考えをまとめるために休憩を入れてもらう。その際、捜査を行った捜査官にいろいろ聞いたりする。誰が証人で誰が被告人か知っているからである。そう

でなければ、直接尋問の後、すぐに立ち上がって、反対尋問をするということになる。検察官はそうした場面に遭遇することも多々ある。

Q■検察官に立証責任があるため、弁護人は特に何かを主張する必要はないということだが、例えば弁護人が被告人は無罪だと単に主張していただけだったのに、最終弁論の段階で何らかの主張が明確に出てきて、それを述べるということはあるのか。

A■陪審の前で行う弁論においては、例えば被告側弁護人の冒頭陳述において、被告側が召喚する予定の証人の何人かについて何かを述べたとする。そこでは、弁護人は証拠を開示しない。検察は証拠を開示するが、弁護人は開示していないことについては問題とされない。弁論というのは、冒頭陳述も最終弁論もただの議論にすぎない。ただし、証拠に基づいた議論でなければならない。証拠として示されていないことについて弁論を行うことはできない。証拠の合理性や、証拠がその事件にどのような影響を持っているかについて議論するのである。

Q■目撃証人が見たのは被告人ではなく別人だったということを、弁護人が他の証人に証言させるという場合、弁護人はそのことについて事前に開示する必要はあるのか。

A■連邦手続で言うと、裁判官は証人が誰なのかを、少なくともその証人が証言する前日までに、開示するように要求する可能性がある。裁判官が訴訟を指揮するので、それは裁判官によって異なるだろう。ただ、その証人について冒頭弁論で何も触れなかった場合、その証人が証言する際、陪審は、どうしてあの弁護人はこの証人について何も言わなかったのだろうと考えるだろう。検察の証人とまったく反対のことを証言する証人がいることを、なぜ事前に告げなかったのだろうと。だから、弁護人は、ここで何が問題となるかよく考えなくてはならない。証人について何も言わないことで検察を驚かせることは、もちろん可能である。でも検察のことは忘れて、まず考えなくてはならないことは、目の前にいる陪審を説得しなければならないということである。そのため、検察の証人と反対のことを証言する証人がいるのであれば、その証人の信用性に疑いを持っていて、その証言によって他の証言の足を引っ張るというのでなければ、冒頭弁論でそのことを陪審に話しておくべきである。というのも、もしも弁護側にそのような検察の証人とは矛盾する証言をする証人がいないのであれば、検察の証人に対する反対尋問の際に、検察の証人が直前に述べたこととまったく矛盾する事実を示す資料などをもとに反対尋問を行うことになる

わけである。その場合、その資料については事前に開示しなければならない。そのような反対尋問においては、弁護人は、その証人が混乱していたのだろうとか、間違って証言しているとか、その証人が証言している事実を目撃するには、位置的に良く見えなかっただろうというようなことを示すことになるわけだ。

　アメリカには裁判に関する映画が数多くあって、そのなかで陪審裁判について描写しているものも多いが、かなり正確に描かれているものもある。私がお勧めするのは、『いとこのビニー』（原題：My Cousin Vinny、1992年）というコメディ映画である。私たちは、この映画の場面をいくつか抜き出して短く編集しようと考えている。というのも、この映画で行われている反対尋問は非常に上手なのだ。例えば、証人が、2人の男の子がコンビニエンス・ストアを閉め切って店のオーナーを撃ち殺したと証言しようとしている場面がある。証人は、緑色のコートを着ているよく似た感じの2人の少年を見たと言う。ところが、逮捕されたのはその証言よりも年齢が上の2人の男の子だった。弁護人は目撃証人の数人に反対尋問を行う。ある女性の目撃証人は分厚い眼鏡をかけているのだが、最後に眼鏡を買ったのはいつかと尋ねて、法廷の後ろのほうに行き、何本の指が見えますかと尋ねると彼女は答えることができない。非常に危険性の高い尋問のやり方ではあるが、陪審がその証人の視力のせいで証言の信用性に疑問を持つというのがよく分かる。その次の証人は男性で、窓ガラス越しに2人の男性を見たと言うのだが、その窓ガラスは汚れていて、しかも木に囲まれているということが分かる。だから、弁護側は、反対尋問によって、検察の立証を崩すということも可能なのである。

Q■裁判官は、手続のどの段階で、検察や弁護人が何を争うつもりだと分かるのか。
A■裁判官はディスカバリーのもっと以前に、分かっていると思う。裁判の前に、検察と弁護人との協議を何度も行い、争点は何かと直接聞くし、どれくらい証言に時間がかかりそうかとか話し合っているので、争点についてはかなり把握していることになる。公判前協議のもっと前の段階で理解しているということだ。それから説示の段階でも、例えば正当防衛とか心神喪失の抗弁を行っている場合には、説示に関する協議の際に、そうした抗弁について説示をしてくれと言わなくてはならないので、裁判官が争点については把握していないということはありえない。また、ディスカバリーの段階でも、当事者同士はさまざまな議論を戦わせるし、申立ても行って抗弁を認めるかどうかを争うので、そこでも分かる。

Q■公判前の段階で、召喚予定の証人や、その証人に証言させる日を全部決めて

しまうということになるのか。

Ａ■裁判官は、どのように自分の公判を主宰するかについて裁量がある。もちろん、ルールから大きく外れてはならないが、証人のリストや予想外の証人をどこまで許可するかは裁判官の裁量に委ねられている。したがって、裁判官が誰になったかによって戦略を大きく変えたりもする。裁判官は、民事の場合だとかなり前にはっきりと証人リストを変更しなさいと言う。刑事の場合とはだいぶ違って、民事の場合だとより多くの情報が事前に出てきているからである。しかし、裁判官は、証人リストを変更しなさいと言うこともある。リストに載っていない証人を呼びなさいと言う場合もある。

Ｑ■陪審裁判が開始した後に新たな証人を申請した場合、裁判官がそれを認めたり、内容によって考慮すると言うことは可能か。

Ａ■裁判官は裁判の手続において非常に広範な裁量を有している。もちろん、制定法やルールには従わなくてはならない。もし、裁判官が不公平な判断をしたり、通常と異なる判断をしたということがあれば、それは上訴手続において争われることになる。被告人が無罪とされれば、連邦手続においては、そこでケースが終了する。しかし、被告人が有罪とされれば、上訴することができる。そこでは、被告人は、裁判官が間違いを犯したと主張する。連邦刑事訴訟規則15に基づいて被告人が公式に開示を要求できるのは、大陪審での被告人の陳述、犯罪記録、検察の書面である。

Ｑ■被告人の自白調書がある場合、この調書は証拠としてどのように取り調べることになるのか。

Ａ■連邦刑事訴訟規則16に基づいて、ディスカバリーの段階において、弁護人は検察に対してその供述調書を開示してくれと請求することができる。もし自白調書があれば、そのコピーを得ることになる。これが、私たちのシステムにおいて、そうした書類を調査する唯一の機会となる。その書面そのものが陪審に渡されるかどうかは、裁判官の裁量の問題となる。もし私が検察官であれば、書面を提出して、証拠として示そうとするであろう。それが認められれば、陪審に渡されることになる。しかし、こうしたものを証拠として示す方法は様々だ。その書面を読むことで証拠として示すこともできる。その場合、裁判所に行って裁判官に、証拠を代読することで示したいのだが、と言う。その理由を問われるかもしれないが、認められる可能性がある。つまり裁判官は、それを証拠として認め、代読することができる。そうすれ

ば証拠となるわけである。次に裁判官に、これを証拠として陪審に示したいと言う。この自白を陪審に聞かせたいからだ。裁判官がそれを認めれば、私（検察官）は陪審の方を向いて、その自白を読み聞かせる。

　私はかつて、銀行強盗のケースを担当した。その際、ある男が銀行に入ってきて警備員を撃ち、お金を奪った後に歩いて出て行くという一連の写真を入手した。これを1冊の冊子にまとめたのだが、1枚ずつ進むごとに少しずつ動いているというように見えることになる。私はこれを陪審に見てもらいたいと考えた。そこで裁判官に、この銀行で撮られた写真の冊子を証拠として示したいということ、銀行で起こったことを表すものであり証拠として認められる範囲のものであること、を主張した。裁判官はこれを証拠として認めてくれた。そこで私は、これを陪審に見せたいと言った。そこで陪審のところにこの写真の冊子を持っていき、補充陪審員を含めた16人の陪審員たちが1人ずつ、2回、この写真をすべて見終わった後、次の人に回すというかたちで、この冊子を陪審に見てもらった。その間、法廷は静まり返っていた。この手続を終えるのに30分かかったのだが、私はずっと座って待っていた。私は、被告人が犯人であることを分かってもらいたかったし、何をしたのかをちゃんと理解してもらいたかったのだ。それで、陪審がその写真を見終えるのをずっと待っていたのである。これは非常に意味があることだ。というのも、陪審の評議が始まれば、この写真は評議室に証拠として持ち込まれることが可能になるからである。

Q■書面を読む場合、すべてを読むのか、それとも要約して読むということをするのか。

A■全部を被告人に読ませる。しかし、そのすべてを証拠とするかどうかは、戦略的な決定になる。一部を読ませることで、例えば、どれだけ大変だったかというようなことを述べている部分などは、同情を誘うという可能性もある。もちろん、全体を読ませようと考えることもあるだろうが。その場合、弁護側に有利になる可能性が大きいと言えるのではないか。とにかく、弁護人としては、自白調書があろうとなかろうと関係ない、ということを示さなくてはならない。戦略として、証拠として示したいということだ。

Q■予定していた証人が重病などでどうしても法廷に出てこられないとき、どのような手続をとることができるのか。

A■連邦刑事訴訟規則15に基づいて、裁判官のところに行って、デポジションをとる旨の命令を得ることができる。裁判官がデポジションの際に立ち会うかどうかは

裁判官の裁量に委ねられているが、通常、検察と弁護人、証人、それから裁判所の記録担当者が立ち会う。この場合、記録というのはビデオに撮るか、もしくはテープに録音することだが、そうやって証言を記録する。この記録された証言は、証人が出廷できないということから、のちの裁判で証拠として採用されることになる。デポジションで弁護側がどのように反対尋問を行うことができるかが問題となる。私が先に述べたように、被告人は反対尋問を行う権利を持っているので、デポジションにおいても反対尋問を行うことができるようになっている。もちろん、裁判所の決定によって行うことができるわけだが。

Q■合意書面はどのような場合に作成されるのか。またどのような証拠調手続を経るのか。

A■ある事実について検察・弁護側双方が合意している場合、訴訟上の合意を行う。双方がそれを回覧し、その後、陪審の前で読み上げられる。これは実際には書面という形態をとらないので、陪審の評議室に持ち込まれることはない。ただ読み上げられるだけである。書証などについて合意しているという場合であれば、証拠となるので、評議室に持ち込まれる。これには裁判所の命令が必要である。当事者は公判前でも、開始後でも、この合意を入手することができる。例えば、麻薬に関する刑事事件があったとする。ある物質を押収したところ、実はそれがコカインであったとする。理論上、検察は、その被告人を逮捕した警察官を召喚し、勾留場所から被告人を連れてこなければならない。どこでその麻薬が被告人から押収され、どこに保管されていたか、法廷に召喚されれば、それが証拠であると述べるということになる。それらが述べられて初めて、被告人から押収したものの実物が示されるということになるわけである。そこで、これは何ですか、と聞くことができる。そこで化学者を呼んできて、その物質を調べたところ、コカインであることが判明したと証言してもらうということになる。非常に面倒なことだ。被告側の弁護人は、化学者が何と言うのか、知っているのだから。このことについて合意しておけば、請求番号2番の証拠については鑑定が行われ、コカインであると判明している、とされる。これが非常によくあるタイプの合意である。

　私たちのシステムにおいては、勾留されているということは非常に重大なことである。例えば、被告人から麻薬が押収されたことを立証するために、3つの異なる証拠を示さないといけない場合に、まず1人の警察官によって押収され、それが別の警察官に渡され、また勾留場所にいる別の警察官に渡してそれが返ってきて、とい

第4章　元連邦検察官に聞く連邦の刑事手続

うことがある。被告側弁護人がそのことを証拠として示したいとしたら、勾留されていることがそのケースにおける争点となっている場合を除いては、その一連のことを証拠として示すことを、合意することによって省略するだろう。

　私が担当したことのあるケースで、被害者は被告人に撃たれたのだが、重傷を負った。私たちは、被害者が負った重傷に関する証拠によって、被告人が何を行ったかを示そうとした。被告側の弁護人は、被害者が証言する際に、何人が殺されたのだろうと考えたそうだ。被害者は、精神的に非常に不安定な状態で、撃たれたことでその精神状態に深く影響が出ていた。被告側弁護人は、この証人の姿を陪審に見せたくないので、証人は生きているが、非常に重い傷を負ったことについて合意した。被告側弁護人は陪審にこの証人を見せたくなかったのだが、私はもちろん、見てほしいと思った。この証人はひどく震えていて、証言台で何をするかわからないというような状態であったが、私は証言して欲しいと思った。私は、陪審が実際に本人を見なければ、くだらないと考えるかもしれないと思ったのである。これ以外に、被害者の重傷に関する証拠は示されなかった。

　合意については、双方がそれぞれ戦略を持っているので、合意するか、それとも生身の証人を証言させるか、決めなくてはならない。というのも、証言させるというのは常に、何らかの危険を負っていることになる。どの証人が認められるか、その証人が証言台で何を言い出すかわからないということもある。しかし、適正手続の面から見ても、あることを証言させるためには召喚しなければならないのである。

Q■日本では、ある事実について合意した、ということを書面にするというかたちになるが、アメリカでもそのような合意書面があるのか。

A■犯罪が行われた過程について一部でも合意するというのはおかしなことではないか。それは、検察が立証すべきことである。

Q■陪審裁判で起きる様々な問題というのは、具体的にどのようなものか。

A■アメリカの陪審制度と日本の裁判員制度では多少違いがあるかもしれないが、日本の裁判に参加する一般の人々には知識があって、社会的に尊敬を集める人もいるだろう。ある程度法知識を有している人を選別するということも可能なのではないだろうか。アメリカの陪審員は、いつもそこまで厳しく選別されているわけではない。問題は、陪審員のことをよく知らないということである。だから連邦の裁判においては、裁判官は陪審候補者に対して一連の質問を行い、その人が偏見を持っていないか、一方に肩入れしていないか、陪審員として毎日法廷にやってきて任務に

あたるために問題となるような何らかの身体的な障害を持っていないかどうか、例えば証言を聞いたり話したりするのに不自由はないかということを確認する。そうでなければ、人種差別者や、裁判に何らかの影響を与えるような人、正気でない人が陪審員となる可能性があるからだ。

私の経験では、刑事裁判で、裁判の2日目にやってきて、「自分が直接見たのでない限り有罪の評決を出すことはできない」と裁判官に言った陪審員がいた。この陪審員は、陪審員としてはふさわしくないことになる。というのも、陪審裁判というのは、他人が見た証拠を見て、また証人の証言を聞くことで、それらに基づいて判断を下すというものだからだ。犯罪を直接見ることはもうできない。だから裁判官はその陪審員を外し、補欠陪審員の中から1人を補充した。このように、陪審選定のときに問題が起きることもある。

アメリカのシステムにおいては、日本とは違って、陪審が選定されたその日に裁判が終わるということも珍しくない。アメリカでも、陪審裁判で非常に時間のかかる場合もある。例えばO・J・シンプソンの裁判がそうだ。私は、この裁判はアメリカの裁判システムの中でもとても困惑した裁判の1つだと思っているが、アメリカの陪審員を務める人々というのは、有名人に有罪評決を下すというのが非常に難しいことが多い。事前に行われた研究は、模擬の陪審員を選定して行ったものだが、その結果から、O・J・シンプソン裁判の検察官は、陪審の前で黒人女性を選定するなと言われていた。彼らはO・Jに同情してしまうとされていたのだ。検察官は黒人の女性を入れても構わないと個人的には感じていたが、これが最初の間違いとなった。陪審員に1人の黒人女性がいたのだが、この魅力的な黒人の女性が偏見を持っていると考えたために、彼女を説得し続ける羽目になってしまった。

私たちのシステムにおいては、偏見というのが非常に大きな問題である。これは偏見というものでなくてもいいのだが、人は手続の中の多くの部分に対して好き嫌いを持っているし、好みがある。だから、自分の担当しているケースにおいて、そうした偏見がどのような影響を持っているか、どんな人を陪審員に入れたいか、入れたくないかを常に考えなくてはならない。私が検察官をしていたときは、中立的で高収入の持家所有者で、地域で高い地位を有している人で、法を厳格に適用してほしいと考えている人たちを陪審に選ぶようにしていた。仕事を持っておらず、あくびをしていて、麻薬を使ったことのあるような人は、陪審に入れたくなかった。

陪審選定において、理由なし、理由つきで忌避できる人数が決まっている。理由

付きの場合は、例えば証拠を自分自身で判断できないような人であれば、それを理由に忌避できる。理由なしの場合は、検察や弁護人が単に気に入らないということや、自分の主張を受け入れてもらえそうにないということを感じれば、理由をいわずに忌避できる。だから私たちの陪審制度においては、検察官や弁護人が、刑事手続で認められている制度を有効に利用するということなのである。日本のシステムではそこまで言えないかもしれない。しかしアメリカの陪審は、皆さん自身の同輩（市民）で構成されているし、同時にその裁判の被告人の同輩も含まれる。そして裁判官が犯罪事実の認定を、その陪審に委ねるということになっている。これがアメリカのシステムである。

第5章 元裁判官に聞く陪審裁判の実際

訪問先：フィリス・スクルート・バンバーガー（Phylis Skloot Bamberger）元裁判官（弁護士）
場所：ゾネンシャイン・ナス＆ローゼンタール法律事務所（Sonnenchein, Nath & Rosenthal LLP, New York City）
日時：2005年9月8日午後

1. プロフィール

バンバーガー弁護士は定年退職するまで25年間、ニューヨーク州高位裁判所で裁判官を務めていた。量刑の専門家として知られ、『新しい連邦量刑ガイドラインの下での実務』（Practice Under New Federal Sentencing Guidelines (4th ed., 2001)）などの編書がある。

2. ニューヨーク州刑事手続の概要

(1) 公判前の手続について

重大事件の場合、大陪審の手続が行われる。大陪審というのは23人の市民であり、16人が少なくとも出席していなくてはならない。12の賛成で決定される。被告人も被疑者もこの手続には参加しない。公判前協議においては、検察官と弁護人が、裁判所と所定のことに関して、例えば公判にどれくらいの日程を要するかということを決める。記録には残る。

(2) 説示について

裁判官と陪審員の関係についてであるが、どんなふうに裁判官が説示すべきか

は模範説示集に書いてある。私たちは、制定法において少なくとも3回説示しなければならないことになっている。

　1回目の説示は、陪審選定において行う。陪審員候補者は、まず裁判所に来た時に、陪審担当事務局に集められ、英語ができるかどうか、2年以内に陪審員となっていないか等をチェックされる。その次の陪審の選定の段階で、決定的な質問をする。つまり、あなたは犯罪の被害者になったことがありますかという質問である。被害者になった経験がある人は入れない。そんなふうにして、刑事裁判に関する基本的な原則をできるだけ頻繁に説明するようにする。裁判官は何回でもするようにしている。

　2回目の説示は、陪審選定が終わったすぐあとに行う。無罪推定の原則を基本的には公判の場でするようにする。検察官が証拠を示す義務があるし、正当防衛の話であるとか、弁護士の許可を得て説明をする。基本的には、同じ説示を繰り返す。それを理由とするのは、陪審員に法的な原則を学んで欲しいからである。そして、陪審員の職分というのは証拠を検討することであり、彼らが証拠の評価を決めることになるのだということを説明する。

　3回目の説示は、最終弁論のあとの最終説示である。私は、3回といわずできるだけ陪審に説明していた。ニューヨークでは、陪審は非常に細かく、いろいろなこと、例えば、殺人事件では、2つのこと（検察が立証すべきこと）、つまり死をもたらした行為があったかどうか、その犯意があったかどうかを説明する。

　もちろんその際にその犯罪を行ったことに対して、犯罪の要素なるもの、犯罪に重要なものを説明する。証拠であれば、そのことが違法に入手されたのであるかどうかを説明する。

　そういうふうに単純な説示と複雑な説示をする。また罪状に幅のあるとき、当該事件が陪審に軽い犯罪を含む犯罪であることを説明する。つまり、一つの犯罪カテゴリーの中で、有罪か否かを判断する必要があることを説明する。だから、陪審はまず、一番重い罪名について、その被告人が有罪であるかどうかの判断を行い、それについて無罪であれば、より軽い罪名について有罪かどうかを考えるというふうに判断する。ニューヨークでは法で陪審が罪名について判断する際、重いものから順に判断するよう規定している。そうでなければ、陪審は妥協してしまう。例えば、より軽い罪名で有罪と考えていた陪審員が、より重い犯罪で有罪と考えている陪審員の考え方に妥協して、結局、より重い罪で有罪ということにすればいい、という妥

協をする可能性があるため、ニューヨークではこれを避けようとしている。

　殺人で起訴された事案で、傷害としては有罪であるという場合は、その限度で有罪となる。過失致死で有罪となる場合もある。従って各罪について伝える必要がある。

　陪審が実際に説示に従って評議しているかどうかは、裁判官は評議室に入ることができないので、分からない。しかし、私は陪審が説示に従って評議していると思っている。

3. 量刑についての説明

　量刑は、裁判官によって行われる。裁判官が、量刑資料を集める。保護観察、１年以下の定期刑、５年から25年の定期刑（科されることのもっとも多い刑罰）、１〜３年、２〜６年、４〜12年、５〜15年の４種の不定期刑、科料、損害填補（restitution）といった刑罰がある。また、分割科刑では、５年間の保護観察と６ヶ月ほどの刑務所での拘禁という刑が科される。この場合、刑務所で拘禁される期間はそれほど長くない。性犯罪者の場合には、特別な要求があり、追跡調査がされる。刑務所に行かない保護観察については、最大５年間、コミュニティでカウンセラーや保護監察官が保護観察する形になる。私の観点からすると、州や郡というのは、十分な資金や資産、スタッフがないので、保護観察がうまくいっているかどうか疑問がある。様々な問題があって適切な処置が取れないことが多く、裁判官として、非常に落胆したこともあった。また、刑務所での定期刑の拘禁を終えた後に、２年間から５年間の保護観察をつけて、コミュニティにおいて監視するということも行われる場合がある。量刑は非常に複雑なシステムになっている。裁判官が量刑に使う情報は正確でなければならない。量刑に使用した情報の正確性について被告人が申立を行うと、裁判官は聴聞会を開かなければならない。

4. 質疑応答

Q■陪審が偏見を持たないで意見を述べられるよう、どのような配慮をしているか。
A■裁判官として私が彼らに最初に言うことは、証拠だけを見て判断すること、自分で勝手に捜査をする必要もないということ、被告人の人種や服装をみて判断しな

中央がフィリス・スクルート・バンバーガー弁護士

いということである。また証人が陪審に目を合わせたりしないからといって直ちに信用できない人だと判断できるわけではないことも言う。

　無罪推定の原則についても、偏見を持たないためには必要なことだと思っている。また公判段階で説示する際に、被告人側は有罪の証拠を出す必要がないということを伝える。

Q■説示はどのように行われているのか。

A■裁判官から検察官や弁護人に、特に説示をしてほしいことはあるか、どんな説示を希望するのか聞く。そこで私は自分の説示について説明する。私は原案を検察官、弁護人に渡す。そのことについて最終弁論の前に会議をする。説示については、コンピューターの中に説示のデータを入れている。いくつかの州では説示を陪審に配布するが、ニューヨーク州では説示の配布は許されていない。

Q■説示の方法について、争いがある場合には、上級審で争われることになるのか。

A■そうである。

Q■日本の裁判員制度において、量刑判断を考慮するに当たり注意すべき事項、使うべき資料はあるか。

A■どのルールを使って量刑を決めていくかということは、それは非常に難しい問題である。市民と裁判官が量刑の目的は何なのかということが分からなければならない。市民に研修を受けさせる、学校に行ってもらうということが非常に重要であると思う。もし量刑の目的が人を罰することにあり、その人が非常に危険であるということになれば、地域社会からその人を取り除くということになる。そうなれば、刑は長くなる。他の人に類似の事件を起こさせないということであれば、その量刑は警

告を与えるためなされる。合衆国では、ビジネス犯罪は多くの場合、専門的職業の人が行う、他の一般の人が行わない犯罪で、刑は警告的なものということになる。したがって量刑はおそらく被告人ごとに違うであろう。量刑の大きな枠組みである。何年にするかということは、財産なのか、人が傷つけられたのか、慰謝をしているのかでも違うであろう。

　量刑を決めるに当たって、被告人に関する情報は多ければ多いほどいい。人間関係や前科も考慮要素となる。(量刑にあたっては)どんな資料があっても役に立つと思う。

Q■評議のルールについてだが、評議の際、証言の速記を読むことができるのか。
A■証言は速記がとられているので、証言について聞きたいという場合に、それを陪審に読ませることはできる。陪審員に情報を与えることとしては、裁判官が説示をもう一度する場合がある。

Q■陪審員は、メモを評議室に持ち込めるか。
A■メモについては持ち込むことができるが、他の陪審は見ることはできない。陪審員達がノートに依存した評議をしてしまうからである。ノートをとるのが下手な人もいる。ノートが評議をコントロールしてしまうことがある。他方で審理が長期化する場合、ノートをとるのが有用な場合もある。

Q■評議の進め方について、特別なルールはあるか。
A■決まったルールはない。どの争点から評議を進めるか、説示において、自由に議論を進めることができると述べる。平等に議論を進めるということを話す。また評決の投票結果については言わないでくれという。

Q■中間評議は行われているか。
A■禁止されている。説示において途中で評議をしないよう、また公判中は証人の評価を誰にも言わないようにと説明する。審理の途中でも述べる。審理の休廷中にも評議をしないようにと伝える。

Q■日本では、証人調べの度にその証言の信用性について審議しようという考え方があるが、どう思うか。
A■それは良い考え方とはとても思えない。それ以降の他の証拠評価にも影響を与えるからである。被告人は全てを知るという権利があるので、その証人の評価について評議がなされているのであれば、被告人はそれを知る権利がある。

Q■陪審員が評議の間に検察や弁護人に質問がある場合、どうするのか。

Ａ■陪審から質問のメモが裁判官に送られてきた場合、裁判官は検察・弁護双方を呼んで、その答えについて協議する。答えが出たら、陪審を法廷に呼び戻して答えを告げる。

Ｑ■陪審員が証言者や被告人に直接質問をすることは認められているか。

Ａ■ニューヨークでは弁護人が同意しない限り、認められていない。他の州や連邦では認められている。それらの州においては、陪審員が質問を書いて裁判官に渡すと裁判官が検察、弁護人、被告人との協議を行い、答えを考える。これらについては記録をとる。答えが出ると、質問と答えを読み上げる。そういう場合は当事者双方の意見を聞いている。しかし、ニューヨークにおいては、この陪審の公判における質問については法律で認められていないし、法曹人も質問を認めることに賛成しないし、多くの裁判官がそれを望んでいない。理由は、いい質問がある場合があって、検察や弁護人がその事柄については公判では避けようとしていたものであるために、応えるのを避けたい場合があること、新たな証拠や情報を示さなくてはならないことになってしまって他の争点や問題を起こしてしまうこと、さらに陪審にとってその質問がより重要なものとなってしまい他の証拠に注意を払わなくなってしまうことがあること、といった理由からである。陪審は、本当に良い質問をすることがある。興味深いのは、私が裁判官をしていたときに、当事者を呼んで、「この情報はここになくて、証拠も示さないようだけれど、一体どうするつもりなのか」と尋ねていた。私はこういう裁判官を「積極的な裁判官」と呼んでいたが、検察や弁護人はあまりこういう裁判官を好まない。私は検察や弁護人のミスや問題を見つけると、彼らを裁判官席に呼びよせて話を聞いていた。

Ｑ■量刑について聞きたい。日本の裁判員制度では裁判官と裁判員が量刑判断をする。市民は、裁判でのみ現れた情報で判断する。どういう量刑をして良いのかわからない。一つの方法として量刑基準を示すという方法がある、もう一つの方法はそういう基準を示さない方法、この２つの方法について、量刑の専門家としての意見をうかがいたい。

Ａ■（システムが違うので）私は分からないが、３人のうちの受訴裁判官が量刑基準をいうべきではない。他の裁判官がいうべきである。そうしないと、合議体の１人の裁判官が意見を言うことになってしまうから。評議の中で、意見をいうことについて裁判官と裁判員が同じだけの評決権をもっていることを理解させる必要がある。そうすることにより、裁判員というのは裁判官の意見に従わなくてもよいのだと

いうことを認識させることが可能になるだろう。

Q■パワーポイントを使うこと、パワーポイントを使った資料を配付することについてどうか。

A■ニューヨークでは、資料を渡してもいいとされるのは、証拠として採用されるときだけである。(弁論や論告を印刷したものを渡すことは想定されていない)。証拠として示されたものであれば、陪審から請求があると評議に持ち込むことが可能である。陪審が評議に入って一番最初に言ってくるのは、ほぼ、「証拠を持ってきてくれ」ということである。言葉で行われた証言よりも、物体として存在し、触れることのできる証拠物のほうを見たいと考えるからだと私は思う。

Q■最新のテクノロジーを使うことは、陪審制にどのような影響を与えるか。

A■陪審員は、最新技術について非常に興味を持っている。検察官がスクリーンを使って、冒頭陳述で警察官の作った書類、写真、科学的な証拠を映し出すことがある。それは、効果的である。陪審は科学的証拠に非常に興味を示す傾向がある。検察官が冒頭陳述において、「このケースには物的証拠はありませんが、それが有罪にならないというわけではありません」という主張を行ったとしても、直ちには信じられない場合が多い。

　ある事件でビデオが用いられた(追跡状況を撮影したビデオついて)。その事案ではビデオの信用力が非常に高く認められた。ニューヨーク市では、地域社会と警察とが変わった関係にある。警察の言うことを人々が信じない傾向がある。選定手続において、警察の言うことを信じられますかと聞くこともある。

Q■ニューヨークにおいて、量刑のスタンダードを用いない理由はなぜか。

A■立法府が採用しないからだ。

第6章　ニューヨーク大学ロースクール教授に聞く陪審裁判と公判前整理手続

訪問先：フランク・アッパム（Frank Upham）教授（日本法）、アンソニー・トンプソン（Anthony Thompson）教授（刑事訴訟法）、ブレント・ホワイト（Brent White）助手（ニューヨーク大学ロースクール）
場所：ニューヨーク大学ロースクール（New York University School of Law）
日時：2006年9月9日午前

1. プロフィール

　アッパム教授は、「日本法」の研究者として知られている。トンプソン教授は、ニューヨーク大学ロースクールに赴任する前は、刑事弁護士として、カリフォルニア州の公設弁護人事務所で公設弁護人を9年間務めていた。

2. 質疑応答

Q■陪審制度において、供述調書の位置づけはどうなっているのか。
A■（トンプソン教授）日本とシステム・位置づけが違う。被告人は自白するが一部の証拠にすぎない。自白というのは強制されることがあるわけだから。日本では自白調書は有罪を示す証拠として重要な位置づけであると聞いている。また、被疑者の権利が告げられる前や、弁護人が選任される前に自白を強制されることがある。陪審に示す前に、裁判官がなんらかのかたちで、その自白調書の任意性について、またその自白調書が強制されたものでないことをチェックするシステムが必要ではないか。
　（アメリカの場合）被告人の供述調書が問題ないと判断された場合、どのタイミングで出てくるのかといえば、検察官が立証する段階で証拠として提出する。その場

合、被告人本人ではなく、自白を行った相手方、つまり警察官などを証人として召喚して、自白の内容について証言させる。自白調書を出してしまうと、伝聞証拠になってしまうためである。そのように証人に自白について証言させたあとで、自白を記録した書面やビデオが出てきて確認する。この書面やビデオは、いったん自白をしたあとで、書きとめられたり、撮影される。

　自白をしていようとしていまいと、被告人のうちおよそ90%は、司法取引を行う。

　自白が違法にとられたり、手続に誤りがあれば、それが証拠の一部になる。証拠の目的というのは、双方がそれぞれの主張を作り上げる場だから。しかし、日本でも、裁判員が自白を聞く前に、裁判所がその自白の任意性についてチェックすることが必要になると思う。もし強制された自白を聞かせて、その後でそれが任意であったかどうかを判断するということを裁判員に行わせると、偏見を持ってしまうことになる。アメリカで、自白が任意でない場合に排除される理由は、単に信用性がないからというだけではない。警察が違法な自白をとるのを避けるようにもっていくということもある。それは、自白というのが偏見を抱かせるものであるからだ。被告人が自白をしたというと、多くの人はそれが真実だと思ってしまう。多くの研究で、自白が虚偽であったと証明されていても、だ。自白をしたという捜査官の証言や、自白後に作成された書類やビデオは両方とも証拠となる。しかし、自白の書類やビデオを見ることというのは、法廷における被告人の証言よりも、大きな説得力をもっている。ただ、それらは証拠の一部に過ぎないのであって、それらを基に証言することになる被告人を信用するためのもので、単に警察の前でそれらのことを述べたということを示すものでしかない。その場合、陪審は、作成された調書を読む。評議の中でもそれを読む。どの程度の長さの調書が作成されるのかは、事件による。調書はプロジェクターに映すこともあるし、調書を読むこともある。それは検察官が決めることである。公判で出てきた証拠は、評議の際に申し出があれば記録を読むことができる。

Q■起訴状に書かれていることについて、一部を認めるとか認めないと争うことはあるか。

A■（トンプソン教授）基本的には、有罪か無罪かということを答えるのみ。起訴前の段階で、この部分は認めるとか認めないといった交渉を行っている。

Q■アメリカでは、公判前の手続において、「争点整理」と題して、争点を絞ることはあるか。

中央左からアンソニー・トンプソン、フランク・アッパム各教授、ブレント・ホワイト助手（ニューヨーク大学ロースクール）

A■（トンプソン教授）民事手続としてはあるけれども、アメリカにはない。

　まず、裁判員がそういった手続を見ないのであれば非常に問題が多い。被告側は自分たちの手の内を早い段階で明らかにしなくてはならないことになるし、また、被告人の権利について保護を厚くしたいと考えるかどうかにもよるだろう。争点整理というのは、弁護側からすれば、検察の戦略が事前に分かるということにもなりえるが、しかし、裁判員が何を見ることを許されるか、裁判官が何を見ることを許されるか、といった仕組みを作ることが必要だと思われる。というのも、裁判官は証拠の信用性について判断したり、証拠を評価するということができ、裁判員にはそれができないということがあると思われるからだ。公判前整理手続に関与した裁判官が、公判手続にも関わることは、陪審員との間で当初から情報の格差が生じていることになり、非常に問題があるのではないか。検察側が立証責任を負う原則に反していると考えてよいと思う。争点整理は効率性につながることになるけれども、結果的に被告人・弁護人に不利となる。争点整理を陪審の前で行うのであれば、説得力をもつものとなるかもしれない。

Q■争点整理は、弁護側に立証責任を負わせることになるのではないか、また黙秘権の侵害になるのではないか、という議論があるが、それについてどう思うか。

A■（トンプソン教授）弁護側が立証責任を負うことになってしまう可能性はある。本来は、あくまでも検察が立証責任を負っているのであって、弁護側は席に着いて立証責任については何も考える必要もないし、何も言わなくても構わないはずだ。ただ、それが黙秘権の侵害に直接つながるかどうかというと、すこし問題が違うような印象もある。この問題は、どういう制度を創りたいかということに大きく左右され

る。争点整理によって、裁判にかかる時間をできるだけ短くしたいというような効率性を第一に考えるのであれば、立証責任について妥協しなくてはならないところが出てきてしまう。もし、裁判官と裁判員が合同で何かを判断するというのであれば、裁判員が見ていない多くの証拠を裁判官は見ているということが起こるだろう。そうすれば、評議の際に裁判員が意見を求める裁判官は、そうした裁判員の見ていない証拠をすでに見ていることになる。これは非常に問題が大きい。だからこそ、アメリカのシステムにおいては、証拠に関する手続の部分は裁判官が行い、事実の判断の部分は陪審が行うというふうに分けている。事実の判断に裁判官を入れるということは、非常に複雑な問題を起こすことになる。

Q■殺人事件の公判前整理手続において、弁護側がどういう主張をするのか（例えば殺人事件で、その場にいなかった、その場にいたが刺していない、あるいは刺したが故意ではない、その他検察官が述べた事実の存否）を明らかにしなければならないとされているが、それをどう思うか。弁護側への立証責任の転換や、黙秘権の侵害ということになるとは考えられないか。

A■（トンプソン教授）1999年以降、カリフォルニア州では、日本が行おうとしているのと同じような、検察・弁護双方が情報を開示するというディスカバリーの手続が行われている。戦略を決定するという側面から言えば、戦略に関する判断が非常に難しくなった。ただ、相互開示に関して、ある種の保護がなされていて、弁護側は、検察の立証に対して争いのある証拠を開示する必要はない。また、公判進行中に被告人に有利な新たな証拠が発見された場合にも、被告人に対する保護のため、たとえディスカバリーでその証拠が発見されなかったとしても、公判で示してよいことになっている。しかしながら、検察の立証責任と弁護側の公判前のディスカバリーによる開示との間の対立関係は、いつも相互開示のシステムにおいては問題になる。

　アメリカでも公判前の手続について、被告人のアリバイを抗弁とする場合にはそれを示す証拠を開示しなければならない。ただし、（弁護側が提出予定の）証拠や証人のリストを開示することはあるが、大事なことは、「立証のプランや戦略」を開示することまでは義務づけられていないことである。また、相互に開示を行うといっても、弁護側は、検察の立証が終わるまで準備している証拠が適切かどうかを決めかねていることがある。そのような場合、その証拠は検察の立証が終わるまでは開示する必要はないとされている。もう1つ、相互開示システムで危険だと思われるのは、

弁護側が陪審に対して、このケースがどのようなものかを話した際に、検察が、その弁護側の話から、新しい証人や新しい情報を発見することがある。その場合、裁判所は、それについて制裁を与えるということについて非常に厳格でなければならない。というのも、そのような事態ができるだけ起きないようにしなければならないからだ。裁判官や陪審が必要とする事実を懸命に準備してきたにもかかわらず、検察が新たに発見した証拠のせいですべてを変更しなければならないことになってしまうということを避ける必要がある。そのような場合には制裁が科されるべきだ。遅すぎることを理由として却下するなど、何らかの弁護側に対する保護が必要である。

Q■弁護側が事前に開示しなければならないのは、アリバイと心神喪失、科学的鑑定に関する証拠で間違いないか。

A■(トンプソン教授)アリバイや心神喪失は積極的抗弁と呼ばれているもので、それらは州によって開示すべきかどうかが異なる。ニューヨークでは開示しなければならない。また、科学的証拠については、公判前に検察に、検察の専門家証人を使って鑑定する機会を与えなければならないことになっている。これは、陪審裁判における2つの重要な原則を達成するために行われている。まず、公平であることが、公判において徹底されなければならない。例えば科学的鑑定が公判前に提出されなければ、公判中に提出することになり、それによって公判の進行が遅れてしまうことになる。これらの手続の構造は、被告人の権利や検察の立証責任と何らかの衝突を起こすことにはなる。

Q■パワーポイントなどの視覚的な技術を用いることについて意見はあるか。

A■(アッパム教授)基本的には有用。弁護人と陪審員の間の垣根を取り払うのに使えるものは何でも使うようにすればいいのは事実である。ただ、問題は、陪審員同士の間で垣根ができてしまうおそれがある。あまりコンピューターに慣れていない人々もいるので、そのような人々が陪審に含まれている場合は、陪審と被告人との間に垣根を作ってしまうことになることもある。陪審員は社会的な地位や経済的な問題などで、コンピューターに馴染みのない人たちが選任されることもある。そういう人々にとっては、コンピューターを使われると不快感を持ったり、敵対的な気持ちになる場合もあるからだ。日本の裁判員も選挙名簿から選ばれるのであれば、同じ問題が起こるだろう。ただし、とくに冒頭弁論でパワーポイントなどを使うというような場合は、それが冒頭弁論として許容される範囲内にあるかどうかが問題となるので、間違いを犯さないよう注意する必要がある。

Q■現在日本で行われている模擬裁判では、冒頭陳述でパワーポイントを用いて詳しい事実を説明したうえ、それを紙として裁判員に配っている。そのことについてどう思うか。

A■（トンプソン教授）それは非常に問題がある。民事ではパワーポイントを多用している。パワーポイントは有用となりうるが、同時に危険をはらんでいる。法廷でパワーポイントを使って視覚的に訴えることと、それらを印刷して陪審に渡すこととでは、異なる問題が生じてくる。検察が示すパワーポイントは、（裁判所サイドの）オフィシャルなものととらえられる可能性がある。それから、私たちは、陪審選定において、かなり議論をして、どの情報を陪審に告げてもよいのかを事前に決める。そうやって選定の段階で陪審に示したものというのは、非常に大きな影響力を持っているからだ。陪審員は、それぞれのケースにおいて向き・不向きがあるので、どのような情報を陪審に告げて、どのような質問を検察や弁護側が行うことができるかということに、私たちはかなり気を使う。つまり、裁判官が、陪審選定にあたってどのような質問をしてよいかどうか、判断する。かなり厳格にしている州では、実際に公判で示される事実や情報のみに基づいて検察や弁護側が質問することしか許されないし、反対に、陪審に自由に質問できる州もある。だから、重要になってくるのは、選定の段階で、公判で実際に示される事実や情報を陪審候補者が聞き、読むということである。まず、陪審に対する最初のオリエンテーションでどのような情報が与えられるのかということだ。それから、弁護側が、陪審選定において、陪審候補者に対してどのような質問をすることができるかというのも非常に重要である。例えば、陪審候補者で、以前、兄弟が殺されたことがあるという人がいたとすれば、多くの刑事事件においては、陪審にふさわしくないと判断されるだろう。しかし、そのことをその陪審員から聞きだす機会が必要になる。

Q■中間評議についてどう考えるか。

A■（トンプソン教授）２つの基本的問題がある。そんなことをしていたら時間がかかる。もう一つは、裁判員と裁判官は対等でない（『位』の高い専門家）。したがって、裁判官の思う方向に評議が進むのではないか。裁判官が一般市民の陪審員と離れている場合には、裁判官は専門家として有効に機能するが、同じ部屋で評議をするとなると、裁判官がそれぞれの証人の証言から、さまざまな要因を引き出してくるということを行うことになるだろうから、一般市民はその裁判官の意見について重みを感じるということになり、裁判官と一般市民のバランスが大きく崩れてしまう。

単に職業裁判官であるという事実が、優れた人間だとすることにはならないはずだ。

Q■専門家と一般市民とが審理をする評議の進め方について意見を聞きたい。

A■（トンプソン教授）非常に深い問題があるだろう。アメリカでも、裁判官は、公判前に非常に広範囲にわたって陪審選定前のオリエンテーションを行っているし、説示においても、裁判官がある程度のケースについての説明を行うということになっている。そのため、裁判官が入っていない陪審においても、裁判官が陪審に与える影響は懸念されている。裁判官が評議に加わるのであれば、なお問題点がある。中間評議を行って、ある証人の証言の後に、裁判官と裁判員が話し合って、その証人は信用できると判断した後で、別の証人の証言において「先ほどの証人は現場にいなかった」ということが言われると、先の証人の信用性が揺らいでしまい、結局最後まで問題として残る。公判において速記をとり、疑問があればすぐにその記録を見て、証言を確認するということができなければならないだろう。法律の専門知識を持った裁判官が一緒にいても、陪審員（裁判員）がしっかり独立していて、それぞれがはっきりと意見を言うことができるというのであれば、問題は起こらない可能性もある。また、カリフォルニア州では、被告人は、裁判官を不適切だということで裁判官を代えるよう、1回に限り、申立を行うこともできる。

第7章 連邦公選弁護人に聞く証拠開示手続と弁論

訪問先：ローランド・タウ（Roland Thau）連邦公選弁護人
場所：連邦公設弁護人事務所（Federal Defender Division）
日時：2005年9月9日午前

1. プロフィール

　タウ弁護士がリードする連邦公設弁護人事務所は、独立した団体であるが、連邦政府から資金が出ている。被疑者が逮捕された時に、裁判官の前に連れて来られた時点で依頼がくる。そこでは保釈を求め、実現させることが弁護人の大きな仕事になるという。

2. ニューヨーク州刑事手続の概要

　日本で身体拘束される期間の長さを聞いて驚いた。何でそんなに身体を拘束するのか信じられない。それほど長く身体拘束するのでは誰も無罪の主張をしないのではないか。逮捕された時に、裁判官は、被告人が地域社会の中で十分なつながりがあるかどうか、危険性があるかどうかをチェックする。危険がないと判断されれば、保釈される。3分の1から半分位は帰宅できる。無罪を主張していても関係なく保釈される。
　大陪審は、23人で構成されている。しかし、大陪審はチェック機能を果たしておらず、検察側が訴追したいと言えば、追認する傾向にある。大陪審は形骸化している。
　証拠採否がいったん決まった後で、陪審法廷においてそれを争うことはできない。技術上、公判手続において尋問の際に、警察官を呼んだ時に、警察官に対して

質問をすることはありうる(間接的に違法手続の主張をする)。

　トライアルの問題について。裁判官による裁判を求めることもできる。何らかの理由で陪審裁判を放棄することもできる。陪審が陪審候補者の中から選定されるわけであるが、選定段階からその背景となることも聞き、好ましい陪審かどうかを判断する。公正で偏見のない人を選ぶ。

　検察は直接尋問によって、有罪の立証を行っていく。弁護側は反対尋問をする。証人や証拠に疑いがあることを示す。証人となっている者の前科を追及することもある。

3. 質疑応答

Q■弁護人が、検察側が請求する証人の情報をどのように集めるのか。
A■私たち弁護人の事務所には、スタッフがいる。元警察官もいる。最初にしゃべった人がどのようであったかについて調査を始める。他に目撃者がいないかも探す。検察官側からの情報を参考にする場合もある。

　検察側は「無罪につながる」証拠は出さなければならないとされているが検察官以外は分からない。勝手に判断した場合でもそのことは弁護人には分からない。だから弁護人は、まず「無罪につながる証拠」がないかどうか、(一般的に)検察に尋ねる。「無罪につながる証拠」を具体的に求める場合もある。ただし、どんな証拠があるのか分からない場合が多い。

　「無罪につながる証拠」の形は問わない。検察は単なる情報であれ、記録化されたものであれ、何であれ教えなければならない。

Q■弁護人は、検察側に、例えば、「目撃者が他にいるのではないか」という形で聞くことはできるのか。
A■彼らは「無罪につながる証拠」を開示をする義務があり、無罪につながる証拠については必ず言わなければならない。その証言内容次第では開示しなければならないこととなる。

4. タウ弁護人の案内で連邦裁判所にて裁判官や検察官と面談

　以下、質疑応答

Q■陪審員に対する弁論活動で気をつけていることは何か。
A■（検察官）声を荒げたりはしない。論理的に話す。何が争われているのかをはっきりさせる。事実をあげる。自分としては、起訴した事件が有罪だと信じていることを伝える。
Q■証拠開示の手続についてはどうか。
A■難しい質問である。というのも物証の場合は、それを出してしまえばすむ。しかし、証人の供述調書の開示については難しい場合も多い。というのは、証人の場合は最初嘘をつく場合が多いからである。法廷で証言内容について聞き、検察側が意図する証言を引き出した上で、最初に作成した供述調書は「無罪に結びつく」証拠ではないと理屈づけるテクニックもある。

しかし、自分としては「無罪に結びつく」可能性があるのであれば、出すようにしている。「無罪に結びつく証拠」を意図的に出さなければ、検察官が処分を受けることがある。過失で出さなかった場合には、再度審理をする理由となる場合がある。

そのような証拠を故意で隠されると探しようがない。自分の経験では検察官から隠されたことが2回あった。無罪につながる証拠を見つけだすのは非常に難しい。基本的には、優秀な検事は開示をすると思う。
Q■裁判官が証人に直接質問をする場合についてはどうか。
A■裁判官が質問をする場合、陪審がいる場合といない場合で違う。陪審がいない場合は、証言が確かなのか、分からないのかについて聞いたりする。陪審がいる場合は、出来るだけ我慢して質問をしないようにする。しかし陪審が分かっていないだろうと思われる時に、裁判官の方から補充の質問をする場合がある。
Q■証人尋問の際、検察官、弁護人が聞かないけれど真実を明らかにするためには、これを聞きたいという質問があった場合に裁判官は聞くか。
A■陪審員がいるときには、刑事事件では基本的には立証責任は検察官にある。「合理的な疑いない」ほど有罪かどうかを証明する責任は検察官にある。だから、そういった時にも質問はしない。ただし、他の裁判官では、陪審裁判であっても、積極的に聞く裁判官もいる。

第8章　元検察官に聞く
証拠開示手続と検察の立証責任

訪問先：ロバート・レイ（Robert Ray）弁護士（元連邦検察官）
場所：ピットニー・ハーディン弁護士事務所（Pitney Hardin LLP. in New York City）
日時：2005年9月9日午後（樫葉幸夫弁護士が同席）

1. プロフィール

　レイ弁護士は、連邦控訴裁判所でクラークをしたあと、13年間、連邦検察庁で検事をしていた。そのうちの半分の期間は、ニューヨークの南部地区の地検で働いていた。その後、政府の要人の係わる刑事事件の訴追に関わっていた。有名なのはケネス・スターという独立検察官の下で、クリントン元大統領絡みのホワイトウォーター事件を担当したことがある。
　現在、弁護士になって、逆サイドのことをしており、主にビジネス犯罪における弁護人活動をしている。ニューヨーク・タイムズ紙に論説を発表するなど、著名な弁護士の一人である。

2. 質疑応答

Q■ビジネス犯罪における証拠開示の対象は何か。
A■弁護人は、公判前の段階で、できる限り多くの情報の開示を求めて、検察がどのような情報を持っていて、どれだけ被告人に不利であるか判断しようとする。ただ、連邦の場合、検察は必ず開示しなければいけない情報がある。これは連邦刑事訴訟規則が明示している。また、1963年のブレディ判決の要請でもある。ブレディ判決により、「無罪につながる証拠」については、その情報を入手すれば即座に、検察は弁護側に開示をしなければならないことになっている。これも、基本的にはそ

うであるが、全て開示するわけではない。被告人に有利かどうかの判断は、検察官の判断にゆだねられている。ルールとしては、例えば被告人が自身のアリバイについて述べた内容に関する記録については、テープ、ビデオ、供述調書など、どのようなかたちで記録されたものであっても、被告人が公判前に述べたものについて、検察は開示する義務を負う。だから自動的に全てが開示されるわけではない。

　公判が近づくと、被告人は弾劾証拠や、被告人に不利な証言を行う予定である証人の公判前の証言を得る権利を有する。ただ、この開示は義務ではなく、直接尋問が済むまでに検察は開示すればよいこととなっている。しかし、事実上、そういうことをやると裁判の遅延を招くので、直接尋問をする前に渡すことになっている。アメリカでは、こうした情報については、非常に注意深くコントロールされていることになる。というのも、すべてを開示すると、たいてい、被告人にとっては情報が多すぎて困るということになるし、開示することによって証人の安全性や誠実性に影響を与える場合があることを、経験から知っているからだ。したがって、実際には全面的に開示が認められているわけではない。

　それ以外にも、テロリズムのような問題が起こってくると、国家の安全が関係してくるので、全面的に開示を認めると、政府の情報ファイルから、多くの重要な情報を開示してしまうことになってしまうため、問題が起こることがある。総括して言えば、証拠開示は非常に限定されていると捉えてよい。つまり、被告人の陳述、被告人の無罪につながる証拠を入手することができる。また、被告人に有用な証人の情報であれば、通常は公判が始まって証人の証言が始まる直前に、限定的であるが、被告人に与えられるということだ。

Q■公判廷で請求される証拠については事前に全て出すことになっているのか。
A■逮捕された被告人に典型的に起こることは、まず供述調書を取られるということだ。その場合、被告人には黙秘権があることが告げられるが、被告人がそれを放棄して、自白をした場合を考える。起訴されて、私が被告人の弁護士になれば、その自白についての警察のレポートを出せということはできる。被告人が述べたことを記録した調書はサインをしていようと、していなくても開示を求めることができる。検察が公判で、それを証拠として示すことを予定しているのであれば、当然開示しなければならない。一般的には、サインをしていない調書は証拠化されない。しかし、憲法上の被告人の権利を告げられないまま供述を行ったとか、強迫されて行った供述である場合もある。もちろん、それは公判前の申し立てにおいて、なぜ証拠

として認められないのかを主張すれば、証拠からは排除される。
　多くの事件においては、大陪審の手続において、そういう証拠が提出されるので、そこで紹介された証拠を見ることによって、どういう証拠があるかを見ることができる。被告人側は、その調査結果の全てを検察側に示す必要はない。
Q■被告人を有罪にするための基礎となる証拠を、検察がどれだけ持っているのか、開示するか。例えば、ビジネス犯罪の場合は、被告人の供述書以外にも契約書類であるとか、そういった書証がたくさんあるとすれば、それについては事前に開示を受ける権利があるのか。
A■大陪審で起訴するかどうかを決めるが、そこで大陪審が召喚状を発行して、関連する証拠書類、例えば、社内のメモ、E-mailや会社内の報告書などを提出させるため、検察と大陪審がそういった情報を持っている。つまり、大陪審が被告会社で働いている従業員を召喚して、書類を提出させる。
　公判が近づいてきた段階で、実務上は書証の交換、例えば、検察は、どういう書類が公判で持ち出されるかということについて示したノートを渡すし、同じように、被告側も検察側に、どういったものを公判で弁護側が示そうとする証拠であるか、そのリストを渡すことになる。これは、公判が始まってすぐくらいのことだ。しかし、検察側の特定の書類について、被告側がそれを提出するよう請求する権利は存在しない。
　双方とも、最後の最後まで、あまり手の内を見せたくはない。というのも、それぞれの戦略やケースについての結論づけに基づいて、証拠を収集しているからだ。弁護側は立証責任を負っているわけではないので、検察が開示しなければならないほど、手の内を示す必要はない。
Q■証拠開示を求めた時に検察側が応じてこない場合があるか。
A■検察側が拒否をした時には、被告人側は申し立てをすることによって、その申立てを裁判所が聞くことになる。検察側が被告人に有利な証拠を出さないとすれば、検察はその証拠を出さないで裁判を続けるか、出して訴追をやめるかということに直面する。もちろん、手続の中では、開示によってある種の弊害が生じるという場合、あるいは公的な目的がある場合には、「保護命令」というのが出て保護される。それは検察の持っている一時的な開示拒否権ということになる。
Q■捜査側が押収した書類は、返す手続があるか。
A■多くの場合、原本を提出させるが、それを返却するよう要求することは認めら

れていない。コピーを提出しても良いという場合もある。最近では、コンピューターの中にデータとして保存されている場合も多いので、検察が提出するよう要求してきた場合、電子的ディスカバリーと呼ぶこともあるが、CD-Rで渡したり、コンピューターの内容をコピーして持っていく場合もある。そうやって、ビジネスにどうしても必要な書類を返却し、業務に支障をきたさないようにすることが可能である。原本を提出させた場合は、通常は捜査が終われば返す。終わるまでは返さない。

Q■証拠開示に当たって、弁護側がスタッフを使って調査をすることはあるか。

A■弁護側は調査員を雇うし、検察側がインタビューするであろう人を最初に調べる。検察は、自分の証人を支配下に置いたり、収監したりしているわけではないので、弁護側は自由に、検察と同じように検察側証人に接触して、話を聞くことができる。そもそも、検察が証人に対して、被告側の弁護人や調査員に話すのは不利益になるから、自由に話してはいけないというようなことは言えない。

しかし誰も検察や弁護人に協力する義務がないのと同じように、証人に法廷で証言することを強要できない。証人が公判前に弁護人に対して話したくないと言った場合、話すよう強要する手続は存在しない。その場合、弁護人は、その証人の話さないという態度が変わることを期待することしかできない。証人を公判に呼び出せないと思われる理由がある場合、個別に公判前にインタビューを行うこととなる。公判で有効とされる証言を得るために宣誓したうえで証言録取書をとることもある。例えばその証人が、公判のときに外国に滞在している予定だとか、その他の理由で公判に出られない場合、宣誓した上でとられた証言録取書を提出することで反対尋問を行う機会を与え、当事者主義を保障している。これにより、証人が公判のときに出廷できなくても、証言を公判に導入することができるようになっている。

Q■顧客から記録を預かっていることの多い弁護士事務所も捜索の対象となることはあるか。

A■非常に難しい問題である。一般的にはNOだといえる。依頼人とのやり取り情報というのは、弁護活動に関連するものであれば、ワーク・プロダクトにあたるため保護されるということが、憲法上も保障されている。連邦証拠法上も、それは公開されることはない。しかし、例外がある。詐欺の実行行為の手段として弁護人を使った場合などで、そのようなときには、弁護士・依頼人間の秘匿特権は適用されないため、検察から請求があれば、依頼人とのやりとりであっても開示しなければならない。ワーク・プロダクトとして検察に開示されない書類もあるが、これは非常に限定

前列の左がロバート・レイ弁護士

的な例外ということになる。例えば、依頼人が、弁護士とやりとりした情報でワーク・プロダクトにあたる書類を持っていたとして、それに対して提出を求める召喚令状が出された場合、弁護人はその令状について依頼人の代理人として対応しなければならないが、弁護人は、依頼人・弁護人間の秘匿特権を理由に、召喚令状によって提出を命じられた書類を提出しないということができる。もちろん検察は、弁護人が秘匿特権を理由に提出しないことに対して異議を唱えることができる。その場合、裁判官がその正当性について判断することになる。その結果、裁判官は弁護人が提出しなかった書類について、その不提出の正当性を判断するために、特別な事情のある場合を除いては、その書類を確認することになる。

　法人の問題は、非常に複雑である。例えば、会社の経営に関する捜査を行う場合、弁護人によって準備された書面、つまりその会社が自身で最初に何が起こったのかを調査した結果を記した書面をチェックする。それから、検察がその会社の経営状況について捜査を始める。検察側が秘匿特権によって保護される書類については入手できないと知っていても、会社側に圧力をかけて、検察側に協力しないとどういうことになるかを説明して、依頼人・弁護人間の秘匿特権を放棄するように働きかける。その代わりに、検察側は会社に対して軽い罪で訴追することもある。だから、会社にとっては、秘匿特権を放棄するということで、その会社の社員個人が検察によって取り調べられることになるかもしれないという重大な結果を引き起こすおそれもある。

　私たちの制度の中では、検察に対して依頼人・弁護人間の秘匿特権を放棄することは、一方で民事事件において、特権を放棄した書類が使われるということがある。もし、会社が、刑事事件で会社の機密に係わる部分について特権を放棄して検察に提出するという選択をすれば、それは結局、民事でも損害賠償に使われること

になるので、大変な決意になる。

Q■経済犯罪というのは非常に複雑だと思うが、陪審員は経済犯罪について理解しているか。

A■1年以上の刑のすべての事件が、陪審で審議される可能性があり、その場合、陪審は事実認定者となる。陪審に対して非常に単純な言葉で説明をするのは苦労する。ある事件はとても時間がかかるが、冒頭陳述から最終弁論まで非常にわかりやすい言葉で、一般の人が分かりやすいように、論点が何かということの説明に終始する。複雑な取引について、一般人の言葉を用いて説得しなければならないので、検察はなぜ起訴するかということを説明し、弁護側は、この証拠が不十分かということを説明していく。複雑な事件でも、専門家の証人を呼んで来て（陪審員に分かるように）説明をする。チャートや図表、パワーポイント等を使ったり、証言の該当部分について線を引いたり。DVDやアニメーションも使う。CG、録音されたものや録画された映像も使う。非常に細かいものを裁判所で使うようにする。最近の地裁法廷は、コンピューターが使えるようになっていて、モニターも設置されている。同じように検察側も使ってくる。

Q■コンピューターを使用した証拠調べ方法について相手側から異議が出ることがあるのか。

A■証拠ではなく、デモンストレーションじゃないかという異議が出ることはある。こうしたことで問題となるのはお金である。検察と弁護であれば、検察の方がお金を持っている。検察が最新の技術を駆使して立証を行うのと同じように、弁護人も様々な技術を駆使して主張をするというような場合も、最近は非常に多い。まるでコンピューターなどの技術関係の展示会を見ているかのような気持ちになることもある。ただ、検察側のお金を使ったプレゼンテーションを見た後、その後、弁護側で「紙切れ」を使った古典的なプレゼンテーションの方法の方が有効な場合があるが（「リンカーンのアプローチあるいは田舎者のアプローチ」という）、やはり古い。ただし、成功している弁護士もある。世の中は変化しているので、ホワイトカラー犯罪のような知識的な犯罪においては、そうした電子機器を検察が立証のために多用し、弁護側も同様に電子機器を使用することも有用かもしれない。ただし、弁護に非常にたくさんの機器を使うと、その準備にかかる費用もかさむ。被告人がたった1人のホワイトカラー犯罪であっても、莫大な費用と数ヶ月を費やすこともあり、企業の側からするとお金がかかることは確かだ。連邦では、このような犯罪はあまり裁判までい

かなくなっている。ほぼ有罪になりそうなケースのみが裁判にいくので、ホワイトカラー犯罪全体のうち、5％のみが起訴される。結果として、連邦裁では起訴されたケースの95％が有罪で終わっている。

　リンカーン・アプローチについてだが、リンカーンは合衆国大統領になる前は弁護士だった。時代としては1840年代、50年代の話なので、もちろんコンピューターはない。彼は、田舎者の弁護士だったが、何かを使って主張するというのではなく、一生懸命陪審員を説得するという弁護をしていて、その結果、無罪を勝ち取ることが多かった。そういう精神が今も生きている。この国の優れた弁護士のスタイルの中にはそういう精神が生きていて、できるだけ市民に近づく努力をして、簡素ではあるけれど懸命に市民にアプローチするという姿勢がある。私は皆さんと同じ市民だ、だから、私の言うことをよく聞いてください、このケースはどういったもので、私の依頼人がこのようなことになった理由はこうだ、と語りかける。

　電子機器が一般市民と弁護人との間に壁を作ることになる場合もある。ただ、現在では、陪審員になる一般的な市民が、DVDプレーヤーなどを持っていて、テレビで見るのと同じように、電子機器を使った様々なプレゼンテーションを行うことを期待している。だから、リンカーン・アプローチというのは、もちろんある面では役立つと思うが、そうした電子機器による主張を期待されている場合は、そうした主張をするほうが、陪審員に主張が受け入れられやすいということもある。最近は、教養のある陪審員も多く、パワーポイント等の機器を使用して主張することを期待している場合もあって、それに答えるほうが説得しやすいこともある。もちろん、時代の変化は著しいが、法廷で、簡素に数枚の紙とペンを持って主張を行うというのも、かえって効果的なこともあると思う。単に、裁判にお金を費やすという時代は終わったのではないか。実際、そうしたリンカーン・アプローチの手法で成功している弁護士も多い。自分の主張を聞き入れてもらうには、陪審を説得しなければならない。書類は嘘をつかないし、パワーポイントは素晴らしいが、ある事実を説明したり、申立を行ったり、議論を闘わせるには、その理由、根拠を説明することが必要になるからだ。

Q■経済犯罪において、積極的に検察官が冒陳をしたあとに、弁護側もそれと対立するようなストーリーを冒陳で明らかにする、つまり、違った筋があるんだということを明らかにして、積極的に防御を行うことが多いのか。それとも、弁護側は冒陳をしないというやり方で争っていくことが多いのか。

A■被告側が冒頭陳述をしないことは可能だ。まれに冒頭陳述を行わないこともあるが、それはかなり珍しいことだ。通常、最初に検察が冒頭陳述をして、被告側も当然、自分自身の冒頭陳述を行う。ケースの終わりには検察の最終弁論があって、それから被告側の最終弁論を行う。検察側は立証責任を負っているので、最終弁論をもう一度行うこともある。

ただ、最初の印象は大変重要だということを覚えておかないといけない。陪審に対する調査によると、多くのケースにおいては、最初の冒頭陳述でどんな印象を受けたかで、結論を決定してしまうことが多い。裁判所から、冒頭陳述や最終弁論というのは単なる意見で証拠ではないと言われるが、実際にはそうではない。

もちろん、裁判官は、最後の説示において、冒頭陳述は単なる意見に過ぎないとか、法廷に出された証拠だけで評決を下すようにとか、裁判官が説明した法に従うようにとか、また陪審が証人の信用性について判断し、その証人の証言を採用するかどうかを決定してある事実があったかどうかを決め、法廷に出された物証や証言だけを考慮するように、と言われるが、実際は証拠だけで決まらない。最初に陪審の受けた冒頭陳述の印象が、大きく関係してくるという調査結果が出ている。

つまり、冒頭陳述というのは非常に大きな影響を与えることになる。だから、弁護人が冒頭陳述をしないというのは得策ではない。とくに、検察がこれからどういうことを立証していくか、どんな事件かを長々と述べた後で、弁護人が何も言わずに検察側の立証が始まり、3ヵ月後に検察の立証が終わって初めて、立ち上がって、「弁護人として今からこういう主張を行う」といっても、時すでに遅し、ということになる。

Q■立証責任が検察にあるのは分かるが、弁護側は無罪を積極的に立証をしていかないといけないのではないか。

A■そのようなことはない。被告人には無罪推定がある。弁護側が何の証拠も提出しないこともできるし、弁護側は何も証拠を申請しないで、誰も証人を出さず、被告人すら証言させないというふうに、弁護側が何もしないこともある。陪審は公判の最後に、裁判所から、被告人が証人席に立たなかったとことについて、被告人の不利益に考えてはならないというように説明する。だから、被告側は裁判の間中、完全に、何もする必要がない。

もちろん、多くのケースにおいては、被告側は何が起こったのかを話し、検察側証人に反対尋問をする。すべての立証が終わり、それで弁護側は何もしないということがある。書類も、物的証拠も、証人も呼ばない、証言もない、何もしない。それ

は無罪推定と、検察に合理的な疑いを超えた立証責任があることを信頼しているからだ。最終弁論でこのことを繰り返し説明する。だから、被告側が何も立証しなかったということで、不利になることはないようにしている。これはしばしば、非常に成功する作戦であると言ってもよい。

　検察の証拠の形態や質問の意図によっては、納得できないということで、被告側に何か弁明してほしいと陪審が思うこともある。しかし、陪審員は説示を受けると、ほとんどの場合、被告人の証言しないという選択を被告人に不利に解釈しない。陪審は、被告人が証言しないことを被告人の不利にしてはならないと、ちゃんと理解している。私の見てきた限りでは、陪審は、被告人が証言しないことを選択すると、それは憲法上の被告人の権利だとして、早い段階でそのことを被告人に有利に解釈してやろうと考える。つまり、検察の立証が不十分であれば、有罪にするには不十分だと考えるということだ。それで終わりだ。

　この戦略は成功することがかなり多い。被告人が証言しなければ、検察が被告人に反対尋問することができなくなるため、反対尋問を受けることによって受ける可能性のある大きな危険を減らすことになる。

Q■陪審は、一般的には被告人が弁解することを期待しているのか。

A■多くの場合、弁護人は冒頭陳述で、依頼人は無罪だと訴える。依頼人は無罪の推定を受けていると主張する。多くの場合、被告人が証言しようとしまいと、陪審はそのことが不利にはならないと説示されているし、そう考えている。

　説示と、陪審がどう感じるかというのが、別問題であることは事実だ。ただ、この国の歴史を考えると、イギリスの植民地時代に、現在の憲法第5修正を含む権利章典が作られた。そこで自己負罪拒否特権がつくり出されたわけだが、それは英国のシステムにおいて、刑事事件の証人が、刑事責任を負うような証言を強要させられるという悪習が存在していたからだ。そういう意味で、この国では、公教育の中で、このような証言しなくても良いという法の規定を、陪審は尊敬すべきだと教育されている。

　もちろん、事件の種類によっても、この権利のとらえられかたは違う。弁護人は、被告人が証言台に立たず、また証言しないということについて、陪審が疑問に思うことをしたくないと考えているし、検察は十分な証拠により、合理的な疑いを超えて立証する責任を負っているので、陪審は立証が十分だったかどうかを判断すれば良いと考えている。

ただ、やはり一定の力学というのがあって、それは意思がすべて、というケースにおいて問題となる。例えば、ホワイトカラー犯罪で顕著だが、それはドラッグの絡む犯罪との対比で考えると分かりやすい。ドラッグや殺人が絡むような事件では、犯罪が行われたかどうかは問題とならない。ドラッグがそこにあり、亡くなった人がいる。犯罪があったことは明らかだ。

　ビジネス犯罪の問題は、誰がそれをしたかわからないことだ。例えば、書類やメモがあって、何かが行われたことは明らかだが、問題は誰がそれをしたのか不明だということがある。また、その実際に行われたことが犯罪になるのかということも問題となる。その問題というのは、99％、その行為の犯意が問題になる。つまり、その行為が犯罪を構成するのに十分な意思を持って行われたかという問題となる。そういうことが、ビジネス犯罪が他の犯罪とは少し違うところだ。ビジネス犯罪では、被告人が証言台に立つことを期待されていることが多い。私は確かにこういうことを行ったが、犯意はなかった、私はそういう行為が法を侵し犯罪になるとは知らなかった、私はそんなことはしていない、私は犯罪者ではない、という証言や自己弁護を聞きたいと思われてしまう。殺人事件よりはドラッグ犯罪、ドラッグ犯罪よりはビジネス犯罪が、そのように思われる傾向にある。ビジネス犯罪で証人に対する弾劾が他の事件よりも多いのは、犯意が問題となっているからだ。

Q■証拠のリスト交換手続はどのように行われるか。
A■刑事事件では通常、当事者同士で行う。問題がある場合、裁判官が立ち会う。皆、ルールが分かっているので、そういう問題が起こっても当事者同士で話し合いをして解決する場合がある。もちろん、裁判官を交えて、そのような交換が行われることもある。つまり、裁判官の執務室で協議を行う際に交換するような場合もあるということだ。申立を行う際に、そうしたリストの交換を行うこともある。

Q■事実の一部について公判前に当事者間で合意するということはあるか。
A■刑事事件ではある。もちろん、検察側は合理的な疑いを超えて立証する責任があるが、事実に関しては、ある点について合意されることがある。犯罪の構成要件に当たるかどうかは陪審員が決定することを憲法が要請しているので、そこで合意されることはない。裁判官が犯罪の構成要件について指示することはできない。それ以外のことについて合意されることがあるということだ。そうした事実は、合意事項として書面に残される。

Q■不抗争の抗弁（nolo-contendere）というのもあるのか。

Ａ■有罪という認識がなかったが、有罪に対する刑罰を受け入れるという場合に使われる抗弁だ。以前はそれなりに使われていたが、連邦システムにおいては、現在はあまり使われない。検察が、刑事事件として起訴される事件であり、通常の公判手続で被告人が有罪か無罪かの判決を受けることになる一般的な刑事事件だとの確信があれば、公判前の司法取引段階で使われることがある。これは有罪の答弁と同じだが、後の同一事実を請求原因とする民事訴訟では、当該違法行為のあったことを一応の証明として援用することはできない。ただ、要件が難しい。裁判官は、この抗弁を裁量で拒否することができる。また、この抗弁に対して、検察も裁判官も同意しなければならないということがあるため、ほとんど使われないということもある。また、有罪というのであれば、どのようなことが起こったのかを市民に向けて公表する必要があるという考え方もあって、この抗弁は例外的に使用されるに過ぎないという感じだ。

Ｑ■ビジネス犯罪で突然逮捕ということがあるのか。それとも事前にちょっと事情を聞かせてほしいとかいう段階から弁護人が相談を受けて、弁護人としてのいろんなアドバイスをすることができるのか。

Ａ■被告から捜査当局が情報を得るということだが、それは、ある段階ではその方が便利だからだ。今逮捕すると、憲法的な権利が与えられてしまうから、逮捕されたあとだと、検察は絶対に捜査の内容というのは公開しない。質問に答えるのならば、だいたいのケースは、非常に長い間の捜査というものが前提にされる。

第9章 刑事弁護人に聞く証拠開示と弁護人の役割

> 訪問先：ハーベイ・フィッシュベイン（Harvey Fishbein）弁護士
> 場所：ゴールド・フィシュベイン・レイマー弁護士事務所（Gould, Fishbein & Reimer LLP. in New York City）
> 日時：2005年9月8日午前

1. プロフィール

フィッシュベイン弁護士は、32年間の長きにわたって刑事弁護を行っている。

2. ニューヨーク州刑事手続の概要

ディスカバリー（証拠開示）は、制定法のルールとして存在する。ニューヨーク州のディスカバリー手続は、被告人にとって有用なものとなっている。刑事訴訟法240条の20には被告人の権利について書いてある。裁判所は介入しない。通常は弁護側から検察側に書面で請求する。もし検察側が無視することがあれば、裁判所に申し立てをすることになる。裁判官は検察官に対して、その場合、何らかの合理的な理由を開示しなければならないとされている。他方で必ず開示されなければいけない証拠がある。

240条の30は被告人側がしなければならないことが書いてある。

被告人側は、裁判で出す予定の、録画したテープ、録音したテープ、科学的証拠等を出さなければいけない。ここにないのは証人の証言である。通常、弁護側は、裁判が始まるまで証人の証言をとることはない。

240条の45では、捜査側が出さなければならないものが書かれてある。検察側は裁判が始まるまでは証人の証言を出さなくてよいということになっている。これは判例で形成されたものである。弁護側としては早めに開示を求めたいが、それが求

められない規定となっている。その後に書かれてあるルールは証人を守る規定である。240条の60以下の規定は、精神鑑定に関する規定である。

　フロリダ州では弁護人と検察官が互いにいくつかの質問ができることとなっている（デポジション）。ニューヨークでも同様の制度ができると有用だと思う。ニューヨークでも予備審問がかつて存在した。ここで事前に裁判官が証人や証拠について聞く機会があった。25年前までは行われていたが、現在は行われていない。逮捕されてから5日以内、つまり起訴される前に行われる手続である。法としては残っているが、使われていない。

　大陪審はイギリスから来た手続である。そのシステムをアメリカで取り入れた。その手続は、本来、被告人の有罪性の有無を確認する手続となっているが現在は、ほとんど検察の主張通りに起訴が決まるので形式的な場となってしまっている。そこでは検察が一方的に事実を述べる。弁護人は発言権がない。大陪審のやり方には非常に疑問点もある。

3. 質疑応答

Q■「被告人に有利な証拠」とは何か。
A■240条の20の条文には、直接は書いていない。ブレイディ事件判決（Brady v. Maryland,373 U.S.83(1963)）により、被告人の無罪につながる証拠は開示しなければならないことになった。「被告人に有利な証拠」の範囲は、無罪を直接示すものでなくてもよい。ただし、検察側は「有利な証拠」に該当しないという自分たちの判断をするので争いになる。その場合、裁判所が判断することとなるが、裁判所がどう判断するかは担当裁判官による。

Q■陪審制度において、陪審員が裁判官にひきずられないためにとっている方策は何か。
A■弁護側としては、裁判の場で、裁判官が信用できないことを印象づける行動を行う。例えば、裁判官に理不尽なことをされた場合は、あえてそうしたことをやらせておく。そして弁護人がそうした理不尽な仕打ちに耐えている印象を与える。そうしておいて最後の最後に、弁護人が裁判官によって理不尽なことをされていることを抗議する。また、裁判が始まる前に、すでに検察官、裁判官に対して不満がある場合、審理の最初のほうで、裁判官に対して怒っていることがあるんだということを、

陪審に表情で伝えようとし、陪審にそれを悟らせる。

　一般人は、裁判官、検察官は公平であるし、間違ったことはやらないと思っている。どうにかしてその認識が間違っていることを伝えることが必要である。しかし裁判員制度の場合には、裁判官が裁判員に対して大きな影響力を持つことから、その心配が強い。陪審は、裁判官から隔離するということに意義がある。裁判員制度は難しいのではないか。

　説示についての要望は、刑事裁判のルールや事件の概要についてであり、ここを特に言って欲しいということを強調する場合がある。検察官側と要望が違う場合には、裁判官はそれをミックスした説示を行うことがある。これは記録に残るので、上訴理由となる場合もある。裁判官がこれから言う説示内容を紙で出してくる場合もある。弁護側が要望を書面で出す場合も多い。弁護活動の一つとして行う。

Q■陪審員に自分の意見を印象づけるためのテクニックはあるのか。
A■冒頭陳述では、まず弁護に当たってどう述べるか理論的な構成をする必要がある。そこでその時点で最終弁論に向けてどういうかも考えている。陪審に対して検察の言うことが何でも正しいとは限らない、何か違う側面がある、違う考え方がある、という疑いを持たせなければならない。弁護側が必ずやらなければいけないわけではないが、通常は行っている。

　陪審の選定の時から弁護側の活動は始まっているといえる。選定の場で、「警察官に全幅の信頼をおいていますか」「警察官の証拠が全て正しいと思っていますか」「警察官の証拠以外に」などということを聞く、そうすると、警察官の証言の信用性が問題となっていることを陪審員（候補者）に暗に伝えられる。

　結局、最終弁論において自分達の理論が伝わるようにする。被害者の目撃の信用性が問題となる場合、嘘をついていないかもしれないが信用性がないことを述べる。陪審選定のときから、最終説示に至るまでのこと全てを、常に考えている。

Q■パワーポイントを用いる理由は何か。
A■一般的にいうと重要である。検察側も使う。それを使わないことにも意味がある場合がある。戦略において使いわける。例えば、検察がパワーポイントを多用するような場合は、逆にパワーポイントを使わないことで、被告人は裕福ではないし立場は弱いという印象を与えることもできる。もちろん、検察と対等にやりあうために、こちらもパワーポイントを多用するということが良い場合もある。また、証拠物が多くない場合には、パワーポイントを使っても陪審に見せられるようなものがなく

て、惨めになるだけなので使わない。要するに、それぞれのケースによる。若手の弁護士にはむやみに使わないようアドバイスする場合もある。

第10章 連邦副検事に聞く
証拠開示と検察側立証

> 訪問先：ダスティン・チャオ（Dustin Chao）連邦副検事
> 場所：連邦ニューヨーク郡地検副検事事務所（ADA New York County District Attorney's Office）
> 日時：2005年9月8日午後

1. プロフィール

　チャオ検察官は、若い中国系アメリカ人で、ニューヨークで育った。コロンビア大学のロースクールを出て、初めて就いた仕事はM&Aや証券を専門とする法律事務所での仕事だった。上海の一般の会社で会社法などを扱う国際弁護士をした後、その後、連邦検察官になりたいと思い、4年間くらいビジネス弁護士をしていたが、2001年に検察官になった。現在は刑事訴追専門の検察官である。公判は、1年間に200件くらい担当している。今のところほとんどは軽罪事件である。

2. 質疑応答

Q■公判廷に証人請求するかどうかの整理は捜査担当の検察官がするのか、それとも公判担当の検察官がするのか。証拠の整理は誰がするのか。
A■最初から最後まで1人が担当する。ケースが来ると、つまり110番通報があると、すぐに私たちの出番だ。例えば、マンハッタンのどこかで発砲事件があったとする。目撃者が警察に電話をかけてくる。警察官が現場に行くが、その現場から、すぐに検察官に連絡してくる。そこで、目撃者に対して尋問を行い、現場を訪れる。写真を見たり、被疑者に尋問したりする。自分の行った捜査に基づいて、起訴するかどうかを自分で決定する。それは私の事件だからだ。

Q■弁護側からの証拠開示請求に備えて証拠の整理は事件に着手してからどのくらいの時期に終えられるのか。
A■ディスカバリーとよばれる手続に基づいて、ニューヨーク州では検察官はずいぶん遅い段階で、公判に関係のある情報を開示する。証拠などは、公判が始まってすぐという感じだ。もちろん、もっと早く開示されるべき証拠もあって、検察官が裁判官に対して、その事件が検察官にとって非常に有利であることを示すものである。指紋もあるし、血液の証拠もあるし、自白もある。これらについては早く開示する。
Q■証拠開示に当たっては、司法取引を意識するのか。
A■その事件が証拠が十分でこちらに有利なものかどうかを考える。前科があるかどうかとか、被告人のすべての記録を見る。学校の成績だとか以前に犯罪で起訴されたことがあるかどうか、働いているかどうか、それから前科があれば、その事件の事実関係など、すべての情報を収集する。そうやって被告人のことを知れば知るほど、量刑に影響のあるようなことについて裁判官に伝えることができるからである。
Q■証拠開示に関する弊害のようなものはあるか。
A■弁護側にとって、強い防御となるような弁護方針を考える機会となってしまうということだ。証人に連絡を取ったりできるし、おそらく、うその証言をするように言ったりすることが可能になるだろう。もちろん、めったに起こらないが。逆に、こちらの持っている証拠で、被告人が不意打ちをくらうということもある。例えば、以前私が担当した重窃盗のケースで、被告人は自分のクレジットカードの請求書を、盗んだ現金の間に入れて持っていた。私はその現金の札の間を見たときに、そこに入れられていたクレジットカードの請求書を被告人に開示しなかった。公判で弁護側がある人を証人として法廷に召喚した際、私は反対尋問を行うことができたわけだが、私はその証人が被告人のためにクレジットカードの請求書を受け取っていたことを示し、その証人と被告人との間に関係があることを示すことができた。しかし、DNA鑑定の証拠やビデオテープ、自白といった証拠については早い段階で開示する。
Q■検察官から弁護側に対して証拠開示をするよう請求して弁護人ともめることはあるか。
A■ニューヨーク州の刑事手続は被告人に非常に有利なものとなっている。ディスカバリーによって、検察官は一方的に多くの証拠を開示しなければならない。というのも、検察官は被告人が自分を有罪にするような証言をするよう強制することはできないからである。

Q■弁護側から証拠が開示されなかったことで、公判に入ってから検察として訴訟を進行していくにあたって不意打ちをくらったということはあるか。
A■弁護側は召喚予定の証人のリストを開示しなくてはならないことになっている。それにはいろいろな理由がある。裁判官は審理が始まる前に証人のリストを明らかにしなければならない。というのも、証人のリストを開示することで、陪審候補者がその証人と以前になんらかの関係がなかったかを確認することができるからである。もし陪審が弁護側証人を1人でも知っているということがあれば、大きな問題になる。他の理由は、検察は弁護側証人について犯罪歴に関する情報を得る権利がある。検察側証人の犯罪歴についても開示しなければならないからである。
Q■検察は弁護側の証人リストが開示された際、リストに挙っている証人が何を話すかを把握できるものなのか。
A■分からないときもある。リストを見ると、認識できる名前と、できない名前とがある。だから自分の証人にその名前を見せて、この弁護側証人を知っているか、どうしてその証人が召喚されるのかと尋ねたりする。もちろん、そのなかには弁護側の専門家証人の名前も含まれているから、そうした専門家証人の情報については開示されなければならないことになっている。その専門家の鑑定報告書を見て、その能力を判断したりする。
Q■証人リストに挙げられた証人を公判廷で調べる必要があるかどうかの判断は裁判官が行うということか。検察官はそれについて意見を言うことはできないのか。
A■意見を言うことはできる。この証人はこのケースにおいて証言するのに不適切だとか主張する。また検察は、弁護側に対して、証人の証言の目的については開示するよう求める。
Q■検察の証拠で開示しなければならないものは公判が始まってすぐに開示するということだが、そのほかの証拠についてはどうか。
A■どの証拠を法廷で示すかを決めていないこともある。証人がどんなことを証言するかというのはそのときにならなければ分からない。事前に打ち合わせしていたことと異なることを言う場合もある。法廷に出す証拠というのは常に変わるものだ。法廷で示す予定だった証拠が、必要なくなるという場合もある。反対に、法廷で示した証拠が突如重要になることもある。制定法上定められていることとしては、被告人から得たすべての証言は開示しなければならない。そうすることで弁護側が不意打ちをくらうということはないわけだ。また、警察で得られた証拠についても被告人

ダスティン・チャオ連邦副検事

は保護されている。警察での不正を防ぐために、被告人によってなされた証言が自発的になされたものかどうかを調査する聴聞会がある。公判が始まる前に、被告人の証言が自発的になされたか、それとも脅しによってなされたものなので脅迫にあたるかということを調べる。それから、検察はどうやって被疑者を特定したか、その手続についても開示しなければならない。面通しをしたのか、写真を使って特定したのか、被疑者の特定にあたって警察の権力濫用がなかったかを調べるのである。証人が被疑者を特定する際に、被疑者が手錠をしていなかったか、警察から脅されなかったかを確かめる。これらは犯罪にあたるからだ。検察は被疑者の特定の手続が公正に行われたことを確認しておきたい。また、科学的実験によるすべての証拠、つまり麻薬検査や指紋、血液に関する証拠、DNAといったものについては非常に早い段階で開示することになっている。弁護側がそれについて検証することができるようにするためである。それから、検察が例えば被告人の小包の中から物証を入手した場合、それが適正な手続に基づいて発見されたことを示す必要がある。捜査令状によって発見された物証である場合は、それがどのように押収されたかを示す必要がある。つまり、政府が行う手続に対する保護が被告人対して保障されているのである。

Q■冒頭陳述にかける時間を決める目安はあるのか。また、どのようなことを話すのか。

A■検察官によってまちまちだ。非常に短い時間ですませる人もいるし、私のように話しすぎる人もいる。冒頭陳述における私たちの主な仕事というのは、検察は冒頭陳述を行うことを義務付けられているが、弁護人にはそのような義務はない。そのため、検察は陪審に向かって、どうやって証拠を示して有罪であることを証明するのかを話さなくてはならない。

Q■冒頭陳述においてパワーポイントを使用することはあるか。
A■たいていのケースにおいては、冒頭陳述でそのようなデジタル機器を使って訴える必要はない。発砲事件で撃たれたとか、性的な犯罪の被害者がいるとかいう場合には、あまりそうした視覚に訴える必要が出てこない。しかし、経済的な事件であれば必要になることもあるかもしれない。ただ、私が思うに、裁判官はそうした視覚的なものを利用する許可を与えることに乗り気ではないようだ。というのも、より時間がかかってしまう場合があるし、そうした視覚的なイメージが偏見をよぶものであったりする場合があるからである。例えば殺人事件があったとしよう。女性が小さなナイフで37回刺されたという事件。おそらく、数多くの写真が撮影されているだろう。それらを示すことを許可されるのは、あまり大きな影響を与えないと考えられる場合だけである。
Q■冒頭陳述が予断や偏見を与えるということで、裁判官や弁護側から異議が出る場合はあるか。
A■弁護人というのはあらゆることについて異議を申し立てる。陪審がどうやって選ばれたかとか、検察の証拠が不十分だとか、陪審に向けて話したことの内容についても異議を申し立ててくる。私の個人的な経験からすると、私は冒頭陳述で詳細なことまで話さないようにしている。私自身も、証人が実際に何を話すか分からないし、被告人のことを恐れてきちんと話せないかもしれないし、証言を変えるかもしれないからだ。だから、私は冒頭陳述で陪審に対して、私が証明できないかもしれないことについて約束するということをしたくはない。
Q■弁護側から山のように出される異議申し立てについて、裁判所がその異議を認めることはあるか。
A■ある。冒頭陳述では評価や意見をしてはいけないことになっているし、検察はどうして陪審が検察の冒頭陳述を信じるべきなのかを主張してはならない。冒頭陳述は、単刀直入でなければならない。どのような証拠が示されるかということを、評価や意見をはさまずに述べなくてはならない。公判で示される証拠が、被告人を有罪とするために、被告人が犯した犯罪を構成するための要素のすべてを立証するのだ、ということを話さなくてはならない。私自身は議論をするのが好きだが、それは認められていない。ただし、時々、言葉を入れ替えることによって、意見にわたることを話す場合もある。それに弁護側が気付かないこともある。これは非常に技術的なことだ。検察も弁護側も、常に油断できない。いつも気を配っていなければな

らないので、私が異議を申し立てられそうなことを言ってしまったとしても、それを弁護側が聞き逃してしまうということもあるわけだ。

Q■証人尋問においてパワーポイントなどの最新技術を使うことについてはどう考えているか。

A■視覚的なものというのが非常に効果的な場合もある。例えば、証人が犯行現場について話しているときには、効果があるだろう。パワーポイントを使って写真を見せることで、証人が話していることを陪審に理解してもらうということができると思う。そういった最新技術というのは、陪審にとっては魅惑的となることがある。私たちはテレビ世代なので、スクリーンに何かが映し出されてそれを見るというのは、陪審も好きだ。ただし、そのときに、何が証拠で何が意見かという基本的なことが根本にある。

Q■陪審にしっかり理解してもらうという目的のために、冒頭陳述や証拠の出し方などで気をつけておられることはあるか。

A■もちろん。陪審選定のときに私が使うのは、ケースによって違いはあるが、例えば、女性のバーテンダーを付け回している男がいたとする。男は、彼女の家まで後をつけ、電話番号を調べ、手紙を送りつけ、電話をかけ、職場の外で待ち伏せする。このような事件の陪審選定においては、私は、子どものいる陪審員を選ぼうとする。例えば娘さんがいる人がいいだろう。反対に独身の40歳代の男性は陪審に欲しくない。被告人は自分に似ているというふうに重ね合わせて見るおそれがあるからである。これがストーカー事件で私の考えることだが、例えば経済系のケースであれば、会計学の分かる人を選びたいと考える。理論的で、考え方がはっきりしている人だ。私が考えるべきことで3点、重要なことがあると言える。まず第1に、知的な人が必要である。それから第2に、決定に責任のもてる強い人である。これはあくまでも私の個人的な意見だが、非常に繊細な問題である。他の検察官が選ぶ基準は、私の基準とはちがうことがある。それから3つ目は、私の話すことに良く反応してくれる人である。私の外見が様々な人々にある影響を与えることがあるのを理解している。私には、白髪で年齢を重ねた父親的検察官の役割は果たせない。私に対しては、実年齢より若いと考える人が多い。だから、何か決まった要因で選ぶのではないということだ。人はどんなに賢くても、どんなにタフな人であっても、ただあなたのことを気に入らないと言うかもしれないのだ。

Q■弁護側が証人尋問でパワーポイントなどを使う際に、そのパワーポイントにつ

いて異議を出したことはあるか。

A■それは可能だ。でも、私たちの法は、弁護側の権利を守るようにできているので、弁護側がそうした技術的なものを使いたいと言えば、裁判官はそれを認める方向にある。先に述べたように、会社で起こった経済的な犯罪と、麻薬や暴力が絡むような犯罪というのは違う。後者の場合、視覚的な技術が効果的であるということに対して、私自身は疑問を持っている。このようなケースはダビデとゴリアテのようなもので、一市民が政府と闘っているという構図である。陪審が、このような犯罪の被告人がお金を使ってパワーポイントなどを利用しているのを見たら、同情心を買うことは難しいのではないでかと私は思う。それが私の経験から思うことである。

Q■自分の証人に対して証人尋問をする際、そこから何らかの重要なメッセージを陪審に伝えようと考えているか。それとも、出てきた証言について陪審が自由に判断するのに任せようと考えるか。

A■問題は、証人を選べないということだ。警察官の中には非常に記憶力の良い、プロ意識の高い優秀な人もいる。しかし、そうでない人の場合は大変だ。ただ、私の仕事というのは、犯罪の要素を立証していくことである。例えば、会社で被用者がお金を盗む事件が起こったとしよう。その場合、被告人の上司を召喚して、いくら盗まれたのか、どんなふうに盗まれたのか、などについて尋問するだろう。これが理想的な尋問である。つまり、犯罪の構成要素が存在していたということを立証していくわけである。

Q■日本の警察はありとあらゆる行動を捜査報告書というかたちで書類を作るのだが、アメリカでも警察はそのような書類を作っているか。

A■それも人による。非常に詳細なレポートを書いている警察官もいれば、でたらめなことや嘘を書いている警察官もいる。

第11章 ニューヨーク郡裁判所書記官陪審部長に聞く陪審員選定手続

訪問先：ヴィンセント・J・ホムニック（Vincent J. Homenick）ニューヨーク郡裁判所書記官陪審部長
場所：ニューヨーク州ニューヨーク郡裁判所陪審部（Jury Division）
日時：2005年9月6日午前

1. プロフィール

　ホムニック氏は、ニューヨーク郡裁判所の主席書記官。マンハッタン地域で行われる刑事および民事陪審裁判において、陪審の召喚状発送から評決に至るまでの間、陪審員および陪審員候補者に関する一切の業務を行う部局において統括し、その責任者を務めている。

2. 陪審制度の説明

- 陪審員となるには英語を理解する人でなければならない。
- 陪審候補者が英語を話せるかどうか、チェックをしている。
- ニューヨーク市はアメリカで最も忙しい陪審の手続を行っている。
- この陪審局では59の刑事の部門、50の民事の部門を担っている、非常に忙しい。
- 陪審候補者が毎日、1500人やってくる。
- 刑事陪審は12人で構成している。
- 民事の場合は6人、6人中5人が合意すれば評決がでる。
- 刑事の場合も6人陪審の場合がある（1年以下の犯罪類型）。
- 陪審は4年ごとにその務めを果たさけければならない場合がある。
- 陪審候補者を選ぶには選挙人登録名簿・車の登録台帳・税金・福祉関係の名簿

を使う。
- 連邦の場合は選挙の名簿からしか使わない（州の場合は違う）。
- 陪審は、1回やれば4年間しないですむ。6年以上免除される場合もある。
- 1日の日当は40ドル。
- 仕事をしている場合、職場から日当がでる場合には裁判所からの日当はでない。
- この点に関して、「被用者と雇用者」向けのパンフレットがある。
- 被用者の陪審任務を妨害していないかどうか、会社を審査する審議会が毎週金曜日に行われている。
- 陪審任務を守らないと刑罰（科料？）がある場合がある。
- 陪審の任務に違反すると1000ドルの課金、10日間拘禁される場合もある。

3. 質疑応答

Q■陪審の辞退事由として宗教上の理由を述べる者もいるか。
A■いる。その場合刑事事件を担当させることが宗教上の理由で不適切な場合は民事事件にまわす。それで大抵の問題は解決する。信教を理由とする免除事由はない。裁判官や検察官、弁護士も陪審候補者となり、陪審に選任される場合もある。自分たちからは尋ねないが、候補者から宗教上の活動を理由とする免除の申し出がある場合は、2年以上猶予される場合がある。陪審について、昔は能力、性格、読み書きができること等の条件があったが、現在は英語でコミュニケーションができれば、選定手続に送っている。陪審候補者に呼ばれた場合、その日の都合が悪い場合は1度に限り6か月だけ先に延長することができる。
Q■陪審員となる時期を2度延長することは認められないのか。
A■建前上は1回であるが、どうしてもだめな場合は事実上延長を認める場合もある。
Q■裁判官、検察官が陪審員となることで不公平はないか。
A■刑事と民事、それぞれ自分の専門分野でない方にまわす。陪審に座ると裁判過程を反対側から見ることができるので、やるとすごくよかったということである。陪審席からみると、同僚の弁護士がいかに「ばかな」弁護をしているかが分かるという。ジュリアーニ前市長が現職の時に陪審候補者となったことがあった。本人は固辞していたが選ばれてしまった。

4. 陪審員の選定手続（陪審候補者に対する裁判所の説明）

説明事項
・医師に行く必要がある場合には言ってください。
・陪審任務に関して質問がある場合や現在ニューヨーク市に住んでいない場合には、139号室に行ってください。
・昼食までは絶対にいてください。
・緊急の電話番号を家族・知人に伝えてください。
・陪審選定に当たっては、皆さんが法廷に行った後、宣誓して選ばれます。質問票に書いてください。選ばれなかった人はこの部屋に戻ってきてください。召喚状をご覧ください。今からセレクションが行われます。質問票は置いてください。そのことによって今日の参加が確認されます。法廷に入って選定が始まった時は、弁護士があなた方に質問をします。その質問内容についてこの場で会話をしたりしないでください。
・陪審員選定には時間がかかると思います。訴訟当事者から事件のことを聞いてもしゃべらないでください。陪審員同士はしゃべることも禁止されています。庁内は完全禁煙です。出入りをする時はリストに出退の時間と氏名を書くようお願いします。
・法廷では皆さんの名前が呼ばれないように気をつけています。
・雑誌や新聞類は置いてください。選定手続には持っていかないようにしてください。携帯電話はかけないでください。携帯電話を使う場合には特別な許可が必要です。裁判所内で使った場合には罰金となる場合があります。

5. 刑事裁判（法廷）見学

　＊検察官（2名・1名は若い、その検察官のみが質問、もう一人は上司か）、裁判官、弁護人（腕が立ちそうな弁護士である）
　＊事案は謀殺による殺人　被告人が被害者を殺害して金を奪い、被害者の息子（当時11歳）に銃をつきつけ（発砲したか否かは明らかでない）た上で逃走した事案
　＊途中から弁護人の右横に誰かが座る（後でもう一人の弁護人だと分かる）。

裁判員制度のポスターを掲げるヴィンセント・J・ホムニック・ニューヨーク郡裁判所書記官陪審局部長

陪審員は、16名（女性6名、男性10名）

速記官が速記している。

＊証人調べ手続
　①証人1（右腕に入れ墨のある男性、宣誓手続）
　　　　警察官（現場に駆けつけた人））
　・途中証拠物を示す（クッション2つ、短いジーンズ）
　　弁護人側の反対尋問
　・知っていることを「はい」で答えさせる、YESの答えが多いが一つ一つの答えが非常に短い
　・検察側が弁護人側の尋問の後の打ち合わせに時間がかかっている。
　・再度検察側尋問（薬物か何かを見せて尋問）
　・最後弁護側質問
　・裁判官、検察官がうち合わせ
　②証人2（女性、宣誓手続）
　　　　警察官（鑑定）
　・主尋問については弁護側から度々異議がある。

・途中証拠物を示す（クッション）
・クッションを示して何かを聞こうとしているが何か分からない
・若い検察官は上司から何らかのアドバイスをもらいながら、質問を進めている（この検察官は研修中？）
・弁護側（冒頭で陪審に関する質問）証人をかなり追及している様子である。
③ここで休廷となり、担当裁判官に質問する。

Q■証人はメモを持参し、それを見ながら証言していたが、そういったメモを持参することは可能なのか。
A■弁護人側が事前にそのメモを見て了解しているのであれば可能である。
Q■被告人の着席位置、手錠腰縄について。
A■本件の被告人は勾留されているが、被告人の着席位置は当然に弁護人の横である（なお、被告人は過去に殺人で20年間刑務所に服役していたこともあるようである）。手錠腰縄はつけていない。暴れ出したりする可能性はほとんどない。きわめてまれなケースとしてそのようなことも考えられるが、その場合には被告人を退廷させる。なぜなら、陪審員の目に手錠等をつけている場面を目撃させることが陪審員に予断を与えることになるからである。（なお、被告人の後ろに法廷警察官が2名座っていた〔男性と女性〕）。
Q■被告人の服装について。
A■被告人は準備した服で出廷する。家族等の持参した服を着替える場合もあるが、本件の被告人の場合、お金がないので、あのような格好となっている（本件の被告人は背広等は着ていなかった）。

第3部
資料

資料1
ニューヨーク州刑事訴訟法§240.20
（N.Y. CRIM. PRO. §240.20〔McKinney 2005〕）

訳：家本真実（摂南大学法学部講師）

《日本語訳》
§240.20　ディスカバリー；被告人の請求に応じて
　1.　裁判所の命令により保護される範囲を除いて、被告人に対する起訴状、地方裁判所の情報、検察が有する情報、その他の情報、もしくは起訴が決定していない軽犯罪において起訴するための簡略化された情報で、被告人から提出を請求された場合に、検察官が被告人に開示し、また被告人が調査、写真撮影、コピー、もしくは鑑定することを可能にしなければならないのは、以下の物件である：
　(a)　被告人または共同被告人によってなされた陳述で書面になったもの、録音されたもの、口頭によるもので、法執行機関の公務員、もしくはその指示によって当時行動していた者または協力していた者に対してなされた陳述。ただし、犯罪の取引の過程でなされた陳述は含まない。
　(b)　犯罪行為または被告人に対して起訴の検討されている刑事手続に関係のある証言の記録で、被告人または被告人と合同で審理が行われる予定の共同被告人が大陪審の前に証言したもの。
　(c)　身体的または精神的、もしくは科学的テストまたは実験に関する書面の報告または書類の全部または一部で、犯罪行為または刑事手続に関係があり、法執行機関の活動に従事する公務員によって、またはその請求によって、または指示によって作成されたもの、もしくは検察官が審理で証人として召喚することを予定する人物によって作成されたもの、もしくは検察が審理において示すことを予定しているもの。
　(d)　犯罪行為または刑事手続に関係のある写真または描画で、法執行機関の活動に従事する公務員によって作成または完成させられたもの、審理で証人として召喚することを検察官が予定している者によって作成又は完成させられたもの、もしくは検察が審理で示す予定であるもの。
　(e)　刑法§450.10の規定に従って引き渡される前の何らかの財産の写真、コピー、その他の複製物で、警察官、治安担当官または検察官本人もしくはその指示によって作成されたもの。検察が審理においてその財産もしくはその写真、コピー、その他の複製物を示す予定であるかどうかは問わない。
　(f)　被告人または共同で審理が行なわれる共同被告人から得た財産のすべて。

(g) テープまたはその他の電子記録物で、検察官が審理において示す予定であるもの。それが犯罪行為の過程で記録されたかどうかは問わない。

(h) ニューヨーク州またはアメリカ合衆国の憲法に従って審理前に被告人に対し検察官が開示することを要求されているもの。

(i) 起訴されている犯罪行為および被告人の逮捕が行われたおおよその日付、時間、場所。

(j) 刑法§156.05または156.10に従ってなされる起訴において、刑法§156.00の6に従って与えられる告知の時間、場所および方法。

(k) 本項の規定に沿って行われる起訴において、車両や交通法に違反していることを主張する場合、本条もしくはニューヨーク州またはアメリカ合衆国の憲法に従って開示が要求されるものに加えて、報告書、書面、またはその一部で、身体検査に関係するもの、直近の検査記録を含め科学的テストまたは実験に関するもの、もしくは、そのような科学的テストや実験を行うのに使用される機械や設備の検定や修理に関するもの。および、存在するのであれば、その機械や設備の技師が有している保証書で、そのテストや実験が法執行機関の活動に従事する公務員や審理で証人として召喚することを検察官が予定している者によって行われたもの、もしくは検察が審理で示す予定であるもの。

2. 検察官は、要求された財物の存在を確かめる、また、それらが存在するが検察官の所有、監護または支配下にない場合はディスカバリーにおいてそれらの財物を提出できるよう準備する、熱心で誠実な努力をしなければならない。ただし、被告人から要求された物を検察官が文書提出命令状によって入手するのによらなければ被告人が入手できない場合、検察官はその入手の義務を負わない。

《英文》

§240.20 Discovery; upon demand of defendant

1. Except to the extent protected by court order, upon a demand to produce by a defendant against whom an indictment, superior court information, prosecutor's information, information, or simplified information charging a misdemeanor is pending, the prosecutor shall disclose to the defendant and make available for inspection, photographing, copying or testing, the following property:

(a) Any written, recorded or oral statement of the defendant, and of a co-defendant to be tried jointly, made, other than in the course of the criminal transaction, to a public servant engaged in law enforcement activity or to a person then acting under his direction or in cooperation with him;

(b) Any transcript of testimony relating to the criminal action or proceeding pending against the defendant, given by the defendant, or by a co-defendant to be tried jointly, before any grand jury;

(c) Any written report or document, or portion thereof, concerning a physical or mental examination, or scientific test or experiment, relating to the criminal action or proceeding which was made by, or at the request or direction of a public servant engaged in law enforcement activity, or which was made by a person whom the prosecutor intends to call as a witness at trial, or which the people intend to introduce at trial;

(d) Any photograph or drawing relating to the criminal action or proceeding which was made or completed by a public servant engaged in law enforcement activity, or which was made by a person whom the prosecutor intends to call as a witness at trial, or which the people intend to introduce at trial;

(e) Any photograph, photocopy or other reproduction made by or at the direction of a police officer, peace officer or prosecutor of any property prior to its release pursuant to the provisions of section 450.10 of the penal law, irrespective of whether the people intend to introduce at trial the property or the photograph, photocopy or other reproduction.

(f) Any other property obtained from the defendant, or a co-defendant to be tried jointly;

(g) Any tapes or other electronic recordings which the prosecutor intends to introduce at trial, irrespective of whether such recording was made during the course of the criminal transaction;

(h) Anything required to be disclosed, prior to trial, to the defendant by the prosecutor, pursuant to the constitution of this state or of the United States.

(i) The approximate date, time and place of the offense charged and of defendant's arrest.

(j) In any prosecution under penal law section 156.05 or 156.10, the time, place and manner of notice given pursuant to subdivision six of section 156.00 of such law.

(k) in any prosecution commenced in a manner set forth in this subdivision alleging a violation of the vehicle and traffic law, in addition to any material required to be disclosed pursuant to this article, any other provision of law, or the constitution of this state or of the United States, any written report or document, or portion thereof, concerning a physical examination, a scientific test or experiment, including the most recent record of inspection, or calibration or repair of machines or instruments utilized to perform such scientific tests or experiments and the certification certificate, if any, held by the operator of the machine or instrument, which tests or examinations were made by or at the request or direction of a public servant engaged in law enforcement activity or which was made by a person whom the prosecutor intends to call as a witness at trial, or which the people intend to introduce at trial.

 2. The prosecutor shall make a diligent, good faith effort to ascertain the existence of demanded property and to cause such property to be made available for discovery where it exists but is not within the prosecutor's possession, custody or control; provided, that the prosecutor shall not be required to obtain by subpoena duces tecum demanded material which the defendant may thereby obtain.

資料2■
ニューヨーク州刑事陪審模範説示集（抄訳）

訳：竹部晴美（関西学院大学大学院法学研究科博士課程前期課程）

《日本語訳》
1．最初の説示における陪審への忠告
　「私たちの法律は、公平で正当な裁判を保証するために、陪審員のみなさんに定まった説示に従うことを求めています。私は今からみなさんに説示を行います。
　1．事件に関するどんなことについても、他の誰とも話し合ってはいけません。
　2．訴訟中はいつも訴訟に関する情報を提供した見返りに何らかの支払いまたは便益を受けるか受けることを誰にも要求したり、受諾したり、受諾を容認したりそのことを話合ってはいけません。
　3．あなたまたは他の陪審員に対して誰か他の者が不当に影響を与えようとするような情報を得たとき、あなたは私に直接すぐにそのことを報告しなければなりません。
　4．あなたは、起訴された犯罪がそこで行われたと主張されている土地、場所あるいは事件に関係した土地や場所を訪ねたり調べてはいけません。
　5．事件について新聞、テレビ、ラジオ、インターネット、またはその他のニュースメディアによって報道された事件に関する様々な説明や議論を、読んだり調べたり聞いたりしてはいけません。
　6．関係者以外との議論であっても、図書館またはインターネットであっても、その他の手段や情報源であっても、事件の様々な事実、争点または事件に関連した法律を調べようとしてはいけません。
　さてみなさん、私は陪審員の皆さんになぜこれらのルールが大変重要なのか分かってもらいたいのです：
　私たちの法律は、陪審員が事件に関して他の誰かと話し合うこと、または事件について誰かが陪審員と話すことを許していません。それは陪審員だけに評決の申渡しを託しているからです。皆さんだけが公正であるとみなされ、また皆さんだけが公正であることができると約束しているからです。――他の誰にもその資格はないのです。
　私たちの法律は、裁判所が陪審員に評議を始めるように言うまで、その事件について陪審員の間でも話し合うことを許していません。と申しますのも、議論に熟さない段階で議論しますと未熟な最終判決へと誘導されるからです。
　私たちの法律はまた、陪審員が証言で言及した場所を訪問することを許していません。その理由の一つとして、その場所が事件のときと同じ状態であるということが言い切れないか

らです。第二に、たとえ同じ状態であったとしても、あなたが証言で言及された場所にいったん行ってしまいますと、あなたは、あなたが見た現場のことを考慮した上で証拠の判断をしてしまい、目撃者であって陪審員でなくなってしまうからです。目撃者としてあなたはその現場に対して間違っているかもしれない視点を持つことになり、しかもそれは当事者双方からは糺すことのできないものとなってしまうのです。それでは、公平とはいえないのです。

　最後に私たちの法律は陪審員に対して事件についてのメディアの評価を読んだり、聞いたりしないように求めています。そして事件の事実、争点またはその事件に関連した法律を調べないことを求めています。あなた方の結論はこの法廷で証明された証拠のみに基づいていなければなりません。それ以外の証言者の見解もしくは意見または自分自身の調査に基づいたものであってはいけないのです。

　繰り返します。私は陪審員の皆さんが、今述べましたルールの重要性を理解し、認識してくれることを信頼しています。そして、陪審員の皆さんのなさった宣誓と約束に基づいて、みなさんがそうするであろうことを私はわかっています。」

　（注：州の制定法では、裁判所の行う最初の説示の一部として、陪審に対して一定の忠告をすることを求めている。ニューヨーク州刑法CPL270条40項参照。この説示の部分は、これらの忠告と適切な説明を示すものである。）

2．裁判所と陪審員の役割

　「私がこの説示をしている間、私は皆さんに証拠についての要約は致しません。必要な場合は、証拠に関係する法律を説明するために証拠の一部について言及するかもしれません。私が証拠について言及したり、あるいはしなかったとしても、私がある特定の証拠の真実性、正確性もしくは重要性について意見を表明しているのではありません。事実上、私が公判の最中に何か言ったりすること［そして何も質問しなかったりすること］は、私がこの事件について何か一つの意見を持っていることを意味するものではありません。もし、皆さんは私が何らかの意見を持っているという印象を持ったとしても、皆さんはそれを思考から排除し、無視しなければいけません。

　［私の声の調子や抑揚が説示中に変わるかもしれません。もし変わったとしても、それは皆さんが説示の理解をするのに役立つようにしているだけです。この事件についての法律もしくは事実について意見あるいは被告人が有罪か無罪かについての、私の意見を伝えているのではありません。］

　ここで、証拠の判断をするのは私の責務ではありません。それはみなさんの責務です。陪審員のみなさん自身が、事実の判断者であって、被告人が有罪か無罪かを決定することに責任があるのです。」

3．陳述（自白、供述）について

　注：捜査当局に対する被告人の陳述の任意性は、公判中適切に提起された場合、被告人

の請求に基づいて陪審員に示さなければならない。被告人の陳述に任意性があるかどうかの問題は、被告人が拘留中かどうかによる。もしそうであるならば、被告人はミランダ警告を告げられ、そしてそれを放棄したかどうかやその陳述が憲法修正第5条の伝統的な意味において任意であるかどうかによる。ニューヨーク州憲法の下での被告人の弁護士に対して拡大された権利が侵害されたかどうかの問題は示される必要がない。

一つの説示が、陳述が与えられた多様な情況を持つ全ての場合に適用できるものではない。だから異なった説示が求められる。以下の説示は、事実審裁判所が個々の事件の事実と争点に合わせた説示を作ることが出来る最も一般的な争点についての一連の説示である。

はじめに

「私は今から被告人が警察官(もしくは検察官)になした陳述についての証言に関する法律について説明します。

私たちの法律は、被告人による陳述が、ある特定の形式でなされることを認めていません。それは、口頭、書面、もしくは電子記録でもよいのです。

［もし被告人によって使われる場合であれば、書かれた形での陳述は被告人によって署名されている（か、直接書かれている）必要はありません。被告人が陳述の内容を自分自身のものであるということを十分に知っているときに、被告人は陳述を承認します。陳述が承認されたかどうかを決定する際には、被告人の署名の有無は考慮されます。］

陳述が宣誓の下になされなければならないという要件はありません。」

経歴に関する問題

「被告人が拘留されている間に、警察官が被告人に尋ねた"経歴"に関連する質問（細かく言うと、例えば、被告人の名前、住所、生年月日、仕事場の場所や仕事内容）についての陳述があります。

私たちの法律の下では、警察官は上のような質問を拘留中の人にできます。そして警察官は経歴についての質問をする前に被告人に被告人の権利について助言する必要はありません。ですから、もし被告人がそのような供述をしたことを知ったならば、皆さんは証拠の斟酌をする際にそれらを考慮に入れることができます。その陳述がなされたかどうかの決定をするときに、皆さんは、真実性と正確性の基準を用いることができます。」

拘留中の陳述について

「被告人が拘留されている間に、警察官から質問を受け、ある種の［口答または書面の］陳述をなしたという証言があります。［また被告人が検察官に対してビデオ録画での陳述をしたという証言もあります。］

私たちの法の下では、皆さんがそのような陳述をこの事件の証拠としての考慮する前に、被告人に関係した陳述が、事実上、被告人によって作られた［あるいは承認された］というこ

とを皆さんはまず確信することが必要です。被告人が、そのような陳述をした［もしくは承認した］かどうか決定する際に、皆さんは私たちが既にみてきた信用性と正確性の基準を用いるべきです。

また、私たちの法の下では、たとえ皆さんが被告人が陳述をしたことを認めたとしても、皆さんはまだそれを事件の証拠として考慮してはいけません。ただし、被告人が任意に陳述したということを検察が合理的な疑いを超えて立証した場合は別です。

皆さんは、検察が合理的な疑いを超えて被告人が任意に陳述したということを立証したかどうかをどのように決定しますか？」

ミランダの権利

「はじめに、私たちの法の下では、拘留中の者が、警察官［もしくは検察官］によって尋問を受ける前に、その人物は、まず第一に被告人の権利について忠告されなければなりません。第二に、それらの権利について理解しなければなりません。そして第三にそれらの権利を任意に放棄して、警察官［もしくは検察官］に話すことに同意しなければなりません。もしこれらの三つの条件が一つでも満たされなかったら、質問に答えた陳述は任意なものでなくなり、皆さんはそれを考慮してはいけないのです。

［警察官［もしくは検察官］が拘留中の被告人に質問を始める前に被告人に権利を忠告するのであれば、忠告を行う時間は特に定められていません。拘留中の被告人は一度だけ彼らの権利について忠告されればよく、何回されたかとか誰がそれをしたかは関係ありません。（もし、被告人が忠告を受けた時から質問をされる時までずっと拘留中であり、被告人が自分の権利について忘れたとか、あるいはもはや理解できなかったと信じる理由がないときは）、被告人は忠告を受けた後で話すことになります。］

警察官［もしくは検察官］が被告人に忠告する際に使うことを求められる特定の言葉は特にありませんが、被告人は以下のことについて忠告を受けねばなりません。

1．被告人には黙秘権があること。
2．被告人が話したことは、法廷で被告人に対して不利益にも利用されること。
3．被告人は質問に答える前に、弁護士を選任する権利があること。そして、質問されている間弁護士に立ち会いを求める権利があること。そして
4．もし、弁護士を雇う余裕がない場合、被告人が望むならば、質問を受ける前に被告人に弁護士が付されること。

皆さんが、被告人が質問に答えてなした陳述を証拠として考慮する前に、被告人が自分の権利について忠告され、それらの権利について理解し、かつそれらの権利を任意に放棄して警察官［もしくは検察官］に話すことを同意していたかを皆さんは合理的な疑いを超えて認定しなければなりません。もし皆さんがその認定ができないのでしたら、皆さんは被告人の陳述を無視し、考慮に入れてはいけないのです。」

結語
　「もし検察が被告人の陳述が自発的になされたと合理的な疑いを超えて立証できなかったならば、そのときに皆さんは陳述を無視しなければならないし、それを考慮に入れてはいけません。
　もし検察が被告人の陳述が自発的になされたと合理的な疑いを超えて立証できたならば、そのときに皆さんは陳述を証拠として考慮に入れることができます。そして皆さんは他の証拠と同じようにそれを考慮に入れることができます。」

4．無罪の推定
挙証責任
（積極的抗弁のないケースの場合）
合理的な疑いを超えた立証
　「さて、私たちは、全ての刑事裁判において適用される私たちの法律の基本的な原則をみておきましょう。それは、無罪の推定、立証責任、そして合理的な疑いを超えた立証の要件についてです。
　訴訟手続を通して、被告人は無罪であることを推定されます。その結果、皆さんが裁判で示された証拠に基づいて、検察が合理的な疑いを超えて被告人が有罪であると立証できたと結論付けるのでなければ、皆さんは被告人を無罪としなければなりません。
　［注：もし被告人が証拠を提出したならば以下を付け加える：
　検察が合理的な疑いを超えて、被告人の有罪を立証する責務を果たしたかどうか決定する際に、皆さんは、検察からであれ被告人によってであれ、提出された全ての証拠について考慮します。しかしながら、たとえ被告人が証拠を提出した場合であっても、検察に立証責任が残っているということを覚えていてください。］
　被告人は自分が無罪であることを証明することを求められていません。事実上、被告人は何も証明することを求められていませんし、あるいは証明しないことも求められていないのです。それに反して、検察には被告人が合理的な疑いを超えて有罪だと立証する責務があります。これはどういう意味かと申しますと、皆さんが被告人が犯罪について有罪だと認定する前に、検察は、被告人が当該犯罪を犯した人物であるということを含めて、犯罪を構成する全ての要素について合理的な疑いを超えて証明しなければならないのです。つまり立証責任は一度も検察から被告人に移ることはありません。もし検察が立証責任を果たすことに失敗したならば、皆さんは被告人を無罪としなければなりません。もし検察が立証責任を果たしたならば、皆さんは被告人を有罪としなければなりません。
　法が、"合理的な疑いを超えて"有罪の立証が必要というとき、私たちの法律は何を意味しているのでしょう？
　私たちの法が"合理的な疑いを超えて立証する"という用語を用いるのは、それによって有罪の評決を出すことができるほどに、皆さんが有罪とする証拠に確信を持ったかどうかを示

すためです。法は、人間の出来事を扱う場合に、この世の中には絶対的な確からしさをもって知ることのできるものはほとんど無いということを認識しています。だからこそ、法は可能な全ての疑いを超えて被告人が有罪であると検察が証明することまでを求めてはいません。他方で、被告人は、おそらく有罪だろうと証明するだけでは十分ではありません。刑事事件において、有罪の証明はそれより強力なものでなければなりません。それは合理的な疑いを超えていなくてはならないのです。

　合理的な疑いは、被告人を有罪とすることへの正直な疑いです。その理由は証拠の性質と内容に基づいて存在しています。それは実際の疑いであり、想像上の疑いではありません。それは、通常人が、このことの重要性を理解して行動する場合に、法廷に示された証拠を理由として、あるいは、確信させるような証拠がないために、持つであろう疑いに他ならないのです。

　合理的な疑いを超えた有罪の立証というのは被告人の有罪について皆さんがしっかりと確信した立証です。そして皆さんは犯罪の要素の存在について及び被告人が罪を犯した人物と一致することに合理的な疑いを持たないときです。

　検察が合理的な疑いを超えて被告人の有罪を立証したかどうかを決定する際に、皆さんは証拠の十分なそして公平な評価によってのみ導かれねばなりません。注意深く証拠を評価した後、皆さんそれぞれがその証拠が被告人の有罪であることに合理的な疑いを超えて、皆さんを確信させるものかどうかを、決定しなければならないのです。

　皆さんの評決が何であろうともそれは根拠のない推測の基づいてはいけません。皆さんはどんな形であれ、先入観、偏見、同情によってあるいは皆さんの評決を終わらせたいという欲求をかなえる欲求、または不愉快な義務から逃れたいという欲求によって影響されてはなりません。

　もし皆さんが被告人が起訴された罪について有罪だと、合理的な疑いを超えて確信できなかったならば、皆さんは被告人がその罪において無罪だとしなければなりません。もし皆さんが被告人が起訴された罪について有罪だと、合理的な疑いを超えて確信できたならば、皆さんは被告人がその罪において有罪だとしなければなりません。」

5．証拠

「皆さんが事実を判断するとき、皆さんは証拠だけを考慮するべきです。
　事件についての証拠は以下のものが含まれます：
　証人の証言、
　証拠として認められた物証、［そして］
　［双方当事者による合意。（合意とは、証言させるために証人を呼ぶことなく、証拠として陪審員に提出することに当事者が同意した情報のことです。）］
　記録から削除された、あるいは異議が認められた証言は無視しなければなりません。
　証拠として認められた物証は、皆さんの要請で検査と検討のために用いることができます。

公判中にただ見ただけの物証、あるいは確認のために印を付けられたものの、証拠とされなかった物証は証拠ではありません。従って、陪審員の検査と検討のために用いることができません。
　しかし、証拠としては認められなかった物証に基づいた証言は、皆さんの考慮に入れることができます。その物証自体が陪審員の検査と検討のために用いることができないということです。」

6．証人の信頼性
　「皆さんは、皆さんだけが事実の判断者として、それぞれの証人の証言の真実性と正確性を決定します。皆さんは、証人が真実を話していたかどうか、正確であるかどうか、あるいはそうでなく正しくない、間違った証言をしたかどうか決めなければなりません。皆さんは、真実で正確なものとして受け入れた証言に対してどれだけの重要性を与えるかを決めなければなりません。証言の質を決めるのは、証言をしている証人の数ではなく、それが支配的であることです。」
　全体もしくは一部を受け入れること（一事において偽るものは、万事において偽る）
　「もし皆さんが、証人が重要な事実について故意に虚偽の証言をしたとわかった場合、皆さんはその証人の証言の全てを無視できます。もしくは、皆さんは真実でないとわかった証言だけを無視し、真実で正確になされたと思った証言だけを受け入れることができます。」

信頼性の要因
　「他人の陳述あるいは証言の真実性と正確性を評価するための特に決まった方式というものはありません。皆さんは、この訴訟手続に皆さんの異なる経験の全てを持ち込むことができます。人生では皆さんは他の人々によってなされた陳述の真実性と正確性を頻繁に決定しています。そのような決定をなすのに用いられたのと同じ要因が、この訴訟で証言を評価する場合に用いられるべきなのです。」

一般的なこと
　「証人の証言を評価するのに、皆さんが考慮に入れることのできるいくつかの要因は次のとおりです。
　証人は自分が証言している出来事について、見たり、聞いたりする機会がありましたか？
　証人は、これらの出来事を正確に思い出す力を持っていましたか？
　証人の証言は、ありそうであったか、または真実らしそうであったか、あるいはありえないもので、真実らしいとは思えないものでしたか？
　証人の証言は、その事件のほかの証言または証拠と一貫性がありましたか、あるいは矛盾していなかったですか？
　証人が証言した方法が、証人の証言の真実性を反映したものでしたか？

もしあるとすれば、どれくらい証人の経歴、訓練、教育もしくは経験が証人の証言の信用性に影響していましたか？

証人は、証人の証言の真実性に影響を与える偏見、敵愾心あるいは別の態度を持っていませんでしたか？」

動機

「皆さんは、証人が嘘をつく動機をもっていたか、あるいはもっていなかったかを考えることができます。

もし証人に嘘をつく動機があったとしたら、皆さんはそのような動機が証人の証言の真実性に影響を与えたかどうか、そしてどの程度影響したかを考慮することができます。

もし証人に嘘をつく動機がなかったなら、皆さんは、そのことを証人の真実性の評価する際に考慮に入れることができます。」

［もし必要であるなら、以下を付け加える：

利益

「皆さんは、証人が証言することで利益を受けることを期待しているか、もしくは望んでいるかどうか考慮することができます。もしそうなら、皆さんは、それが証人の証言の真実性に影響したかどうか、そしてどの程度影響したかを考慮することができます。」

利益の有無

「皆さんは、証人がこの事件の結果に利益を有しているかどうか、もしくは証人には全く利益がないかどうかを考慮することができます。

［注：もし必要なら以下を付け加える：

被告人が証言する場合には、事件の結果に利益を持つ人である。］

皆さんは利益ある証人の証言を拒否することを求められていませんし、また事件の結果に利益がない証人の証言を受け入れることも求められてはいません。

しかしながら、皆さんは、裁判の結果への利害、あるいはそのような利益の無いことが、証人の証言の真実性に影響を与えることを考慮することができます。」

前科

「皆さんは、証人がある犯罪で有罪とされたかどうか、もしくは犯罪行為に従事していたかどうかを考慮することができます。そしてもしそうならば、それが証人の証言の真実性に影響を与えたかどうか、あるいはそれがどの程度影響したかを考慮することができます。

皆さんは有罪となったことがあるか、もしくは犯罪に関係していた証人の証言についてはそれを拒否することも、そうでない証人の証言を受け入れることも要求されていません。

ですが、皆さんは証人の前科もしくは犯罪行為が証人の証言の真実性に影響していたかどうか考慮できます。

［注：もし必要なら以下を付け加える：

被告人に関しては、そのような前科もしくは犯罪行為、あるいは被告人が犯した犯罪に関して処分されたことがあるといったことは、この事件における被告人の有罪の証拠にはなりません。皆さんは、そのような有罪判決あるいは犯罪行為を被告人の証言の真実性を評価するためだけに考慮にいれることを許されています。」

矛盾ある陳述
「皆さんはこの訴訟で陳述をなした証人が、他の証人と矛盾していなかったかどうかを考慮できます。
　また皆さんは、証人が以前に陳述したことが、公判での証言と矛盾していないかどうかを考慮できます。
　［注：もし必要なら以下を付け加える：
　もし証人がその事実について証言していたことが合理的で論理的であり、しかもあらかじめすべきであった証言をしていなかった場合に、皆さんは、証人がこの法廷で事実を述べていたどうかを考慮することができます。皆さんが証人はその事実について証言することが合理的で論理的であるかどうかを決定する際に、皆さんは、証人のそのような行為が重要なことかどうか、そして証人が特にそれを答えるように求められていたかどうかを考慮できます。］
　もし証人がそのような矛盾した陳述をしたのならば、皆さんは、そのことがその証人のこの公判での証言の真実性または正確性に影響があるかどうか、そしてどの程度影響するかを考慮することができます。
　前になした矛盾した陳述の内容は、起ったことについての証明にはなりません。皆さんは、以前の矛盾した陳述の証拠を、この公判での証人の証言の真実性もしくは正確性を評価することだけに採用することができます。」

一貫性
「皆さんは、証人の証言が、この事件での他の証人の証言あるいは他の証拠と矛盾がないかどうか考慮できます。
　もし証人によって、または証人間に矛盾があるならば、皆さんは、それらが重要な事実に関連する重大な矛盾かどうか、あるいは、その代わりに、同じ出来事に対する複数の証人から起こりそうな小さな矛盾かどうか、考慮することができます。」

警察の証言
「この訴訟において皆さんは警察官の証言を聞きました。証人が警察官だからという理由だけで証人の証言を信じてはいけません。同時に、証人が警察官だからという理由だけで証人の証言を信用できないものとしてはいけません。皆さんは、警察官の証言を皆さんが他の証人の証言を評価するのと同じ方法で評価しなければいけません。」

［もし必要なら以下を付け加える：

証人の公判前の準備

　「皆さんは、証人がこの公判で証言する前に検察官［もしくは弁護士］［もしくは捜査官］が、この事件について証人と話したことについての証言を聞きました。法律は、証人がこの公判で証言する前に検察官［もしくは弁護士］［もしくは捜査官］がこの事件について証人に話すことを禁止していません。そしてまた、検察官［もしくは弁護士］［もしくは捜査官］が、証人と公判で聞かれる予定の質問を検討することを禁止してはいません。

　皆さんは、証人が公判において口頭で証言する前に、証人がこの事件に関係する資料を読みあげた証言を聞きました。法では証人がそうすることを妨げられていません。」

7．証言しない被告人について

　「被告人が公判で証言しなかったという事実は、被告人に何らかの不利な結論を引き出すための要因としてはいけません。」

8．アリバイ

　「被告人がアリバイを提起しました。被告人は自分が犯行時に他の場所にいたので起訴された犯罪を犯すことはできなかったと主張しているのです。

　［適切であれば以下のものを加える：

　アリバイ証言を評価するにあたって、被告人は捜査当局にアリバイについて自発的に情報を伝える市民としての、または道徳上の責務はないことを心に留めて置いてください。

　しかしながら、被告人の公判でのアリバイ証言が矛盾している時で、証言の真実性について疑いを持たせる時に限り、皆さんは、被告人が早めにアリバイの情報を明らかにしなかったことを考慮にいれることができます。

　被告人がアリバイを提起したとしても、被告人にはその立証責任はありません。実際、たとえ皆さんがアリバイが虚偽であることを知ったとしても、その理由だけで被告人を有罪としてはいけません。そうするのは、立証責任を検察から被告人に転嫁させることになるでしょう。被告人がその犯罪を犯した人物であり、それゆえその犯行時には他の場所にはいなかったということを、全ての提出された証拠について合理的な疑いを超えて立証することが求められているのは検察なのです。

　それを証明するために、検察は証拠に依存し、そして被告人が犯罪を犯したということを合理的な疑いを超えて立証するのです。検察は、被告人が犯行時にいたとされる場所にいなかったということを独立して証明する追加的な証拠を提出することは求められていません。

　従って、もし皆さんが証拠から、被告人が訴追されている犯罪を犯したと合理的な疑いを超えて検察によって立証されたと認定するのであれば、皆さんは同じ証拠から被告人が犯行時には他の場所にいなかったということも検察が合理的な疑いを超えて立証したと認定することができます。

もし皆さんが、被告人が罪を犯した人だと検察が合理的な疑いを超えて立証したことに満足できない場合には、皆さんは被告人を無罪としなければなりません。」

9．第2級謀殺
（A-1重罪）
（重罪謀殺）
刑罰法125条25項（3）
（1984年11月1日より有効）

訴因は第2級謀殺です。

私たちの法律の下では以下の場合、ある人が第2級謀殺で有罪とされます。すなわち、（訴追された罪の名前が入る）の犯行中そしてその犯行を進めてその経過にあるか、あるいは実行に着手する中で［もしくは即刻そこから立ち去って］、その者が［もしくはあるとすれば他の別な加担者が］、その実行行為者以外の者の死を引き起こした場合です。

［注：もしその重罪の下に多数の関係者がいるならば付け加える：

この法律の下では、（訴追された罪の名前が入る）の犯行を企てている最中、そして企てを進めている中で（あるいはその行為の実行に着手しているとき）、重罪の犯行の関係者（もしくは犯行を企てた者）が関係者でない人の死を引き起した時、すべての関係者——死亡の原因を作った人と同様にその重罪に従事した他の関係者も——第2級謀殺で有罪となります。］

この定義に使われた用語の一つ［いくつか］は、私たちの法律の下では、それ自体特別な意味を持っています。さて、私は皆さんに以下の用語の意味を説明します。：

（罪状の名前と定義を加える：）

［注：必要な場合は以下を付け加える：

人が犯行から退去したかどうか、あるいは（罪の名前）の犯行を企てたかどうかを皆さんが決定する際に皆さんは以下の点を考慮しなければなりません：(1)あるとすれば、（罪の名前）の犯行が行なわれた場所と死の原因になった場所の間の距離；(2)もしあれば、（罪の名前）の犯行（もしくは犯行の企て）と死の原因を引き起こした行為との時間関係；(3)（警察、警備員、市民）が、ある者の死亡がもたらされたときに最接近していたかどうか；(4)そのような人の死亡がもたらされたときに（罪の名前）のような結果を得ていたかどうか；そして(5)そのような人が死亡がもたらされる前に当座の安全な場所に到達していたかどうかである。］

被告人がこの犯罪で皆さんに有罪と認定してもらうために、検察はこの事件のすべての証拠から合理的な疑いを超えた立証を要求されます。それは、以下の2つの要素に従います。つまり：

1．その（日にちが入る）の当日、もしくはそのころ、（郡の名前が入る）で、被告人が、（被告人の名前が入る）、（罪の名前が入る）を犯行した［もしくは犯行を企てた］こと；そして

2．そのような（罪の名前の）犯行中［もしくは犯行を企てているとき］、そしてその犯行を

［もしくは犯行の企てを］進めている［もしくはそこから即座に逃げる］中で、被告人［もしくはこの重罪犯行の（または犯行を企てる）ほかの関係者］は、（ある者の）死の原因を起こし、そしてその（ある者の）はそのような重罪には関与していなかったこと。
　［注：もし積極的弁護がなされなかったなら、以下のように結論付ける：
　それゆえ、もし皆さんが検察がこれらの要素の両方とも合理的な疑いを超えて立証したと認定したならば、皆さんは被告人を訴因で示された第2級謀殺で有罪だとしなければなりません。
　他方で、もし皆さんが検察がこれらの要素の一方もしくは両方とも合理的な疑いを超えて立証できなかったと認定したならば、皆さんは被告人を訴因で示された第2級謀殺について無罪だとしなければなりません。］
　［注：もし積極的弁護がなされなかったなら、以下のように結論付ける：
　もし皆さんが検察がこれらの要素の一方もしくは両方とも合理的な疑いを超えて立証できなかったと認定したならば、皆さんは被告人を訴因で示された第2級謀殺について無罪だとしなければなりません。
　他方で、もし皆さんが検察がこれらの要素の両方とも合理的な疑いを超えて立証したと認定したならば、皆さんは被告人が提起していた積極的弁護を考慮に入れなければなりません。覚えていてください、もし皆さんが既に被告人を訴因に請求された第2級謀殺について無罪だと認定したならば、皆さんは積極的弁護を考慮に入れてはいけないのです。］
　私たちの法律の下では、訴因に示された第2級謀殺に対する積極的弁護は以下の通りです。
　⑴　被告人は、殺人行為を実行していなかった、もしくはその犯行についていかなる形でも、そそのかし、要求、命令、強制、結果の引き起こし、またはその手助けをしなかった：そして
　⑵　被告人は、殺傷力ある武器を持っていなかった、もしくは人を即座に死に追いやるか重度の傷害を負わせる可能性があり、法を遵守する人物ならば公の場所に携帯しない道具、物品もしくは具体物を携帯していなかった；そして
　⑶　被告人がそのほかの関与者がそのような武器、道具、物品または具体物を携帯していたと信じるに合理的な理由が存在せず：そして
　⑷　被告人がほかの関与者が深刻な肉体上の傷を負わせるか、もしくは死なせるような結果に導く行為に従事する意図を持っていたということを信じるに足る合理的な理由がないとき。
　私たちの法律の下では、被告人は証拠の優越さによって積極的弁護を立証する責任があります。
　被告人が証拠の優越性によって積極的弁護を立証したかどうかを決定する際に、皆さんは検察もしくは被告人によって導入された証拠を考慮することができます。
　証拠の優越さというのは、信用できて確信できる証拠が多くを占めていることを意味しま

す。証人の数であるとか、証拠を提出するのに使った時間の長さではありません。証拠の質と重要さによってであり、そしてその結果を確信させるものなのです。証拠の優越さによって積極的弁護を行なうとき、積極的弁護を支持する証拠というのは反対の証拠を上回るような質を確信させるものでなければならないのです。

それゆえ、もし皆さんが被告人が証拠の優越さで勝ることによって積極的弁護を証明できていないと認定したならば、そのときは、検察が、第2級謀殺の要件について合理的な疑いを超えて証明したとする皆さんの最初の決定に基づいて下さい。そして皆さんは被告人が訴因に示された罪で有罪だと判断しなければなりません。

他方で、もし皆さんが被告人が証拠の優越さで勝ることによって積極的弁護を証明できていると認定したならば、そのときは皆さんは被告人が訴因に示された罪については無罪だと判断しなければなりません。」

10. 量刑

「皆さんが評議しているときに、皆さんは量刑または罰則に関する事柄について考慮したり、推測したりしてはいけません。もし有罪の評決ならば、適切な量刑を科すのは裁判官である私の責務になります。」

《英文》
Criminal Jury Instructions

1. Jury Admonitions In Preliminary Instructions

Our law requires jurors to follow certain instructions in order to help assure a just and fair trial. I will now give you those instructions.

1. Do not converse, either among yourselves or with anyone else, about anything related to the case.

2. Do not, at any time during the trial, request, accept, agree to accept, or discuss with any person the receipt or acceptance of any payment or benefit in return for supplying any information concerning the trial.

3. You must promptly report directly to me any incident within your knowledge involving an attempt by any person improperly to influence you or any member of the jury.

4. Do not visit or view the premises or place where the charged crime was allegedly committed, or any other premises or place involved in the case.

5. Do not read, view or listen to any accounts or discussions of the case reported by newspapers, television, radio, the internet, or any other news media.

6. Do not attempt to research any fact, issue, or law related to this case, whether by discussion with others, by research in a library or on the internet, or by any other means or source.

Now, ladies and gentlemen, I want you to understand why these rules are so important:

Our law does not permit jurors to converse with anyone else about the case, or to permit anyone to talk to them about the case, because only jurors are authorized to render a verdict. Only you have been found to be fair and only you have promised to be fair - no one else has been so qualified.

Our law also does not permit jurors to converse among themselves about the case until the Court tells them to begin deliberations because premature discussions can lead to a premature final decision.

Our law also does not permit you to visit a place discussed in the testimony. First, you cannot always be sure that the place is in the same condition as it was on the day in question. Second, even if it were in the same condition, once you go to a place discussed in the testimony to evaluate the evidence in light of what you see, you become a witness, not a juror. As a witness, you may now have an erroneous view of the scene that may not be subject to correction by either party. That is not fair.

Finally, our law requires that you not read or listen to any news accounts of the case, and that you not attempt to research any fact, issue, or law related to the case. Your decision must be based solely on the evidence presented in this courtroom. It may not be based on some reporter's view or opinion, or on your own research.

Again, I trust you understand and appreciate the importance of following these rules and, in accord with your oath and promise, I know you will do so.
(Note: Statutory law requires that certain admonitions be given to the jury as part of the court's preliminary instructions. See CPL 270.40. This charge sets forth those admonitions and provides appropriate explanations.)

2. Role of Court and Jury

During these instructions, I will not summarize the evidence. If necessary, I may refer to portions of the evidence to explain the law that relates to it. My reference to evidence, or my failure to refer to evidence, expresses no opinion about the truthfulness, accuracy, or importance of any particular evidence. In fact, nothing I have said [and no questions I have asked] in the course of this trial (was/were) meant to suggest that I have an opinion about this case. If you have formed an impression that I do have an opinion, you must put it out of your mind and disregard it.

[The level of my voice or intonation may vary during these instructions. If I do that, it is done to help you understand these instructions. It is not done to communicate any opinion about the law or the facts of the case or of whether the defendant is guilty or not guilty.]

It is not my responsibility to judge the evidence here. It is yours. You and you alone are the judges of the facts, and you and you alone are responsible for deciding whether the defendant is guilty or not guilty.

3. STATEMENTS (ADMISSIONS, CONFESSIONS)

NOTE: When properly raised at trial, the voluntariness of a defendant's statement to law enforcement must be submitted to the jury upon the defendant's request. The question of whether a defendant's statement was voluntary will turn on such factors as whether the defendant was in custody, if so, whether he/she was given and waived his/her Miranda rights, and whether the statement was voluntary in the traditional Fifth Amendment sense. The question of whether the defendant's expanded right to counsel under the New York State Constitution was violated need not be submitted.

No one jury instruction can apply to all situations given the varied circumstances surrounding the giving of statements, and the different instructions requested. What follows is a series of instructions on the most common issues from which the trial court can fashion a charge tailored to the facts and issues of an individual case.

Introduction

I will now discuss the law as it relates to testimony concerning [a] statement(s) of the defendant made to a police officer [or assistant district attorney].

Our law does not require that a statement by a defendant be in any particular form. It may be oral, or written, or electronically recorded.

[A statement in written form need not have been (written or) signed by the defendant provided that the defendant adopted the statement. A defendant adopts a statement when he/she knowingly acknowledges the contents of the statement as his/her own. In deciding whether the statement was adopted, the presence or absence of the defendant's signature may be considered.]

There is no requirement that a statement be made under oath.

Pedigree Statements

There is testimony that, while the defendant was in custody, the police asked him/her "pedigree" questions relating to: (specify, e.g., his/her name, address, date of birth, type and place of employment).

Under our law, a police officer may ask those questions of a person who is in custody, and the officer is not required to advise the defendant of his/her rights before doing so. Thus, if you find the defendant made such statements, you may consider them in your evaluation of the evidence. In determining whether the statement was made, you can apply the tests of truthfulness and accuracy that we have already discussed.

Custodial Statements

There is testimony that, while the defendant was in custody, he/she was questioned by the police and made certain [oral and/or written] statement(s). [There is (also) testimony that the defendant made a videotaped statement to an assistant district attorney.]

Under our law, before you may consider any such statement as evidence in the case, you must first be convinced that the statement attributed to the defendant was in fact made [or adopted] by him/her. In determining whether the defendant made [or adopted] the statement, you may apply the tests of believability and accuracy that we have already discussed.

Also, under our law, even if you find that the defendant made a statement, you still may not consider it as evidence in the case unless the People have proven beyond a reasonable doubt that the defendant made the statement voluntarily.

How do you determine whether the People have proven beyond a reasonable doubt that the defendant made a statement voluntarily?

Miranda Rights

Initially, under our law, before a person in custody may be questioned by the police [or an assistant district attorney], that person first, must be advised of his/her rights; second, must understand those rights; and third, must voluntarily waive those rights and agree to speak to the police [or an assistant district attorney]. If any one of those three conditions is not met, a statement made in response to questioning is not voluntary and, therefore, you must not consider it.

[There is no particular point in time that the police [or assistant district attorney] are required to advise a defendant in custody of his/her rights, so long as they do so before questioning begins. A defendant in custody need be advised only once of the rights, regardless of how many times, or to whom, the defendant speaks after having been so advised; (provided the defendant is in continuous custody from the time he/she was advised of his/her rights to the time he/she was questioned and there was no reason to believe that the defendant had forgotten or no longer understood his/her rights.)]

While there are no particular words that the police [or assistant district attorney] are required to use in advising a defendant, in sum and substance, the defendant must be advised:

1. That he/she has the right to remain silent;

2. That anything he/she says may be used against him/her in a court of law;

3. That he/she has the right to consult with a lawyer before answering any questions; and the right to the presence of a lawyer during any questioning; and

4. That if he/she cannot afford a lawyer, one will be provided for him/her prior to any questioning if he/she so desires.

Before you may consider as evidence a statement made by the defendant in response to questioning, you must find beyond a reasonable doubt that the defendant was advised of his/her rights, understood those rights, and voluntarily waived those rights and agreed to speak to the police [or an assistant district attorney]. If you do not make those findings, then you must disregard the statement and not consider it.

Conclusion

If the People have not proven beyond a reasonable doubt that a statement of the defendant was voluntarily made, then you must disregard that statement and not consider it.

If the People have proven beyond a reasonable doubt that a statement of the defendant was voluntarily made, then you may consider that statement as evidence and evaluate it as you would any other evidence.

4. Presumption of Innocence
Burden of Proof
(in cases without an affirmative defense)
Proof Beyond A Reasonable Doubt

We now turn to the fundamental principles of our law that apply in all criminal trials-the presumption of innocence, the burden of proof, and the requirement of proof beyond a reasonable doubt.

Throughout these proceedings, the defendant is presumed to be innocent. As a result, you must find the defendant not guilty, unless, on the evidence presented at this trial, you conclude that the People have proven the defendant guilty beyond a reasonable doubt.

[NOTE: Add, if the defendant introduced evidence:
In determining whether the People have satisfied their burden of proving the defendant's guilt beyond a reasonable doubt, you may consider all the evidence presented, whether by the People or by the defendant. In doing so, however, remember that, even though the defendant introduced evidence, the burden of proof remains on the People.]

The defendant is not required to prove that he/she is not guilty. In fact, the defendant is not required to prove or disprove anything. To the contrary, the People have the burden of proving the defendant guilty beyond a reasonable doubt. That means, before you can find the defendant guilty of a crime, the People must prove beyond a reasonable doubt every element of the crime including that the defendant is the person who committed that crime. The burden of proof never shifts from the People to the defendant. If the People fail to satisfy their burden of proof, you must find the defendant not guilty. If the People satisfy their burden of proof, you must find the defendant guilty.

What does our law mean when it requires proof of guilt "beyond a reasonable doubt"?

The law uses the term, "proof beyond a reasonable doubt," to tell you how convincing the evidence of guilt must be to permit a verdict of guilty. The law recognizes that, in dealing with human affairs, there are very few things in this world that we know with absolute certainty. Therefore, the law does not require the People to prove a defendant guilty beyond all possible doubt. On the other hand, it is not sufficient to prove that the defendant is probably guilty. In a criminal case, the proof of guilt must be stronger than that. It must be beyond a reasonable doubt.

A reasonable doubt is an honest doubt of the defendant's guilt for which a reason exists based upon the nature and quality of the evidence. It is an actual doubt, not an imaginary doubt. It is a doubt that a reasonable person, acting in a matter of this importance, would be likely to entertain because of the evidence that was presented or because of the lack of convincing evidence.

Proof of guilt beyond a reasonable doubt is proof that leaves you so firmly convinced of the defendant's guilt that you have no reasonable doubt of the existence of any element of the crime or of the defendant's identity as the person who committed the crime.

In determining whether or not the People have proven the defendant's guilt beyond a reasonable doubt, you should be guided solely by a full and fair evaluation of the evidence. After carefully evaluating the evidence, each of you must decide whether or not that evidence convinces you beyond a reasonable doubt of the defendant's guilt.

Whatever your verdict may be, it must not rest upon baseless speculations. Nor may it be influenced in any way by bias, prejudice, sympathy, or by a desire to bring an end to your deliberations or to avoid an unpleasant duty.

If you are not convinced beyond a reasonable doubt that the defendant is guilty of a charged crime, you must find the defendant not guilty of that crime. If you are convinced beyond a reasonable doubt that the defendant is guilty of a charged crime, you must find the defendant guilty of that crime.

5. Evidence

When you judge the facts you are to consider only the evidence.

The evidence in the case includes:

the testimony of the witnesses,

the exhibits that were received in evidence, [and]

[the stipulation(s) by the parties. (A stipulation is information the parties agree to present to the jury as evidence, without calling a witness to testify.)]

Testimony which was stricken from the record or to which an objection was sustained must be disregarded by you.

Exhibits that were received in evidence are available, upon your request, for your inspection and consideration.

Exhibits that were just seen during the trial, or marked for identification but not received in evidence, are not evidence, and are thus not available for your inspection and consideration.

But, testimony based on exhibits that were not received in evidence may be considered by you. It is just that the exhibit itself is not available for your inspection and consideration.

6. Credibility of Witnesses

As judges of the facts, you alone determine the truthfulness and accuracy of the testimony of each witness. You must decide whether a witness told the truth and was accurate, or instead, testified falsely or was mistaken. You must also decide what importance to give to the testimony you accept as truthful and accurate. It is the quality of the testimony that is controlling, not the number of witnesses who testify.

Accept in Whole or in Part (Falsus in Uno)

If you find that any witness has intentionally testified falsely as to any material fact, you may disregard that witness's entire testimony. Or, you may disregard so much of it as you find was untruthful, and accept so much of it as you find to have been truthfully and accurately given.

Credibility factors

There is no particular formula for evaluating the truthfulness and accuracy of another person's statements or testimony. You bring to this process all of your varied experiences. In life, you frequently decide the truthfulness and accuracy of statements made to you by other people. The same factors used to make those decisions, should be used in this case when evaluating the testimony.

In General

Some of the factors that you may wish to consider in evaluating the testimony of a witness are as follows:

Did the witness have an opportunity to see or hear the events about which he or she testified?

Did the witness have the ability to recall those events accurately?

Was the testimony of the witness plausible and likely to be true, or was it implausible and not likely to be true?

Was the testimony of the witness consistent or inconsistent with other testimony or evidence in the case?

Did the manner in which the witness testified reflect upon the truthfulness of that witness's testimony?

To what extent, if any, did the witness's background, training, education, or experience affect the believability of that witness's testimony?

Did the witness have a bias, hostility or some other attitude that affected the truthfulness of the witness's testimony?

Motive

You may consider whether a witness had, or did not have, a motive to lie.

If a witness had a motive to lie, you may consider whether and to what extent, if any, that motive affected the truthfulness of that witness's testimony.

If a witness did not have a motive to lie, you may consider that as well in evaluating the witness's truthfulness.

[Add if appropriate:
Benefit

You may consider whether a witness hopes for or expects to receive a benefit for testifying. If so, you may consider whether and to what extent it affected the truthfulness of the witness's testimony.]

Interest/Lack of Interest

You may consider whether a witness has any interest in the outcome of the case, or instead, whether the witness has no such interest.

[Note: Add if appropriate:
A defendant who testifies is a person who has an interest in the outcome of the case.]

You are not required to reject the testimony of an interested witness, or to accept the testimony of a witness who has no interest in the outcome of the case.

You may, however, consider whether an interest in the outcome, or the lack of such interest, affected the truthfulness of the witness's testimony.

Previous Criminal Conduct

You may consider whether a witness has been convicted of a crime or has engaged in criminal conduct, and if so, whether and to what extent it affects the truthfulness of that witness's testimony.

You are not required to reject the testimony of a witness who has been convicted of a crime or has engaged in criminal conduct, or to accept the testimony of a witness who has not.

You may, however, consider whether a witness's criminal conviction or conduct has affected the truthfulness of the witness's testimony.

[Note: Add if appropriate:
With respect to the defendant, such prior convictions or criminal conduct are not evidence of defendant's guilt in this case, or evidence that defendant is a person who is disposed to commit crimes. You are permitted to consider such convictions or

conduct only to evaluate the defendant's truthfulness.]

Inconsistent Statements

You may consider whether a witness made statements at this trial that are inconsistent with each other.

You may also consider whether a witness made previous statements that are inconsistent with his or her testimony at trial.

[Add if appropriate:
You may consider whether a witness testified to a fact here at trial that the witness omitted to state, at a prior time, when it would have been reasonable and logical for the witness to have stated the fact. In determining whether it would have been reasonable and logical for the witness to have stated the omitted fact, you may consider whether the witness' attention was called to the matter and whether the witness was specifically asked about it.]

If a witness has made such inconsistent statements [or omissions], you may consider whether and to what extent they affect the truthfulness or accuracy of that witness's testimony here at this trial.

The contents of a prior inconsistent statement are not proof of what happened. You may use evidence of a prior inconsistent statement only to evaluate the truthfulness or accuracy of the witness's testimony here at trial.

Consistency

You may consider whether a witness's testimony is consistent with the testimony of other witnesses or with other evidence in the case.

If there were inconsistencies by or among witnesses, you may consider whether they were significant inconsistencies related to important facts, or instead were the kind of minor inconsistencies that one might expect from multiple witnesses to the same event?

Police Testimony

In this case you have heard the testimony of (a) police officer(s). The testimony of a witness should not be believed solely and simply because the witness is a police officer. At the same time, a witness's testimony should not be disbelieved solely and simply because the witness is a police officer. You must evaluate a police officer's testimony in the same way you would evaluate the testimony of any other witness.

[Add if appropriate:

Witness Pre-trial Preparation

You have heard testimony about the prosecutor [or a lawyer] [or an investigator] speaking to a witness about the case before the witness testified at this trial. The law does not prohibit a prosecutor [or a lawyer] [or an investigator] from speaking to a witness about the case before the witness testifies, nor does it prohibit the prosecutor [or a lawyer] [or an investigator] from reviewing with the witness the questions that will be asked at trial.

You have also heard testimony that a witness read certain materials pertaining to this case before the witness testified at trial. The law does not prohibit a witness from doing so.]

7. Defendant Not Testifying

The fact that the defendant did not testify is not a factor from which any inference unfavorable to the defendant may be drawn.

8. ALIBI

The defendant has raised an alibi. He contends that he could not have committed the charged crime because he was elsewhere at the time of its commission.

[Add where appropriate:

In evaluating alibi testimony, keep in mind that a witness has no civic or moral obligation to volunteer information about an alibi to law enforcement authorities.

You may, however, consider the witness' failure to come forward with such information earlier than he/she did only insofar as that failure is inconsistent with his/her alibi testimony at this trial, and casts doubt upon the truthfulness of that testimony.]

Although the defendant raised the alibi, the defendant has no burden to prove it. In fact, even if you find that the alibi is false, you must not for that reason alone find the defendant guilty. To do that would be to shift the burden of proof from the People to the defendant. The People are required to prove beyond a reasonable doubt on all the evidence presented that the defendant was the person who committed the crime and therefore was not elsewhere at the time of its commission.

To prove that, the People may rely upon the evidence they offered to establish beyond a reasonable doubt that the defendant committed the crime. The People are not required to present additional evidence that independently proves that the defendant was not where he/she claims to have been at the time of the crime.

Thus, if you find from the evidence that the People have proven beyond a reasonable doubt that the defendant committed a crime charged, you may find from the same evidence that the People have proven beyond a reasonable doubt that the defendant was not elsewhere at the time of its commission.

If you are not satisfied that the People have proven beyond a reasonable doubt that the defendant was the person who committed the crime, then you must find the defendant not guilty.

9. MURDER SECOND DEGREE
(A-I Felony)
(Felony Murder)
PENAL LAW 125.25(3)
(Committed on or after Nov. 1, 1984)

The count is Murder in the Second Degree.

Under our law, a person is guilty of Murder in the Second Degree when, in the course of and in furtherance of the commission or attempted commission of (name of felony charged) [or of immediate flight therefrom], that person [or another participant if there be any] causes the death of a person other than one of the participants.

[NOTE: Add if there are multiple participants in the underlying felony:

Under that law, when, in the course of and in furtherance of the commission (or attempted commission) of (name of felony charged) (or in immediate flight therefrom), a participant in the commission (or attempted commission) of that felony causes the death of a non-participant, all the participants--the one who caused the death as well as the other participants in the felony--are guilty of Murder in the Second Degree.]

One [Some] of the terms used in this definition has its [have their] own special meaning in our law. I will now give you the meaning of the following term[s]: "(name of felony)" [and "immediate flight"].

(Add name and definition of felony)

[NOTE: Add where appropriate:

In determining whether a person is in IMMEDIATE FLIGHT from the commission or attempted commission of (name of felony), you may consider: (1) the distance, if any, between the location of the (name of felony) and the location where death was caused; (2) the interval of time, if any, between the commission (or attempted commission) of the (name of felony) and the causing of the death; (3) whether (police, security personnel, citizens) were in close pursuit at the time the death was caused; (4) whether such person possessed fruits of the (name of felony) at the time the death was caused; and (5) whether such person had reached a place of temporary safety before the death was caused.]

In order for you to find the defendant guilty of this crime, the People are required to prove, from all the evidence in the case, beyond a reasonable doubt, both of the following two elements:

1. That on or about (date), in the county of (county), the defendant, (defendant's name), committed [or attempted to commit] (name of felony); and

2. That, in the course of and in furtherance of the commission [or attempted commission] of such (name of felony) [or of immediate flight therefrom], the defendant [or another participant in the commission (or attempted commission) of that felony] caused the death of (specify) and that (specify) was not a participant in that felony.

[NOTE: If the affirmative defense does not apply, conclude as follows:

Therefore, if you find that the People have proven beyond a reasonable doubt both of those elements, you must find the defendant guilty of the crime of Murder in the Second Degree as charged in the count.

On the other hand, if you find that the People have not proven beyond a reasonable doubt either one or both of those elements, you must find the defendant not guilty of the crime of Murder in the Second Degree as charged in the count.]

[NOTE: If the affirmative defense applies, conclude as follows:

If you find that the People have not proven beyond a reasonable doubt either one or both of those elements, you must find the defendant not guilty of Murder in the Second Degree as charged in the count.

On the other hand, if you find that the People have proven beyond a reasonable doubt both of those elements, you must consider an affirmative defense the defendant has raised. Remember, if you have already found the defendant not guilty of Murder in the Second Degree as charged in this count, you will not consider the affirmative defense.

Under our law, it is an affirmative defense to Murder in the Second Degree as charged in this count that:

(1) The defendant did not commit the homicidal act or in any way solicit, request, command, importune, cause or aid the commission thereof; and

(2) The defendant was not armed with a deadly weapon, or any instrument,

article or substance readily capable of causing death or serious physical injury and of a sort not ordinarily carried in public places by law-abiding persons; and

(3) The defendant had no reasonable ground to believe that any other participant was armed with such a weapon, instrument, article or substance; and

(4) The defendant had no reasonable ground to believe that any other participant intended to engage in conduct likely to result in death or serious physical injury.

Under our law, the defendant has the burden of proving an affirmative defense by a preponderance of the evidence.

In determining whether the defendant has proven the affirmative defense by a preponderance of the evidence, you may consider evidence introduced by the People or by the defendant.

A preponderance of the evidence means the greater part of the believable and reliable evidence, not in terms of the number of witnesses or the length of time taken to present the evidence, but in terms of its quality and the weight and convincing effect it has. For the affirmative defense to be proved by a preponderance of the evidence, the evidence that supports the affirmative defense must be of such convincing quality as to outweigh any evidence to the contrary.

Therefore, if you find that the defendant has not proven the affirmative defense by a preponderance of the evidence, then, based upon your initial determination that the People had proven beyond a reasonable doubt the elements of Murder in the Second Degree, you must find the defendant guilty of that crime as charge in the _____ count.

On the other hand, if you find that the defendant has proven the affirmative defense by a preponderance of the evidence, then you must find the defendant not guilty of Murder in the Second Degree as charged in the _____ count.]

10. Sentence

In your deliberations, you may not consider or speculate about matters relating to sentence or punishment. If there is a verdict of guilty, it will be my responsibility to impose an appropriate sentence.

市民が活きる裁判員制度に向けて
ニューヨーク州刑事裁判実務から学ぶ

2006年7月30日　第1版第1刷

編　者●日本弁護士連合会ニューヨーク州調査報告団
発行人●成澤壽信
発行所●株式会社 現代人文社
〒160-0016　東京都新宿区信濃町20　佐藤ビル201
振替　00130-3-52366
電話　03-5379-0307（代表）　FAX 03-5379-5388
E-Mail　henshu@genjin.jp（編集部）　hanbai@genjin.jp（販売部）
http://www.genjin.jp
発売所●株式会社 大学図書
印刷所●株式会社 シナノ
装　丁●加藤英一郎

検印省略　Printed in Japan
ISBN4-87798-299-X C3032
©2006 日本弁護士連合会

本書の一部あるいは全部を無断で複写・転載・転訳載などをすること、または磁気媒体等に入力することは、法律で認められた場合を除き、著作者および出版者の権利の侵害となりますので、これらの行為をする場合には、あらかじめ小社または編集者宛に承諾を求めてください。